GÜNTER LEHOFER · VOM GLOCKNER BIS ZUR KORALM

Günter Lehofer

Vom Glockner bis zur Koralm

Wandertips für Kärnten und Osttirol

Verlag Carinthia · Edition Kleine Zeitung

ISBN 3-85378-482-8

Satz und Reproduktion:
Reprozentrum Klagenfurt

Druck:
Carinthian Bogendruck, Klagenfurt

Verwendete Wanderkarten:
alle von Freytag & Berndt

Inhalt

Einleitung

Auf der Schneewinkelspitze, dem Säuleck, der Seespitze, dem Hohen Prijakt, dem Spielmann, dem Sandkopf, dem Roßkogel, dem Malteiner Sonnblick sind Sie mit mir in diesem Buch auf mehr als 3000 m Seehöhe. Die 3000er Linie ist für Bergwanderer in Kärnten und Osttirol nur selten zu überschreiten.
Daß so viele in einem Buch drinnen sind, ist kein Zufall. Dieser dritte Band ist der Schlußband der kleinen Serie. Von etwas mehr als 800 vorhandenen Wandertips sind dann 255 vorgestellt. Die wanderbaren Dreitausender sollten möglichst vollständig dabei sein.

Aber wie stets liebe ich die Spaziergänge nach Maria Waitschach und den Krumpendorfer Weitwanderweg nicht weniger und sind mir die Mostlandwanderwege um St. Paul im Lavanttal und der Gurker Höhenweg genauso lieb und teuer wie das hochalpine Leitertal.

Im ersten Buch der „Einladung zum Wandern" schrieb ich, ich sei beim Wandern ein Millionär an Schweißperlen und an schönen Blicken geworden. Im zweiten Buch „Wandern in Kärnten und Osttirol" erinnerte ich an die gemeinsamen Wege in das Wanderparadies.

Die so vielfältige und so schöne Landschaft in Kärnten und Osttirol ladet nachhaltig zum Besuch ein. Wanderbücher kommen da nie ganz mit. Aber anregen sollen sie.
So hoffe ich, daß Sie auch den dritten Band für Ihre Freude an der Landschaft brauchen können.

Mit besten Wandergrüßen
Günter Lehofer

1 Spielmann (3000er)

Der Großglockner mit dem Gipfelkreuz des Spielmanns links vorne.

Der Dreitausender-Joker für den gefestigten Bergwanderer

Ein Schneehase im hellen Sommerbraun stand ganz still. Ich auch. Die Sonne brannte in das Frühlingsgrün der kleinen Geländeausbuchtung, die so lange mit Schnee gefüllt war, daß erst Mitte August geblüht werden konnte. Weiße Margeriten, Büsche von blauem Enzian, eine goldfarbene Blüte, die ich nicht erkannte, Hunderte Glockenblumen. Dazwischen der Hase und ich. Ich verlor als erster die Nerven und bewegte mich. Der Hase hoppelte davon.

Auch der Rückweg von einem Wanderdreitausender kann ein Erlebnis bieten. Der Spielmann, von dem ich abstieg, ist ein versteckter Gipfel an der Grenze zu Salzburg. Er gehört zur Route des Klagenfurter Jubiläumsweges vom Hohen Sonnblick zum Glocknerhaus, „erfunden", erarbeitet und erhalten von der Klagenfurter Sektion des Österreichischen Alpenvereines. Ich suchte als Sektionsmitglied schon lange nach einer Routenchance für Bergwanderer. Der Jubiläumssteig gehört mehrheitlich zu einer höheren Bergkategorie, als ich mir leisten kann.

Den Spielmann wollte ich vom Glocknerhaus des ÖAV aus versuchen. Es geht steil, aber gemütlich aufwärts, dann durchquert der Steig die ersten Geröllhalden, und je nach Jahreszeit steigt man kürzer oder länger über ein Schneefeld. Bis zur Unteren Pfandlscharte hat man es bald geschafft und genießt den

Schattenspiele mit dem Großglockner beim Aufstieg zum Spielmann.

ersten Drüberblick nach Salzburg. Es folgt eine wunderhübsche Gratwanderung nach rechts, etwa 400 Höhenmeter zum gut sichtbaren Spielmanngipfel. Der Steig ist gut, der Grat breit genug und seine Hänge schräg genug, um angstfrei unterwegs zu sein. Trittsicher und vorsichtig wird man natürlich gehen.

Im Kärntner Grenzwegführer meint Karl Preininger, daß schwächere Teilnehmer beim ersten Stück vom Gipfel weg gesichert gehören. Ich hatte einen guten Tag mit trockenem Fels. Es ist eine etwa zehn Meter lange, steile Felsstelle. Der Fels hat aber feste Griffmöglichkeiten, und die Füße finden jederzeit einen breiten Standort. Ein wenig unheimlich schaut es nur aus, wenn man vom Gipfel abwärts blickt. Wer die Aufstiegserfahrung hinter sich hat, wird sich nicht mehr bluffen lassen. Der gefestigte Bergwanderer kann an guten Tagen auch diese Stelle meistern. Vom Gipfel selbst breitet sich ein so breiter, flacher Rücken aus, daß eine ganze Schulklasse dort lagern könnte. Eine völlig angstfreie Jause auf mehr als 3000 Meter ist gesichert.

Es ist laut Bergbüchern so, daß der Rundblick vom Fuscherkarkopf noch besser ist, aber der ist für Wanderer nicht erreichbar. Der Spielmann ist die Chance des Bergwanderers, vom Wiesbachhorn bis zum Sonnblick und zum Großglockner und der Schobergruppe das ganze Panorama auf einmal zu haben. Der Spielmann ist für den gefestigten Bergwanderer der Joker unter den Dreitausendern dieser Gegend.

FATA MORGANA-MONTANA

Objektivierungsversuch

Berg: Über die Umgebung deutlich hinausragende Geländeerhebung, meist Teil eines Gebirges, aber auch isoliert in der Ebene liegend; vom Hügel durch die relativ größere Höhe unterschieden.
Meyers Enzyklopädisches Lexikon

DATEN

ANFAHRT:
Von Heiligenblut über die Großglocknerstraße zum Glocknerhaus des ÖAV

DER WEG:
Glocknerhaus (2132 m) – Untere Pfandlscharte (2663 m) – Spielmann (3027 m) – Glocknerhaus

GEHZEIT:
5 bis 6 Stunden Gesamtgehzeit

HÖHENUNTERSCHIED:
ca. 1000 m hinauf und 1000 m hinunter

KARTE:
Freytag & Berndt, WK 122

KURZ & BÜNDIG:
An Schönwettertagen für gefestigte Bergwanderer ein Traumdreitausender im Glocknergebiet. Schneefelder und Geröllhalden sind zu queren, ebenso ein Grat zu begehen und zum Schluß eine kurze Kletterstelle zu bewältigen. Aber nirgends ist der Steig wirklich ausgesetzt

2 Mostland (Stift St. Paul)

Das Mostland ladet ein zu herbstlichen Wanderungen mit viel Jause.

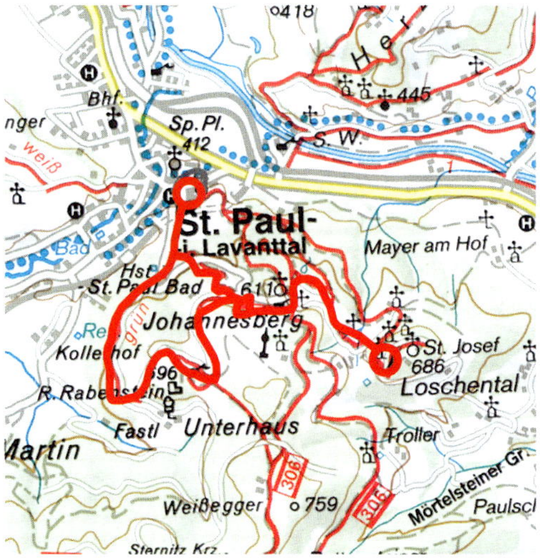

Die Mostlandwanderwege rund um die Hochkultur

Bei den Mostlandwanderwegen ist nicht der Weg das Ziel, sondern die Schenke oder das Gasthaus. Es soll doch von Anfang an Klarheit herrschen.

Der Weg ist kein Problem, welcher auch immer. Markiert und „waldiert" und mit Wiesen bestückt, mit Aussicht angenehm ausgestattet, die St. Pauler und Granitztaler und die anderen Teilnehmer an den Mostlandwanderwegen haben gut gearbeitet. So sind auch die Ziele kein Problem. Problemlos findet man das gastliche Gebäude und die Tische. Das Problem ist das Angebot am Ziel. Eine einfache Brettljause und eine Halbe Most reichen für zwanzig Kilometer Wandern. Die nächste Brettljause ist selten mehr als zwei Kilometer entfernt. Gut 20 Brettljausen in gut zwanzig Betrieben sind im Mostlandprospekt angeboten. Da muß der Mensch die eine oder andere auslassen.

Ich saß friedlich auf einer Holzbank an einem Holztisch unter einer Weinlaube mit gelben und grünen Blättern und blauen, kleinen Beeren, die leckere Trauben bildeten. Durch die Lücken im Weinblätterdach leuchtete ein noch blauerer Himmel. Wer keine Jeans anhatte, mußte vorher schauen, ob er sich nicht auf eine blaue Beere setzte, diese zerquetschte und so einen Farbfleck auf seinem Sitzkleidungsstück erzeugte. Die Natur ist halt so.

„Der Mensch ist von Natur aus bequem." So erklärte ein Mann, der mit großem Fleiß einen sehr dicken Bauch angesammelt hatte. Es sei schwierig, fügte er mit dem Bierglas in der Hand hinzu, 100 Kilogramm in Schwung und herauf zu bringen.

Beim Apfelmost denke ich stets an jenes kleine Fresko in der Stiftskirche, das den berühmten Meister Thomas von Villach im Selbstporträt zeigt. Er schaut aus, als ob er gezecht hätte, im Jahre 1493, bevor er sich malte. Über das Stift St. Paul im Lavanttal dürfen keine Witze gemacht werden. Es ist zu würdig dafür. Bei einer Brettljause und einem Apfelmost darf man die Agrikultur und die lukullische Kultur in Gedanken verlassen. 1091 wurde erstmals ein Kloster gebaut, das heutige Aussehen kam unter Abt Marchstaller 1616–1638 zustande. Die Gebeine von 15 Habsburgern ruhen dort. Nach der Stiftsaufhebung kamen wieder Mönche, aus dem Schwarzwald, und brachten die Kunstschätze mit, die das Stift heute noch berühmt machen.

Mit Most allein geht in St. Paul nichts. Aber mit Kultur allein hat man es im Tourismus auch schwer. So verknüpften die Lavanttaler kühn den bäuerlichen Most und andere Produkte mit dem hochkulturlichen Stift. Der Erfolg gab ihnen recht. Und wenn im Herbst manchmal der Nebel ganz dicht die Mostgegend verdeckt, dann kommt dies daher, weil das liebliche Lavanttal im Herbst noch um einiges lieblicher ist und die Sonne sich von seinem Anblick von Zeit zu Zeit erholen muß. Sonst würde sie soviel Lieblichkeit nicht „derpacken".

Der Johannesberg gilt als ein Lieblingsziel der Mostlandwanderer.

FATA MORGANA-MONTANA

Die 10-G-Sohle

G heißt hier so etwas wie Schwerkraft. Die Sohle ist ganz praktisch, wenn man nach einem freien Fall über eine Felswand zufällig auf den Füßen zu liegen kommt. Die 10-G-Sohlen halten die zehnfache Schwerkraftwirkung aus. Man muß aber auf den Füßen landen.

DATEN

ANFAHRT:
Nach St. Paul im Lavanttal

DER WEG:
Nach dem Mostlandprospekt (Information beim Stiftstor) einen von mehreren Wegen wählen

GEHZEIT:
1 bis 4 Stunden

HÖHENMETER:
Bis zu 200 hinauf und hinunter

KARTE:
Freytag & Berndt, WK 237

KURZ & BÜNDIG:
Für den zünftigen Wanderer einmal eine Ausnahme: ein Ausflug zu Fuß. Für Biker sind die meisten Wege auch ausgeschildert

3 Sternspitze

Wer glaubt, daß der Gipfelhang zur Sternspitze so flach ist, wie er hier aussieht, wird sich wundern.

Kuhsanftes Stubeck und wüstes Lasörnig-Kar

Mein Mofa streikte auf der Auffahrt zur Zickeralm bei Rennweg. So kam ich in den Genuß aller planmäßig vorgesehenen Höhenmeter, die die Sternspitze zu bieten hat.

Es war in der Mittagshitze eines heißen Julitages. Das letzte Wasser bekam ich vom Hildegardbrunnen beim Elisabeth-Jagdhaus. Ich trank nicht nur im voraus und füllte meine Plastikflasche. Ich legte auch die Arme in den Brunnen, die Ärmel des Wanderhemdes dazu, benetzte den Kopf mit so viel Wasserkühle, wie er nur fassen konnte, und tränkte die Kappe mit der Kälte. Dann gedachte ich kurz dankbar des Errichters dieses Brunnens, den ich nicht kenne.

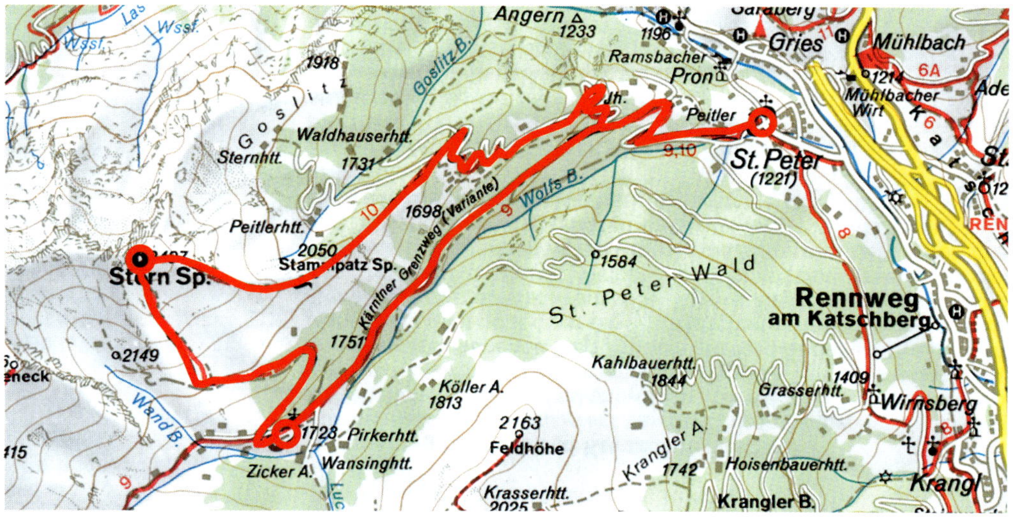

Aufwärts ging ich bei einer nichtmarkierten Güterwegkreuzung nach rechts, der Weg hörte bald auf, ich fand im Wald einen Weg aufwärts, dieser traf oben wieder auf eine Markierung, die auch wieder aufhörte, aber der schmale Steig war genug. Es konnte nur auf diesem Kamm aufwärts gehen. In der Liesertalgegend muß man häufig ein wenig selbständiger wandern können. Die Markierungen sind nur selten in Augenabstand vorhanden. Ich erinnerte mich an eine große

Vogelscheuche über den mattgrünen Krautpflanzen beim Peitler-Bauern. Es war wohl die letzte Warnung der Sternspitze an die Wandervögel gewesen. Irgendwie kommt man hoch, und nach dem Wald kommt als letzte, große Prüfung eine etwa 450 Höhenmeter messende Gipfelwiese. Sie erinnert sehr an den Gipfelaufstieg zum Großen Rosennock. Ich hatte Glück. Es gab schon Wolken, kühlenden Wind sowie starkes, tiefes Grün und leuchtendes Gelb und strahlendes Blumenblau.

Auf dem Gipfel fasziniert der Gegensatz vom kuhsanften Stubeck zum wüsten Kar des Lasörnig. Der Gipfelblick zeigte auch ein rotes Auto wie ein böses Insekt oberhalb der Zickeralm in gefährlicher Nähe der Torscharte. Die Verkehrsverbindung ins Maltatal scheint eine reale Drohung zu werden. Sie dürfte sich vermutlich nicht auf Mountainbiker eingrenzen lassen.

Mit mir genossen den Gipfel Roswitha und Hano Häs aus dem Westerwald. Wir trugen uns alle brav in das Gipfelbuch ein und bewunderten das schöne Kreuz mit dem schmiedeeisernen Gipfelbuchbehälter mit eiserner Doppeltür, das die Wanderer der Katschtaler Sängerrunde verdanken.

Wer mag, darf auf dem Gipfel unwiderlegbare Wertungen abgeben, z. B. daß die ohnehin liebliche Kirche von St. Georgen am lieblichsten von der Sternspitze aus anzuschauen ist oder daß der Weiler Zanaischg nur vom Sternspitz aus wie ein Vogelnest auf dem gegenüberliegenden Kareck klebt. Der Name Zanaischg kommt nach dem Kärntner Ortsnamenforscher Kranzmayer von einem slowenischen senisce, d. h. Heustadel.

Aber noch wichtiger war mir, daß das Wasser des Hildegardbrunnens meine Hemdärmel auch noch für den Abstieg kühl und feucht gehalten hatte. So konnte ich der Wandervogelscheuche beim Peitler-Bauern ganz zum Abschluß der Wanderung gelassen vor die Augen treten.

FATA MORGANA-MONTANA

Biwakdusche

Jeder Geländefreund kennt das Problem: Nicht bei jedem Biwak regnet es in Strömen. Wer am Morgen ohne Körpergeruch weitergehen will, braucht die Biwakdusche.
Für das Wasser gibt es elegante Eimer bis zu 50 Liter Inhalt im eigenen Biwakdusche-Zubehörrucksack.

Vom Gipfel der Blick nach Westen

DATEN

ANFAHRT:
Von Rennweg im Liesertal nach St. Peter und dort steil aufwärts Richtung Zickeralm am Peitler-Bauern vorbei bis zu einem „Parkplatz“ (ein Güterweg zweigt nach rechts ab)

DER WEG:
von der Abzweigung (ca. 1480 m) – Stammpatzspitze (2050 m) – Sternspitze (2497 m) – Abzweigung

GEHZEIT:
$3\frac{1}{2}$ Stunden hinauf, 2 Stunden herunter, $5\frac{1}{2}$ Stunden Gesamtgehzeit

HÖHENMETER:
ca. 1020 hinauf und 1020 hinunter

KARTE:
Freytag & Berndt, WK 202

KURZ & BÜNDIG:
Zünftige Bergwanderung, die aber jeder etwas erfahrene Bergwanderer schaffen wird. Keine technischen Probleme. Nahsicht und Fernsicht bestens

4 Krumpendorfer Weitwanderweg

Ein Teich bei Pirk: Der Wanderer übt sich in den kleinen, schönen Blicken.

Krumpendorfer Weitwanderweg: Ganzjahresangebot an Wald

An meinem Anfang des Krumpendorfer Weitwanderweges stand die reine Ironie. Unter den Betonbrücken der Autobahn bei Jerolitsch war zwischen dem lauten Brausen der Autos hin und wieder in kurzen Lärmpausen ein leises „Määäh" zu hören. Auf mein Antwort-Määh hin kamen einige Schafe unter den Brücken über einen kleinen Hügel und ließen sich begutachten. Ich dachte mir, so schaut für die Betonierer eine grüne Autobahn aus. Oben Beton und Wirklichkeit und Abgase. Unten ein paar Schafe als Aufputz. Wenn die Tiere dieser Umwelt nicht standhalten sollten, es gibt so viele Schafe, daß ein Wechsel immer möglich ist. Wer merkt schon, ob neue Schafe da sind?

So ein Bewußtseinsstoß hält noch im kühlen Wald an. Ich war besorgt, nicht zu weit rechts nach Schloß Hallegg zu geraten, und geriet daher zu weit links nach Schloß Hornstein. Es ist möglich, sich auf

Der Wörther See hat nicht nur Tourismuszonen.

dem Krumpendorfer Weitwanderweg zu verirren. Aber man muß sich wirklich anstrengen.

Wirklich angestrengt haben sich auch die Krumpendorfer Wegeplaner, die ihre Waldstücke im Norden des Sees mit Sorgfalt nach Waldsteigen und Wegen der guten Qualität durchforschten und fündig wurden. Der Ausdruck Weitwanderweg ist relativ. Für den Krumpendorfer braucht man keinen Schlafsack. Es genügen drei bis vier Stunden für die rund 17 Kilometer. Aber der Ausdruck paßt dennoch. Er zielt auf jene Spaziergänger unter den Urlaubern ab, für die eine Stunde promenieren schon ein Stück Wandern ist. Für die Einheimischen ist diese Strecke ein Dauerangebot, das ich nur nach einem heftigen Schneefall meiden würde. Es läßt sich auch vom Kreuzbergl in Klagenfurt her ein Einstieg finden. Der 7er Steig führt zum Start.

Der Krumpendorfer Weitwanderweg läßt Wald erfahren. Ganz bewußt sollten Sie es erleben. Die Augen etwa brauchen nur rund zehn Meter Nadelgrün und Blättergrün um sich, schon sagen sie Wald. Den Füßen genügen ein paar Schritte auf Nadelfilz, die weiche Erde eines Steiges genügt zur Waldillusion. Die Haut meldet automatisch und zuverlässig Kühle. Hier genügt gelegentlich der eine Schritt in den Schatten. Am schwersten haben es die Ohren. Zum Wald gehören nur die Geräusche des Waldes. Autos und Flugzeuge und Traktoren und Radios dringen wie Schlachtmesser durch diese Stille.

Nachdem man Wanderwege noch nicht in Tunnels verlegt hat und auch keine Hecken baut, muß man vor Pirk kurz in die Zersiedelung hinaus. Aber Pirk hat jenes „schicke" Kirchlein, das dem Tourismus so dienlich ist. Für Spaziergänger wird der Pirker Kogel dahinter zum Berg. Er ist kurzzeitig steil und ohne ordentliche Schuhe und nach Regen ein ganz normales Wanderwegstück. Wer nur spazieren will, umgehe ihn auf der Variante nach rechts. Die anderen genießen den Bergblick vom ausgeholzten Gipfel. Dann schlägt die Autobahn zu. Der Weg muß sich in ihrer Nähe zurück durchschlagen nach Leinsdorf, wo der Bus oder wer auch immer wartet. Der Krumpendorfer Weitwanderweg ist deutlich schöner als lang. Und lang ist er auch. Was will man mehr?

FATA MORGANA-MONTANA

Wasserfersen

Blasenschutz wird vom Hersteller garantiert. Die gefürchtete Blase ist bei der Wasserferse in und nicht an der Ferse. In Einzelfällen stößt der Körper das Kunstorgan ab. Mein Tip: Wasserfersen nur vom Fachmann einsetzen lassen!

DATEN

ANFAHRT:
Mit dem Bus oder sonstwie nach Jerolitsch östlich von Krumpendorf oder nach Leinsdorf westlich. Der Weg verbindet beide

DER WEG:
Jerolitsch – Görtschach – Sonnenhügel (bei Nußberg) – Wirtnig-Teich – Pirk – Pirker Kogel – Reitstall Pirkhof – Leinsdorf

GEHZEIT: ca. 4 Stunden

HÖHENMETER:
ca. 200 auf und ab

KARTE:
Freytag & Berndt, WK 233

KURZ & BÜNDIG:
Ganzjähriger, solider Wanderweg mit Spazierwegcharakter auf den meisten Abschnitten

5 Hochstuhl

Der Winterblick nach Nordwesten vom Hochstuhl aus: bei günstigen Schneeverhältnissen auch für Bergwanderer erlaubt.

An einem Bestsichttag kam noch der Rutschgenuß dazu

Selten hat ein Berg einen so passenden Namen bekommen wie der Hochstuhl in den Karawanken. Wie ein Baby sich auf seinem Hochstuhl am Tisch in Kopfhöhe mit den Erwachsenen wiederfindet, so findet sich der Bergwanderer auf dem Hochstuhlgipfel auf Augenhöhe mit Hunderten anderen Gipfeln. Es ist ein wahrhaft würdiger Kreis, beginnend mit dem Triglav und den Karnischen Alpen. Die Nocken glänzen als ferne Schneereihe, Saualpe und Koralpe ziehen sich von dieser Glanzmauer prächtig nach Süden. Wenn ich recht gehabt habe, dann war eine besonders hohe Scheibe im Nordwesten der Reißkofel. Die Karawanken geben sich nachbarschaftlich großartig. Alle Hinterhangschrofen der Vertatscha sind zum Angreifen. Die Kärntner Aussichtsberge vom Hochobir zum Ferlacher Horn und im Westen zum Mittagskogel verneigen sich mehr oder weniger vor dem höheren Hochstuhl. Die kleineren wie der Matschacher Gupf oder der Singerberg müssen zufrieden sein, wenn der Hochnebel sie als Inselgipfel herausragen läßt. Ich war an einem wirklich guten Sichttag oben. Selbst der Tiefblick nach Veldes kam grün durch. Und die Klagenfurter Hütte lag friedlich im Sonnenschein tief unter den Wänden, ein Kranz goldleuchtender Lärchen umgab sie auf einer Seite im Bärental wie eine Korona.

Die Lärchen auf dem Weg zur Klagenfurter Hütte haben Ende November ihre Farbhochsaison.

Angefangen hatte ich mit einer finsteren Wolkendecke, die bei der Stouhütte nur den Mut der Verzweiflung zugelassen hatte. Dann war ich durch, und Nora bekläffte mich durch den Beißkorb mit jenem zähnefletschenden Zorn, den ein Hund in der Regel nur hat, wenn er einen Beißkorb trägt. Auf der Klagenfurter Hütte lobte ich Nora, und mit heißem Tee und Reindling gestärkt ging ich die Spur zum Bielschitzasattel hinauf. Der Grenzstein stand noch. Auf der nun slowenischen Seite war das SFRJ (Sozialistische Föderative Republik Jugoslawien) durch Kratzen etwas unkenntlich gemacht. Daneben steht nun auf einem Schild die slowenische Grenzbezeichnung. An Grenzübergängen erfährt man auch als Wanderer Grundvorgänge der Geschichte.

FATA MORGANA-MONTANA

Propagandatext 1

Doch die auf Seiten der Weisheit stehen, eilen, um mit den Augen des Leibes wie mit denen des Geistes die Aussichten des irdischen Paradieses zu betrachten; denn unter ihnen sind ohne Zweifel nicht zuletzt steile Gipfel, unzugängliche Schluchten, wilde, zum Himmel empor ragende Felsen, abschüssige Hänge, schattige Wälder. Konrad Gesner, Zoologe aus Zürich, 1541

„Ein bißchen slowenisch, ein bißchen deutsch“ gehörten zum Europa in dieser Gegend, meinte der freundliche Bergwanderer aus dem Savetal, der mir entgegenkam. Das bißchen war stärker auf seiner Seite, wie so oft in dieser Gegend. Aber der Übergang gehörte nun tatsächlich zu jenem freien Europa, das außerhalb der Berge noch auf sich warten lassen dürfte. Für den Gipfelsieg auf dem Hochstuhl (slowenisch: Stol, Stuhl) reicht das Europa schon.

Noch älter war die Neugier oder die Wachsamkeit einer Gemse, die meinen Schlußangriff auf die Bielschitza beobachtete. Irgend etwas zischte und surrte dabei. Als ich aufpaßte, sah ich kleine Steine, die vom Gemsenstandort auf mich zuschossen. Ich passierte die Stelle rasch. Ansonsten genoß ich den Schnee, der auf den Fotos zu sehen ist. Aufstieg und vor allem Abstieg ohne Geröll waren ein Vergnügen gewesen. Ich war logisch viel schneller, als die offiziellen Zeiten im Datenblock wiedergeben können. Gut 350 Höhenmeter vom Gipfel in einer knappen Viertelstunde. Es war Rutschgenuß pur!

DATEN

ANFAHRT:
Nach Feistritz im Rosental. Auffahrt durch das Bärental zur Stouhütte. Weitere 3 Kilometer auf einem Güterweg zu einem Parkplatz werden häufig angenommen

DER WEG:
Parkplatz (1226 m) – Klagenfurter Hütte (1664 m) – Bielschitzasattel (1840 m) – Hochstuhl (2237 m) – Klagenfurter Hütte

GEHZEIT:
$3\frac{1}{2}$ Stunden Aufstieg, $2\frac{1}{2}$ Stunden Abstieg. Gesamtgehzeit 6 Stunden

HÖHENMETER:
ca. 1000 hinauf und 1000 hinunter

KARTE:
Freytag & Berndt, WK 233

KURZ & BÜNDIG:
Anstrengende und anspruchsvolle Bergwandertour auf den höchsten Berg der Karawanken mit einer besonders prächtigen Rundumsicht. Reisepaß mitnehmen, da slowenische Grenze überschritten wird. Auf der slowenischen Seite gleich unter dem Gipfel die Preschernhütte. Ab Mitte September derzeit nicht bewirtschaftet

6 Euro-Panoramaweg Matrei

Die Kühe und der Großglockner vertragen sich bei diesem Wanderweg bestens.

„Und so mühelos“: Einmal ist das pro Region zu gönnen

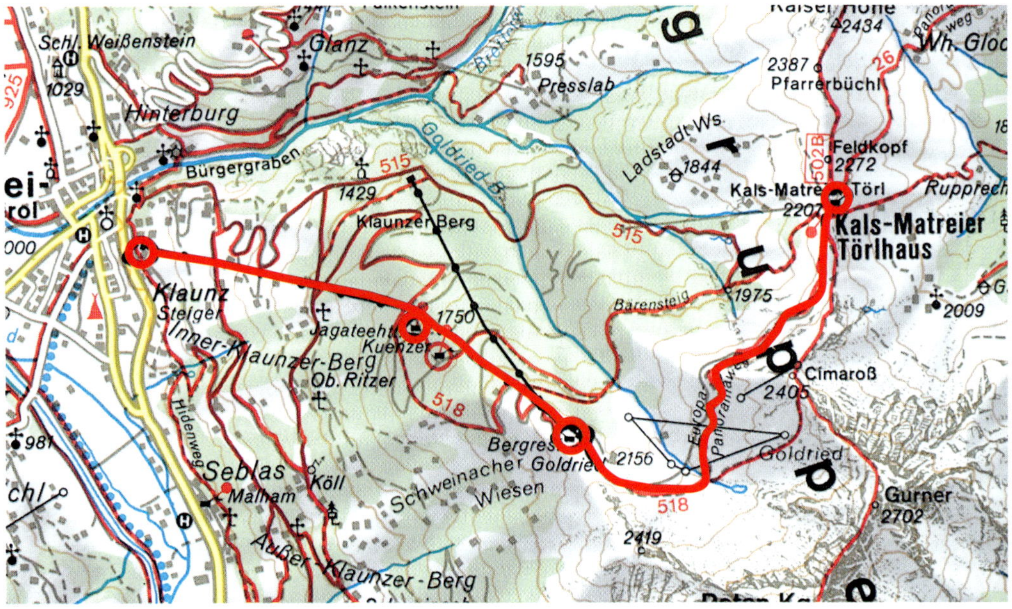

Das ist das beste Foto, das wir im Kasten haben.“ Die Frau hatte ihre ängstliche Freundin so nahe wie möglich an der friedlich wiederkäuenden Kuh plaziert. Den Großglockner dahinter. Ich habe nicht nachschauen können, ob es wirklich eine Kuh war. Ein Schild verbietet, die Weidetiere zu belästigen. Das Rindvieh ruhte.

Es juckt den Wandermenschen, einen Weg zu veräppeln, der mit Doppelsessellift auf die Höhe führt. Wenn dann der Europa-Panoramaweg Matrei/Kals in zahllosen Werbesprospekten als „das Osttiroler Spitzenerlebnis“ angeboten wird, dann bricht die ironische Ader bei mir voll aus.

Ein flacher Schiweg erlaubt auch wenig Gehkundigen ein bestes Bergerlebnis.

„Jede Kuh blickt wie Boris Becker", vergriff sich die Fotografin an einem deutschen Denkmal. „Hätte ich soviel Geld wie er, würde ich mich so umfärben lassen", ätzte sie weiter und meinte die braungefleckte Liegende.

Aber der Europa-Panoramaweg hat sich eine Kurzstrecke von einer guten Stunde zwischen dem Großglockner und dem Virgental ausgesucht, der als Bergpunkt haarscharf paßt und von daher (63 Dreitausender an guten Sichttagen, übereinander gestellt könnte man von dem Gipfel Satelliten aussetzen) Spitze ist. Warum sollte man daran herummäkeln? Mit etwas Herumgehen kommt man auf noch mehr Dreitausender. Wer der Menge entfliehen will, kann vom Kals/Matreier-Törl-Haus Richtung Roten Kogel aufsteigen. Nach dem ersten Zwischengipfel, einem von fast einem Dutzend, die übliche selige Ruhe mit ein paar Wandersfreunden.

Fünf gingen im Schneckentempo den fast ebenen Weg. „Ganz langsam einatmen, ganz langsam ausatmen." So leitete eine ältere Frau ihre Kollegin an. „Mein Gott, ist das schön", antwortete diese. Da verging mir die Ironie. Es gibt eben viele Menschen, die nicht ihre acht bis zehn Alpenvereinsstunden leisten können, nicht einmal zwei auf einem Bergsteig, aber die Berge lieben können. Und für diese Leute gibt es Angebote wie den Europa-Panoramaweg.

„Wenn ich so weitergehe, schaffe ich es." Eine deutlich gehbehinderte Frau kämpfte sich vorwärts. Sie hat es geschafft. Ich traf sie auf dem Rückweg wieder. Die Ironie ließ nicht locker. „Aber die Frau Lisa hat den letzten Marillenkuchen weggegessen." Eine Frau war auch im Angesicht von 60 Dreitausendern nicht zu beruhigen. Was ist ein Glocknerspitzenblick gegen einen fehlenden Marillenkuchen. Der Berg heilt nicht alle Enttäuschungen des Lebens, wie jeder weiß.

Das Schlimme ist weniger der Europaweg und seine Anpreisungen. Die Winternutzung als Schigebiet riß die wirklichen Wunden in die Traumlandschaft. Da kann kein Werbeprospekt täuschen. Aber das wäre auch ohne Wanderweg passiert. So bleibt als versöhnlicher Schlußpunkt die Aussage einer gut ausgerüsteten Seniorin zum Bergerlebnis: „Und so mühelos."

Einmal ist das pro Region zu gönnen.

FATA MORGANA-MONTANA

Abendrotmaler

Auch bei Schlechtwetter braucht niemand auf das beliebte Abendrot zu verzichten. Die Alpin-Chemie malt es täuschend auf die gewünschte Naturkulisse. Auch im Osten, wenn es sein muß. Für den kleinen Geldbeutel gibt es die Abendrotbrille.

DATEN

ANFAHRT:
Nach Matrei in Osttirol zur Talstation der Goldriedsessellifte. Auffahrt über zwei Sektionen zur Bergstation

DER WEG:
Europa-Panoramaweg Matrei/Kals von Bergstation Goldried (2150 m) – Kals/Matreier-Törl-Haus (2207 m) – Goldried. Weitergehen bis Bergstation Sessellift. Glocknerblick von Kals am Glockner möglich. Bundesbusdienst zwischen beiden Talstationen in Kals und Matrei

GEHZEIT:
1 Stunde hin, 1 Stunde zurück

HÖHENMETER:
ca. 60 m hinauf und hinunter

KARTE:
Freytag & Berndt, WK 181

KURZ & BÜNDIG:
Zweistündiger, fast ebener Spazierweg auf mehr als 2000 m Höhe. Für die lange Sesselliftfahrt warme Kleidung, Windschutz mitnehmen

7 Maria Waitschach

Ein Waldweg von seltener Qualität mit bester Aussicht

In Guttaring entlang der Amerikastraße nach Deinsberg. Von dort in den Wald nach Maria Waitschach und wieder zurück. Mehr ist nicht zu sagen.

Die Augen sind schon satt, bis Deinsberg erreicht ist. Da gilt es, das Verkehrsschild „Achtung, Kuh" genau auf den Spitz des gotischen Kirchturms von Deinsberg zu setzen. Paßt das hellgrüne Kornfeld besser zum dunklen Fichtengrün, oder sollte man das glänzende Dunkelgrün des jungen Hafers dazustellen? Oder wäre nicht das entfärbte Gras, das noch kein Heu ist, der ideale Partner für die Fichten? Oder die hellen Stoppeln der frisch gemähten Wiese, gelb, weiß, mattgrün? Wie gehörte der große Bauernhof mit seinen ziegelroten Luftrippen in die Szene? Oder wäre es nicht doch am besten, die Kirche von Maria Waitschach und die von Maria Hilf so anzuschauen, daß nur ihre sakralen Türme und Bögen über der Fichtennatur im blauen Himmel stehen und sonst nichts? Aber ehrlich, das rote und das blaue und das helle Auto, die sich auf einer nicht einsehbaren Asphaltstraße bewegen, wären diese nicht der Gegenwartstupfer in dieser zeitlosen Szenerie?

Alle 30 bis 40 Schritte ändert sich die Perspektive, und man muß das Programm neu durchlaufen lassen. Ganz zum Schluß gibt es noch einen wilden Müllplatz ober Deinsberg. Der macht keine Probleme:

Solche Wege muß man suchen und genießen.

Der Turm von Maria Waitschach grüßt den Wanderer.

leicht zornrot wegschauen. Von dort in den Wald nach Maria Waitschach.

Es ist ein Waldweg, wie ich ihn in der Qualität und Länge in Kärnten nur selten gefunden habe. Güterwege quert er. Einige Ausblicke gewährt er. Der Wanderer liegt darin wie in einer friedlichen Achterbahn. Fast nichts muß er tun, um aufwärtszukommen. Vorbei an einer tausendjährigen Linde. Das dazugehörige Haus zeigt unter Erde und Gebüsch ein paar Steine.

DATEN

ANFAHRT:
Nach Guttaring bei Treibach-Althofen. Wer nur den Waldweg wandern will, von Guttaring weiter über Schelmberg bis zum Beginn der Forststraße

DER WEG:
Guttaring (642 m) – Deinsberg (738 m) – Maria Waitschach (1153 m) – Guttaring. Kurgäste von Treibach-Althofen gehen von dort weg auf dem Weg 3b und wieder zurück

GEHZEIT:
3 Stunden hin und zurück

HÖHENMETER:
ca. 500 hinauf und 500 hinunter

KARTE:
Freytag & Berndt, WK 231

KURZ & BÜNDIG:
Einer der angenehmsten Waldspaziergänge, die Kärnten anzubieten hat. Feste Schuhe sind sehr sinnvoll. Am Ende warten eine sehr gute Aussicht und eine reizvolle Küche

„Die Steirisch Laßnitzer kommen. Und die Sankt Lambrechter. Alle zfuaß und tuan do übernochtn.“ Der Wirt neben der Kirche Maria Waitschach sagt es so zufrieden, daß man wissen muß, daß Wallfahrer vor dem Übernachten noch einiges tun, was einem Wirt Freude macht.

38 Kalbinnen hat die Hube auf der anderen Seite des Baches einmal gehabt. Ein Bauer mit kurzem weißem Haar erzählt es dem Sohn. Zum heiligen Ort, mit der wuchtigen Gotik dahinter, wird auch ein Stück Lebenshilfe mitgeliefert: „Zwoa Buam worn, aner hot alles verspielt.“ Der Sohn nickt verständig.

Das Gespräch paßte zum Norischen Panoramaweg, wie die findigen Guttaringer einige Wanderwege gemeinsam nennen. Da kann die städtische Besucherin nicht mithalten, der nur der banale Kommentar „Traumkirche“ einfällt.

Ganz säkularisiert gesagt: Wäre keine Kirche hier, dann hätte es nur den Ausflugsgasthof gegeben. So ausgewählt von der Natur ist der Platz für die Aussicht in das Kärntner Becken bis zum Ulrichsberg, zum Zirbitzkogel und zur Saualpe. Und wieder zurück. Mehr ist nicht zu sagen.

FATA MORGANA-MONTANA

Insichgehfüße

Mit ihnen kann jeder in sich gehen. Ich gehe nie ohne sie ins Gelände. Aus praktischen Gründen sollte man sie als Zweitfüße verwenden. Weitergehfüße braucht man meist zusätzlich. Insichgefüße sind ortsfest.

8 St. Pöltener Hütte

Wie mich eine Taxipanne zum Renner werden ließ

Manchmal hört man das Wort Sachzwang. Ich bin im Tauerntal unter Zeitzwang geraten. Deshalb mußte ich den wundervollen Dreiseenweg zur St. Pöltener Hütte im Wettrennen mit den Fahrzeiten des Sesselliftes auf den Venedigerblick begehen. So ein Unglück beginnt früh. Ich kam eine Viertelstunde zu spät vom Innergschlösser Gletscherweg zurück. Das Taxi war weg. Ich hatte noch eine halbe Stunde Reserve. Wie so oft, das Taxi kam nicht zurück. Zu Fuß war die Talstation mehr als eine halbe Stunde entfernt. Nach einer halben Stunde begann die Mittagspause des Liftes. Ich gab wütend auf und ging. Das Taxi kam mir auf dem halben Weg, aber zu spät, entgegen. Der Fahrer erklärte mir, er habe eine Panne gehabt und das Taxi sei eigentlich gar keines, sondern nur der Hüttenzubringer für das Venedigerhaus. Daher habe er keinen Funk. Damit hatte ich genau von 13.15, Abstieg vom Sessel auf der Bergstation, bis 16.45, letzter Einstieg für die Abfahrt, Zeit, um offiziell drei Stunden aufwärts zu gehen und zwei Stunden abwärts. Fehlzeit 1,5 Stunden, ohne Pause. Die Jagd begann mit „Pannen". Da lehnte Ing. Hans Jörg Flucher, Bauleiter in Salzburg, so dekorativ ausgezogen auf einem großen Stein, daß ich den Rucksack abstellte, den Fotoapparat auspackte, den Schnappschuß inszenierte und darüber tratschte. Am Grünsee, dem ersten See, beachtete ich die Strandfreuden zu ausgiebig. Ein Mann planschte darin umher

Einen der ältesten echten Tauern, den Übergang von Osttirol nach Mittersill, bewacht die St. Pöltener Hütte.

und wollte beweisen, daß er es lange aushielte. Ich mußte auf dem Steilhang zum Grausee die Zeit aufholen. Wer den Dreiseenweg aufwärts geht, muß öfter stehenbleiben, um zurückzuschauen. Der Rückblick ist zauberhafter als der ohnehin prächtige Vorausblick. Ein cooler Fachmann erklärte mir dann auch nach meiner Rückkehr, ich hätte die Runde verkehrt angelegt. Beim Schwarzsee, dem dritten im Bunde, glaubte ich, eine Fotoapparatpanne zu haben. Ich hatte den Film schlampig eingelegt. Hektik ist nie gut. Ich mußte zur Sicherheit warten, bis die nächsten Wanderer kamen. Sie kamen bald. Klick, klick, weiter.
Oben am Törl erlebte ich endlich einen zwar freundlich warmen, aber schon kräftigen Tauernwind. Ich stellte mich im Hemd schräg, schützte das Wertvollste an mir, meine „Kleine Zeitung"-Club-Kappe, durch Einstecken in die Hosentasche. Den Wegegag der St. Pöltener wollte ich dennoch genießen: Sie führen den Steig direkt vor ihrer Hütte in der Scharte über den letzten Mugel und nicht rundherum. Zeit sparte ich, weil der Fernprachtblick, das Großvenedigergebiet, im Dunst versank. Auf der Hütte nahm ich mir Zeit, ihre solide Holzarbeit zu bewundern, teuer vermutlich, ebenso wie das Windkraftwerk teuer sein dürfte. Ein Apfelkuchen war unvermeidlich. Ich hatte Hunger. Und als kleine Europanotiz hielt ich fest, daß zwei junge tschechische Hüttenbesucher an der Selbstbedienungsöffnung in Deutsch zu bestellen begannen und die Frau auf der Gegenseite in Tschechisch antwortete. Sie war auch eine Bürgerin des jungen Staates. Nach einer Viertelstunde raste ich abwärts. Die Hochspannungsmasten beim „Normalweg" bewiesen, wie häßlich der saubere Strom transportiert wird. Ich verstand nun, warum fast alle Leute den Dreiseenweg für beide Richtungen wählen. Zehn Minuten vor der Endzeit saß ich auf dem Sessel. Der Bus nach Matrei war damit kein Problem. Zeitzwang hatte ich ab sofort keinen mehr.

Der Graue See, der letzte der drei Seen, vor dem Messelingtörl.

DATEN

ANFAHRT:
Auf der Felbertauernstraße zum Matreier Tauernhaus. Von hier Auffahrt mit dem Venedigerblick-Sessellift

DER WEG:
Dreiseenweg: Bergstation Sessellift (1982 m) – Grüner See – Schwarzer See – Grauer See – Messelingtörl (2560 m) – St. Pöltener Hütte (2481 m) – Bergstation

GEHZEIT:
3 Stunden hin und 2½ Stunden zurück. Gesamtgehzeit 5½ Stunden. Normalweg ½ Stunde weniger für Rückweg

HÖHENMETER:
ca. 600 hinauf und hinunter

KARTE:
Freytag & Berndt, WK 123

KURZ & BÜNDIG:
Wunderschöne, mittlere Bergwanderung. Aufzupassen ist nur auf den möglichen Wetterumschwung am Tauernhauptkamm. Er kann in einer Minute den Ernstfall bringen

FATA MORGANA-MONTANA

Zusatzverdienst

Weidetiere sind meist einsam und leiden sehr darunter. Die EU zahlt für Teilzeit-Kuhanimateure, Stierberuhiger, Schaftröster, Pferdestreichler, Gänseunterhalter, Murmeltierpfeiftrainer usw. Für Wanderer ergibt sich ein weites Feld mit guten Geldchancen.

9 Peitlernock

Im wechselnden Wolkenspiel wird der Kamm von der Hohen Pressing zum Peitlernock für Augenblicke sichtbar.

Fast niemand kennt den Peitlernock. Ich kannte ihn auch nicht. Aber das war egal. Ich wollte nicht auf den Peitlernock. Ich wollte auf die Hohe Pressing. Die kannte ich. Die kennen viele. Jene Nockkuppe bis 2370 m Seehöhe zwischen dem Leobengraben und der Innerkrems.

Auf die Hohe Pressing mußte ich. Sie war einer der letzten Nockgipfel, die mir fehlten. Sie hat einen Rundwanderweg um die Bärengrube. Der Name deutet an, daß die Gegend schon bessere Zeiten gesehen hat. Mit Bär und Wolf und Luchs. Romantisieren sollte man auch in der freien Natur die alten Zeiten nicht. Es gibt nirgendwo einen brauchbaren Ersatz für den Realismus.

Auch nicht im schütteren Wald mit tiefem Schnee hinter der Bärengrubenalm. Ich folgte der Spur zweier früher Novembertourengeher. Gelegentlich schaute ich zurück zur Gaipahöhe und nahm den kohlschwarzen Wolkensaum über ihr wahr. Der Wetterbericht hatte sich von Donnerstag bis Sonntag früh beständig verschlechtert. Schneefall war angesagt.

Der Peitlernock, auf der Karte irrtümlich Kirchbaumernock genannt, dessen Namen ich erstmals in meinem Leben auf dem Wegeschild an der Nockalmstraße gelesen hatte, wehrte sich gegen die Wettervorhersage. Wie ein Bühnenmaschinist, der unbedingt einen Job haben will, schob er die Wolken weg und befahl der Sonne, rundum zu scheinen. Und das alles, weil ich hinaufkam. Ich war stark geschmeichelt und genoß das Wintermärchen, das als Verzweiflungstip beim

Vom Verzweiflungstip zum Wintermärchen

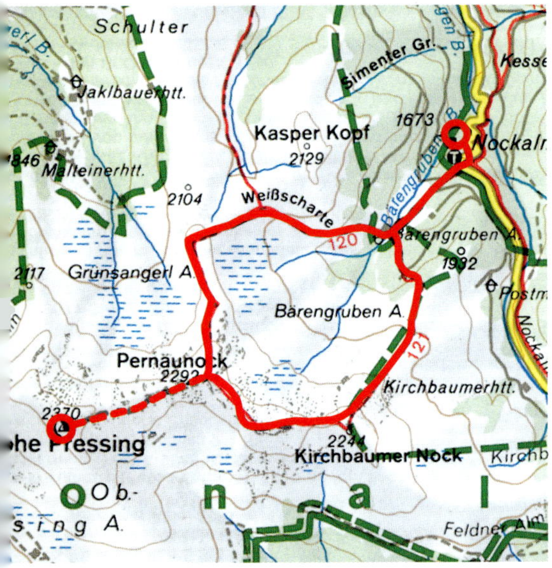

(Kirchbaumer Nock = Peitlernock)

DATEN

ANFAHRT:
In die Innerkrems (von Kremsbrücke im Liesertal zufahren oder über die Nockalmmautstraße von Ebene Reichenau) bis zum Gasthof Nockalmhof. Wer Maut sparen will, geht von der Innerkrems zu Fuß

DER WEG:
Nockalmhof (1700 m) – Bärengrubenalm (1800 m) – Peitlernock (2244 m) – Hohe Pressing (2370 m) – Bärengrubenalm – Nockalmhof

GEHZEIT:
5 Stunden für die ganze Runde

HÖHENMETER:
ca. 900 hinauf und 800 hinunter

KARTE:
Freytag & Berndt, WK 222

KURZ & BÜNDIG:
Eine ausgiebige, bei gutem Wetter aber unschwierige Höhen- und Rundwanderung durch ein weniger besuchtes Gebiet am Rand der Nockberge. Unterwegs sind derzeit keine Hütten, aber Wasser fließt. An Sichttagen beste Aussicht in alle Richtungen

Das Almmuseum an der Nockalmstraße sollte man besichtigen sowie seine Köstlichkeiten zum Essen und Trinken ausprobieren.

geschlossenen Nockalmhof begonnen hatte.

Da konnte die Hohe Pressing noch so oft sagen, daß sie erstens höher sei und zweitens den kompletten Westblick mit Hochalmspitze und Reißeckgruppe zusätzlich anbieten könne. Ich blieb beim Peitlernock, ging nur kurz zum Kirchbaumernock weiter. Kaufhauswanderer wissen ja, daß es in Klagenfurt unvermeidlich ist, zu Kirchbaumer zu kommen. Man fühlt sich ohne Kirchbaumer fast nackt. Bei den Nocken maulte die Hohe Pressing weiter. Ich ginge ja nur deshalb nicht bis zu ihr, weil das bei dieser Schneelage zwei mühsame Stunden werden würden und ich mich drücken möchte. Damit hatte die Hohe Pressing völlig recht. Ich hatte an diesem Tag genug Schneeschritte in den Beinen. Und der Peitlernock im strahlenden Sonnenschein zeigte die Nockwelt winterklar. Genügt doch, oder?

Ich notierte mir auch, bevor die Finger im kalten Wind steif wurden, daß ich das Winterwandern nicht neu erfinden würde. Für die Sommerbesucher der Gegend habe ich auf der Kartenskizze den Gesamtweg aufgezeichnet. Zufrieden, Hohe Pressing? Sie war es und gewährte mir im Jahr danach einen weiteren Besuch.

FATA MORGANA-MONTANA

Waldfriedhöfe

Auf Grund des Waldsterbens wird die Errichtung von Waldfriedhöfen immer wichtiger. Jeder Bergfreund sollte in seinem Bereich die Widmung von möglichst großen Flächen für eine würdige Bestattung der Wälder unterstützen. Die Wälder haben es sich wirklich verdient.

10 St. Leonhard im Bade

Wald, Bach und Weg bilden eine Einheit auf der Wanderung zum Alpenbad St. Leonhard.

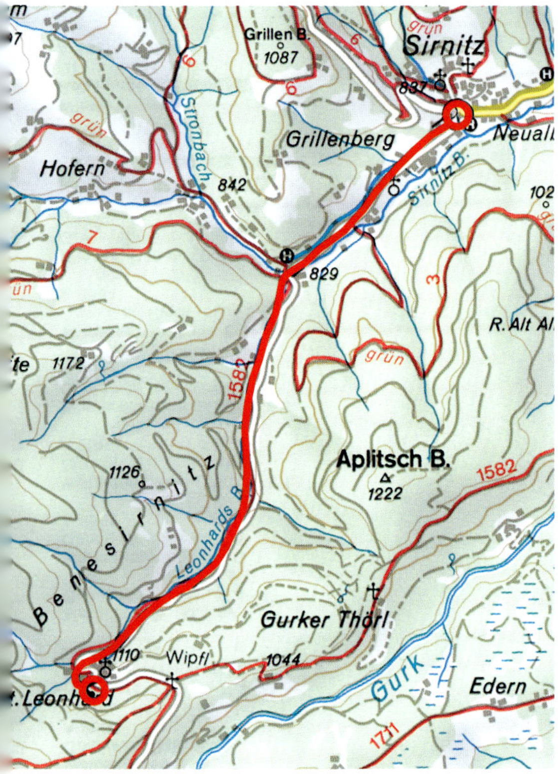

Von Füchsen und Kaleschen bis zu Ahornblätterdecken

Der kräftige Bach schoß im tiefen Graben dahin. Auf der einen Seite Fichtennadeln und auf der anderen braunes Buchenlaub. Der Güterweg erzwang sich eine Spur im steilen Hang. Ein dichter Wald verdüsterte sich unter einem bewölkten Himmel. Hier kommen nicht einmal die Füchse zusammen, um einander gute Nacht zu sagen. Zu einsam ist die Örtlichkeit.

„Der alte und unbefestigte Fahrweg aus dem Tal der Gurk bis zur Höhe von St. Leonhard war mit Pferdefuhrwerken, prunkvollen Kaleschen, Kranken und Gelähmten bevölkert, die teilweise getragen bzw. auf Karren gezogen und geschoben wurden.“ So geräuschvoll soll es nach der Geschichte von Sirnitz im 16. und 17. Jahrhundert am selben Ort zugegangen sein.

Eine roststreifige Katze schlich eilig von der Wiese durch ein offenes Küchenfenster und verschwand. Drei Häuser mit geschlossenen Türen und Fensterläden bildeten laut Schild ein Alpenbad. Eine gewaltige Masse von weißem Bau war Kirche. Eine bunter gemalte Kapelle stand daneben. Ich hatte bis zur Katze gefühlt, hier gebe es nichts Lebendiges mehr. Nun sah ich dünnen Rauch aus einem Kamin steigen. Im 20. Jahrhundert ist eine Satellitenantenne ein sicherer Hinweis auf Menschen. Sie war an einer Hauswand befestigt.

Zwei Weltkriege schafften es, das Alpenbad zu ruinieren. Zerstörung

Die Überraschung: Kirche und Gasthof stehen noch in voller Größe in der Lichtung.

und Diebstahl beendeten eine Tradition. Aber zäh hält sich ein Jahrhundertwerk. Die Kirche ist seit Jahren wieder gerettet. Zwischen Kirche und Badehäusern traf ich mehr als einen Menschen. Ich traf ein Schicksal. Der Mann trug eine Mütze gegen die Kälte wie ich. Zwölf Jahre sei er schon hier. Aus Bugojno in Bosnien sei er. „Jetzt ist alles zerstört dort", weiß er. So vermittelt ihm die Schüssel der Antenne das tägliche Unglück seiner Heimat. Bis hinein in die hintersten Kärntner Wälder.

Ob der touristische Riesenbau eine Chance gegen den sich heranschiebenden Wald hat, weiß ich nicht. Aber für Wanderer haben die Sirnitzer dort einen der einsamsten Waldwege angeboten, die im Lande zu haben sind. Hoch drüber, auf dem Rundweg, gibt es die mehrhundertjährige Lärche (laut Prospekt ist sie tausend Jahre alt) in Hochwiditsch zu bewundern. Schloß Neualbeck und Ruine Albeck liegen auf dem Wanderweg Nummer 1.

Ich erinnere mich gerne an jene kurzen Uferstellen am Bach, am heilkräftigen, wie ich nun weiß, wo die Ahornblätter den Boden auslegten wie eine Decke den rohen Tisch. Mit einer herbstlichen Schönheit, die mich stark berührte. Weder Füchse noch Kaleschen können in meinem Bewußtsein mit diesen Blättern konkurrieren.

FATA MORGANA-MONTANA

Ausfahrbare Steigeisen

Die ausfahrbaren Steigeisen (auf Knopfdruck am Schuhrand) beenden die ärgerliche Situation, daß auch für kurze Schnee- oder Gletscherstellen stets die Steigeisen mühsam angeschnallt und wieder abgenommen werden müssen.

DATEN

ANFAHRT:
Nach Sirnitz im Gurktal

DER WEG:
Sirnitz (837 m) – Schloß Neualbeck – Ruine Albeck (920 m) – St. Leonhard im Bade (1110 m) – Leonhardshöhe (1592 m) – Hochwiditsch (ca. 1000 m) – Sirnitz

GEHZEIT:
6 Stunden

HÖHENMETER:
ca. 800 hinauf und 800 hinunter

KARTE:
Freytag & Berndt, WK 222

KURZ & BÜNDIG:
Ausgedehnte Wald- und Höhenwanderung in einer der einsamsten Gegenden Kärntens. Kürzere Wegstücke sind möglich

11 Barmerhütte – Lenkstein (3000er)

Die Gipfel sind möglich, die Scharte hat es in sich

Wäre da nicht die Scharte, wären Fenneregg und Roßhorn sanfte Dreitausender. Aber die Roßschornscharte verdient das Warnschild, daß hier nur geübte Bergwanderer hinauf sollen. Ganz unten, wenn man im hintersten Defereggental an der Patscher Hütte vorbei aufwärts geht zur Barmer Hütte, hat man noch keine Sorgen. Der Traumblick zum weiten Talschluß mit dem Hochgall als unerreichbaren Berg läßt vergessen, daß es steil aufwärts geht. Der Steig ist so raffiniert konstruiert, daß er seine Mühe fast vergessen läßt. Dann folgt oberhalb der von einer Lawine zerstörten früheren Barmer Hütte der lange Querweg nach rechts, der bei Hitze oft an den herabfließenden Bächlein unterbrochen wird. Die Frau saß ruhig am Fuß einer kleinen Felswand, die rechts von einer steilen Kerbe begrenzt wurde. Auf einem rutschigen Steig aufwärts hangelnd kamen dann die ersten Seile ins Blickfeld. Die Frau saß ruhig in der Sonne, genoß den wunderschönen Spätherbsttag und ließ den Gatten allein durch die Scharte. Ich griff forsch in die Seile und hievte mich hoch. Dann hörte das Drahtseil auf. Genau durch die Scharte war der Steig seillos, dafür gab es eine Stehhilfe für die Füße. Bei trockenem Wetter und ausgeaperter Scharte genügte diese Hilfe. Dann geht es auf gutem Steig durch Fels aufwärts. Bald kann man nach rechts in einer halben Stunde, auf einem neuen guten Steig auf das Roßhorn (3068 m) oder nach links auch auf gutem Steig zum Lenksteinjoch und von

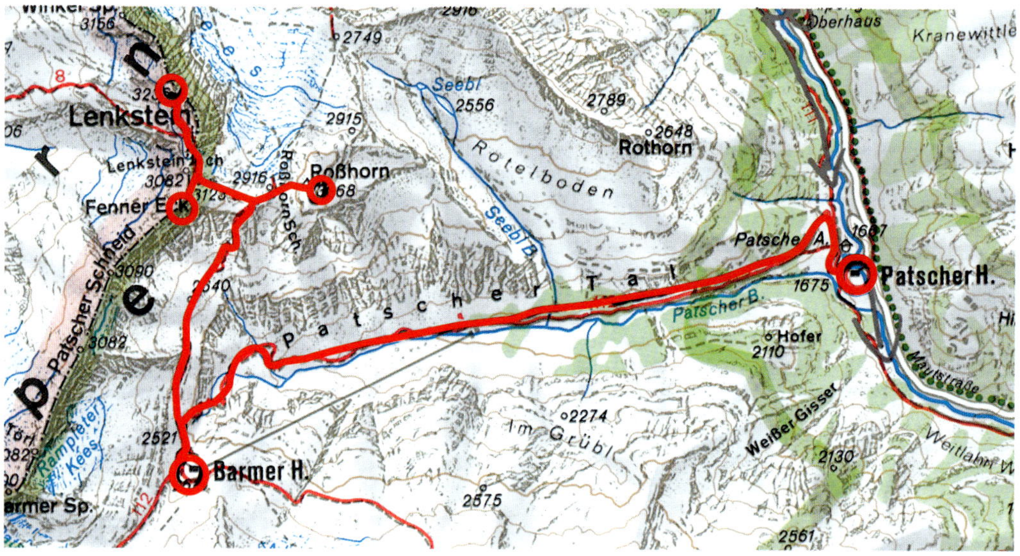

Wilder geht es für Bergwanderer kaum: Durch diese Landschaft wird über die Roßhornscharte der Weg frei zu den Dreitausendern Roßhorn, Fenneregg und mit einem zweiten, auch ganz heiklen Steigstück nach dem Lenksteinjöchl auch der große Lenkstein.

dort ganz unspektakulär in einigen Minuten nach links auf das Fenneregg (3123 m). Die Bergspezialisten zieht es weiter auf einem teilweise ausgesetzten Steig und dann über ein Schneefeld zum Gipfel des Lenksteins (3236 m): Für einen müden Bergwanderer ist das eine gewaltige Strapaz. Und ein techni-

Die neue Barmer Hütte (ganz links) bietet dem Bergwanderer Schutz in der weiten Karlandschaft unter dem Kletter- und Gletscherberg Hochgall.

sches sowie ein wenig ein Angstproblem. Ich würde mir auf dem Steig Seile wünschen wie in der Roßhornscharte. Einerseits. Andererseits meine ich, daß nicht jede Stelle am Berg für Leute zurechtgemacht werden soll, die für genau den Berg nicht ausreichend qualifiziert sind. Es gibt genügend andere Berge. Ich ging am nächsten Tag ausgeruht gezielt diese Teilstrecke und es klappte für mich. Die optimale Berggenußlösung scheint mir: Aufstieg zur Barmer Hütte, übernachten, dann über den Lenkstein Abstieg nach Rain in Südtirol, dort übernachten und über das bequeme Klammljoch und die Jagdhausalm zurück in das Defereggental. Wer unbedingt will, kann auf dieser Route mit der Dreieckspitze beim Klammljoch noch einen Dreitausender mitnehmen.

DATEN

ANFAHRT:
Von St. Jakob in der Defereggen (Osttirol) zur Patscher Hütte (letztes Stück Mautstraße). Bundesbus bis Brücke nach Erlsbach. Fußweg zur Patscher Hütte ca. 40 Minuten, 3 km)

DER WEG:
Patscher Hütte (1685 m) – Barmer Hütte (2591 m) – Roßhornscharte (2916 m) – Roßhorn (3068 m) – und/oder Roßhornscharte – Lenksteinjoch (3082 m) – Fenneregg (3123 m) – Roßhornscharte – Barmer Hütte – Patscher Hütte

GEHZEIT:
8 bis 9 Stunden (Aufstieg 5 Stunden, Abstieg 4 Stunden)

HÖHENMETER:
ca. 1400 hinauf und hinunter

VARIANTE:
Lenksteinjoch – Lenkstein (oft Großer Lenkstein, 3236 m) – Lenksteinjoch. Gesamtgehzeit: 2 bis 3 Stunden (hängt von der Gehfähigkeit im schwierigen Fels-Schneegelände ab)

KARTE:
Freytag & Berndt, WKS 3, Pustertal–Bruneck

FATA MORGANA-MONTANA

AV-Motto 2000

Erschließt den Balkan, erschließt die Karpaten, erschließt den Kaukasus, erschließt Stanowoj und Jablonojgebirge, erschließt die Unterwassergebirge im Südatlantik, aber schließt dafür die Alpen. Mit vier Gegenstimmen von der Hauptversammlung angenommen.

12 Kareck

Lawinenschutzbauten der schönen Art sind diese „Gamshügelgräber“ unter der Gantalscharte.

Besuchen Sie die berühmten „Gamshügelgräber“ am Kareck

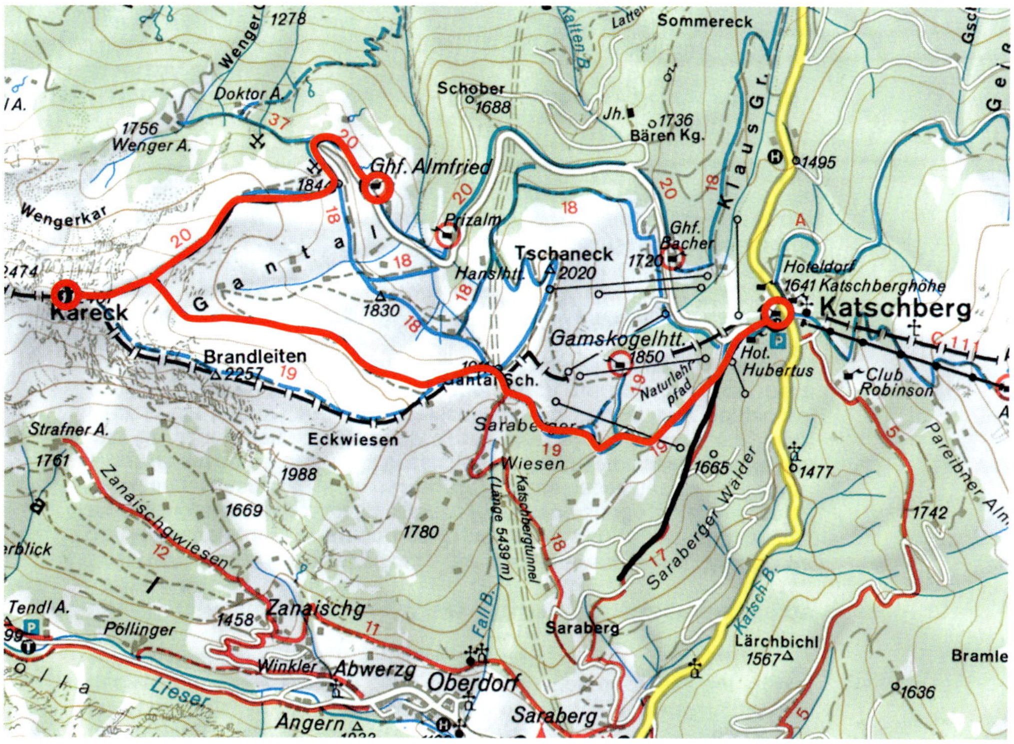

Als milde Mulde hatte ich das Kareck von den Nockbergen der Stangalpe aus am frühen Morgen gesehen. Die wilden Schroffen hinunter in das Pöllatal hatte ich begutachten dürfen, als ich von der Sternspitze aus mich umschaute. Aber der Grund, warum ich dort hin wollte, war, daß dieser Berg als Grenzberg zwischen Kärnten und Salzburg von Rennweg aus den Blick total beherrscht. Wer im Tal aufwärts fährt, wird vom Kareckgipfel geradezu erdrückt und fasziniert.

Vom Katschberg aus geht es gemütlich und gut markiert zum Gantalsattel. Knapp vor ihm fallen fast allen Gehleuten jene zwölf regelmäßigen Grashügel auf, die in zwei Reihen einen Almhang bevölkern, der hinunter ins Pöllatal nach St. Peter zieht. Die neuere Archäologie hat nachgewiesen, daß es sich hier um Gamshügelgräber handelt. Besonders vornehme Gamsböcke wurden hier von ihren erleichterten Hinterbliebenen mit Bart und Horn beigesetzt. Die extrafette Almwiese rundherum beweist, daß man wie im alten Ägypten den „Gamschefs" auch nach dem Tode das Beste fürs Leben mitgegeben hat. Daß der Hügel daneben Gamskogel heißt, ergibt einen zusätzlichen Beweis. In der Gamskogelhütte läßt sich darüber bestens nachdenken.

Allen, die diese Geschichte glauben, erzähle ich vielleicht noch ein paar. Weniger gläubige Gemüter dürften die Hügel für einen Lawinenschutz halten. Der Hang ist sehr gefährdet.

Ungefährdet sind die Wanderer, die nach einem kurzen Aufwärtsstück das lange, fast flache Almsteigstück dahinschlendern, das nun auf das Kareck zuführt. Es ist eine Heidelbeeralm, mit vielen Blumenstücken. Unter ihnen benannte ich den Almhaarstern, jene Pflanze, die mich so sehr an die Haarsterne im Meer erinnerte. In der botanischen Praxis heißt sie vermutlich Kriechende Nelkenwurz. Was ich sah, war der Fruchtstand und nicht die gelbe Blüte.

Daß ein Gipfel mit 2481 m Seehöhe als Abschluß keine milde Mulde bieten kann, hätte ich mir denken können. So geht der Weg zum Schluß durch ein steingepflastertes Steilkar hinüber zum Steig von der Salzburger Seite. Die Berge, die das Kärntner Pöllatal im Norden so wildromantisch steil begrenzen, haben ihre sanfte Seite in Salzburg drüben. Die Aussicht ist nach Kärnten und Salzburg weitreichend. Da viele Kärntner den Katschberg seelisch noch zu ihrem Bundesland und Bergland rechnen, sollte man das Kareck ungeniert trotz möglicher Grenzfragen besteigen.

DATEN

ANFAHRT:
Katschberghöhe oder noch weiter zum Gasthof „Almfried" auf der Salzburger Seite

DER WEG:
Katschberg (1641 m) – Gantalscharte (1911 m) – Kareck (2481 m) – Katschberg. Oder Gasthof „Almfried" (1760 m) – Kareck – Gasthof „Almfried"

GEHZEIT:
Katschbergroute 4 1/2 Stunden
Gesamtgehzeit Almfriedroute 3 Stunden

HÖHENMETER:
Katschbergroute 840 m hinauf und 840 hinunter. Almfriedroute 640 m hinauf und hinunter.

KARTE:
Freytag & Berndt, WK 202

KURZ & BÜNDIG:
Sehr aussichtsreiche, angenehme Bergtour ohne technische Schwierigkeiten. Für jeden Bergwanderer problemlos

FATA MORGANA-MONTANA

Wandersimulator

Auch der Kärntner Grenzweg ist nun als perfekte Computersimulation zu haben. Bei Schlechtwetter kann man jeden Schritt daheim nachvollziehen. Es gibt auch Simulatorabzeichen und Urkunden für nachweisliches Simulationswandern.

„Haarsterne" wie im Meer leuchten auf der Alm neben dem Fußweg.

13 Großer Egelsee

Der Große Egelsee wehrt sich manchmal durch Sumpfsteige erfolgreich gegen Besucher.

Moralisch aufgerüstet zum Großen Egelsee

Die moralische Aufrüstung für diese Wanderung begann mitten in der schönen Stadt Spittal an der Drau. Ich klopfte vom Bahnhof weg mit den Wanderschuhen kleine Dellen in den heißen Asphalt. Der Rucksack half mit, daß sie noch einen Millimeter tiefer wurden. Schräg gegenüber von Schloß Porcia, formschön wie ein gelungener Berg, liegt die Buchhandlung Nest. In der Auslage zeigten sich gleich zwei Stück meiner ersten „Einladung zum Wandern“. Der Asphalt mußte ab sofort ohne Dellen auskommen. Ich flog nur so in den kühlen Waldweg mit der Nummer 23 hinauf. Von nun an konnte nichts mehr schiefgehen.

Im gepflegten flachen Wald südlich des Millstätter Sees trifft man Pilzsucher, die ein Wanderer auf sanfte Weise ärgern darf. Einem Mann, der mit einem kümmerlich gefüllten Plastiksack zwischen den Bäumen irrte, darf man den Tip geben, daß er seinen mitlaufenden Hund doch zum Pilzeriechen abrichten sollte. Es gibt die berühmten Trüffelschweine, warum nicht auch Herrenpilzhunde? Zu den Wildruhezonen ist zu bemerken, daß die Eichhörnchen auch in diesen Zonen in gewohnter Eile die Baumstämme hinauf und hinunter sausen und von Ast zu Ast springen. Es ist leicht zu sehen, daß das Gehen im Millstätter Süduferwald keine Probleme bietet. Man hat Zeit und Gelegenheit, über vieles nachzudenken. Es gilt die Frage zu klären, warum man nicht auf das Goldeck gehen sollte. Eine Antwort, zwei Punkte: weil eine Gondelbahn hinaufführt. Andere Antwort, fünf Punkte: weil die

Das Schild verheißt es, der Wirt erfüllte es: zumindest, als ich dort war.

Spittaler Seite teuflisch steil ist. Warum man das Gmeineck nicht sehen kann, obwohl der Wald eine Lücke hat? Weil gerade eine Wolke auf dem Gmeineck ruht und nicht im entferntesten daran denkt, sich hinwegzubegeben.

Dann heißt es, das Genußfenster im Bewußtsein ernsthaft zu öffnen: der Große Egelsee taucht nach zwei Stunden Gehzeit auf. Der überraschend große Moorsee glänzt und leuchtet und schillert und spielt sich mit jedem Sonnenstrahl und Windhauch. Der Mirnock, ein Spitzenaussichtsberg im Osten, spiegelt sich ungeniert, als ob er ein Baderecht hätte. „Kalt is es gewesen“, erzählte mir der einzige Mann am Ufer ungefragt. Er hatte sich schon wieder angezogen. Ich entschied, ihm zu glauben und das Wasser nicht mit dem eigenen Körper zu prüfen. Ob es dort Egel gibt, untersuchte ich nicht. Ich ging davon aus, daß die Egel unter Schutz stehen würden, ich aber nicht.

Nun gilt es noch, die Millstätter Kurdirektion zufriedenzustellen. Der Weg, den ich hier tief im Wald geschildert habe, hat seine Pracht- und Schauseite am Südufer. Der Hin- oder Rückweg zum Egelsee sollte an das Ufer ausufern. Aber das Ufer mit seiner Aussicht zu loben, dazu ist kein Wanderbuch nötig. Das schaffte jeder Wandernde ohne Mühe. Es gibt so Gegenden, die sich selber am besten präsentieren. Ich hüte mich, dem Millstätter-See-Südufer ins Handwerk zu pfuschen.

FATA MORGANA-MONTANA

Wandererfarm

Findige Unternehmer züchten Wanderernachwuchs für die notleidende Tourismusindustrie. Unterschreiben Sie für artgerechte Zuchtbedingungen. Die üblichen hundert Meter Steig sind für hunderttausend Wandernachwüchslinge einfach zu wenig.

DATEN

ANFAHRT:
Über Spittal an der Drau nach Seeboden und St. Wolfgang

DER WEG:
St. Wolfgang (745 m) – Großer Egelsee (772 m) – Lug ins Land (816 m) – St. Wolfgang. Der Große Egelsee ist auch von Seeboden (Seehotel Steiner) aus markiert

GEHZEIT:
4 Stunden Gesamtgehzeit

HÖHENMETER:
ca. 100 hinauf und 100 hinunter

KARTE:
Freytag & Berndt, WK 221

KURZ & BÜNDIG:
Eine sehr angenehme Waldwanderung. Flach. In der direkten Umgebung des Sees (Badeerlaubnis) feucht bis moorig. Sonst Spazierweg

14 Familienweg Winklern

Ein echtes Lockangebot von einem Almspazierweg

Der Adler, vermutlich der nach dem Stein benannte, die Unterseite seiner Flügel sah jedenfalls aus wie das österreichische Staatswappen, flog niedrig und gelassen über dem Bauernhof Kaufmann hoch über Winklern im Nationalpark Hohe Tauern. Ich fand den Flug des Fast-Wappenvogels (er hatte unter Garantie nur einen Kopf und trug keine Reste von Ketten an den Klauen) faszinierend. Die Hühnerwelt und die sonstigen Kleintiere seines Fluggebietes dürften anderer Meinung gewesen sein.

„Geh ochi in Stol, Kruzitürkn“ (geh in den Stall hinunter), hörte ich den menschlichen Fluch eines Landbewohners gegen seine widerspenstige Kuh. Das war auf der Kaufmannalm, dann hörte für mich die Markierung auf und dann der Steig, und ich kletterte im Steilwald aufwärts bis zur Winklerner Viehalm, wo ich den alten Halter traf und ihm mein Leid klagte. Er meinte als Kompliment, wenn ich da so hochgekommen sei, könnte ich vielleicht als Viehhalter geeignet sein.

Der Normalweg zum Familienwanderweg führt mit dem Auto zum hochgelegenen Parkplatz und dann fast eben zur Viehalm, ein Stück oberhalb ist ein hübscher Almsee. Der Weg führt sanft über alle Bächlein, bietet Ruhebänklein an, wo die Eltern sich erholen und die Kinder Wasser spielen können. Der Weg, nun ohne Ironie, gehört zu den mit Bequemlichkeiten ausgerüsteten Leichtwegen, die nun in vielen Orten als ein Lockangebot zu haben sind. So auch hoch über Winklern. Etwa 2000 Meter Seehöhe, bestes Almgebiet und gute Aussicht. Noch höher waren die Gemsen, die der Almhalter mit dem Fernglas eifrig verfolgte. Gewehr hatte er keines.

Wer auf dem Familienweg wandert, läßt die Abzweigungen für den Alpinsteig zur Wangenitzseehütte

Ein kleiner Bildschwindel: Diese Bauernhöfe bekommt nur der Steilwegwanderer von Winklern aus so nah zu Gesicht.

ungenützt und strebt der Pichlerhütte zu, wo ein solches Riesenstück Speck auf dem Brett der Brettljause liegt, daß auch ich fast gescheitert wäre. Ich bin recht tüchtig beim Brettljausenverzehr.

„A Luchs laft wohl uma do", bekräftigte die Hüttenwirtin am Gesprächstisch in der Hütte. Ich lauschte vom Tisch auf der Veranda aus zu.

„Wia schaut er denn aus?" wollte der Sohn wissen.

„Wia a Wildkatz. Nur net auf dem Bam."

„Möcht i schiaßn", sagte das Kind. Und lernte seine Nationalparklektion vom anwesenden Mann, daß dieser Wunsch leider unerfüllt bleiben müsse.

DATEN

ANFAHRT:
Von Winklern über die Iselsbergstraße zum Hotel „Defereggerhof", Auffahrt auf den Penzelberg bis zum Parkplatz Winkler Alm

DER WEG:
Winkler-Alm-Hütte (Nationalparkinformation (1920 m) – Pichlerhütte (Jausenstation) (1880 m) – Winkler-Alm-Hütte

GEHZEIT:
Je zwei Stunden für eine Richtung

HÖHENMETER:
ca. 100 hinauf und hinunter

KARTE:
Freytag & Berndt, WK 181

KURZ & BÜNDIG:
Leichter, herrlicher Almwanderweg in 2000 m Höhe. Als Nationalpark-Familienwanderweg besonders gut in Schuß gehalten (z. B. Ruhebänke)

Was Rodung heißt, ist hier gut zu erkennen.

Die Nationalparkkuh geruht, die gemächlichen Wanderer zu empfangen.

Der gut organisierte Familienmensch geht den friedlichen Weg wieder zurück. Der Aktivist ohne Auto stürzt sich einen bestens markierten Waldweg hinab nach Rettenbach und hat gute Chancen, erschöpft im Rest des Auwaldes den Talboden zu erreichen. Information über den Nationalparkfamilienweg gibt es gedruckt in Fülle zu Beginn des Weges. Rechtzeitig kaufen, denn vom Auwald geht keiner mehr retour.

FATA MORGANA-MONTANA

Die andere Meinung 1

Ich würde die Alpen sehr lieben, wären da nur keine Berge.
Joseph Spence 1730, Literat und Reisender

15 Maurertal (Osttirol)

Almurlaub mit alpiner Großlandschaft und geduldigem Weidevieh läßt sich bei der Essener-Rostocker-Hütte machen.

Vom bäuerlichen Grün zum Dreitausender-Gletscherweiß

Die bäuerliche Wiese bei Ströden im hintersten Virgental in Osttirol wird meist nicht beachtet. Ihre verschiedenen Streifen von Grün sind für lange Zeit das letzte Talgrün, das der Wanderer zu sehen bekommt. Dies ergibt erst den Unterschied zum Maurertal. Statt sich durch eine Minute Strödenblick darauf einzustimmen, sorgen sich manche Leute, den passenden Platz auf dem Parkplatz zu finden. Der Parkplatz gibt aber gemütsmäßig nichts her. Es geht gleich los, neben dem kraftvollen Maurerbach aufwärts zur Stoan-Alm. So könnte fast jede Alm genannt werden. Steine gibt es auf Almen noch häufiger als den Namen.

Die spannendste Stelle beim Aufstieg ist die Talstation der Hüttenseilbahn neben dem Weg. Dort verspricht ein Schild den Transport des Rucksacks. Ich blickte die Bretterkiste voll Vertrauen an. Ich wollte an diesem heißen Nachmittag nichts für Leserinnen und Leser testen, sondern nur für zwei Stunden meinen ca. Zwölf-Kilogramm-Rucksack los sein. Ich wartete ein bißchen. Ein holländisches Paar wanderte stark entblößt vorbei. Der leichte Rucksack blieb auf ihrem Rücken. Ich legte meinen entschlossen in die leere Kiste und marschierte los. Auf der Essener/Rostocker-Hütte erfuhr ich dann, daß ich eine teure Bequemlichkeit gewählt hatte. Die Seilbahn zu betreiben kostete etwas mehr als 200 Schilling, gleichgültig wie viele Rucksäcke oben liegen. Meiner

Dem Gletscher kommt man ganz nahe: Er führt vom Reggentörl herab.

blieb allein. Aber für eine Gruppe lohnt es sich schon wieder.

Wenn sich dann vor den Augen der Talschluß des Maurertales öffnet mit den beiden Simonyspitzen leicht links, dem Großen Geiger rechts und dem Reggentörl, den Malhamspitzen, dem weißglitzernden Maurerbach dazwischen, dann sind Rucksackgeldprobleme ohne Bedeutung. Ich saß friedlich auf der blumenüberzogenen Moräne, die vor rund 10.000 Jahren der Rand der Gletscher gewesen sein dürfte, und wartete, bis der Große Geiger auch sein letztes Wölkchen loswerden würde. Weil das dauerte, sah ich mehreren Gruppen zu, die vom Umbalkees über das Reggentörl den Gletscher abwärts kamen. Ich studierte den See am Fuß der Simonyspitzen, in dem sich die Gletscherwässer sammeln, bevor sie zu ihrer gischtenden Reise durch das Maurertal aufbrechen. Weil das alles dauerte und die Kühe neben der Essener/Rostocker Doppelhütte auch so ruhig lagen, kam ich dann nicht mehr auf das Rostocker Eck hinauf. Es gilt als das Wanderziel für jene, denen die Aussicht von der Moräne noch ein Alzerl zuwenig ist. Ich entschied mich an diesem Tag gegen einen späten Gipfel und für ein frühes Bier. Und hörte einem Wiener zu, der von der Dreiherrenspitze gekommen war, wie er drei Dresdener Kollegen die beste Route erklärte. Das dauerte noch ein Bier lang, und dann legte ich mich ins Bett. Das Rostocker Eck war mir völlig egal geworden.

DATEN

ANFAHRT:
Zum Parkplatz Ströden im hintersten Virgental

DER WEG:
Parkplatz Ströden (1400 m) – Stoan-Alm (1460 m) – Essener/Rostocker Hütte (2208 m) – Ströden

GEHZEIT:
3 Stunden hinauf, 2 Stunden herunter. 1 Stunde für Aufstieg und Rückweg zur Moräne hinter der Hütte. Gesamtgehzeit 6 Stunden

HÖHENMETER:
ca. 950 hinauf und 950 hinunter

KARTE:
Freytag & Berndt, WK 123

KURZ & BÜNDIG:
Für ausdauernde Bergwanderer eine technisch problemlose Bergwanderung in die Welt der Dreitausender. Übernachtung auf Essener/Rostocker Hütte. Zusatztouren von dort aus möglich

FATA MORGANA-MONTANA

Bergkalauerwettbewerb 1

**Wo vor dir hüpft die Gemse, steige lieber auf die Bremse (21. Preis).
Hat der Bär Angst vor dir, dann wehe dir (34. Preis).
Schaut man durchs Hüttenfenster in den Regen, sagt man gern, der Regen ist ein Segen (51. Preis).**

16 Auernig

Der Auernig bekommt oft Besuch.

Was die Erinnerung so alles zu behaupten wagt

In der Regel notiere ich mir Einfälle und Gefühle im Gelände und schreibe dann daheim möglichst bald die Wandergeschichte. Es sollte eine frische Nachricht sein und keine aufgewärmte Kost. Aber beim Auernig geht das nicht. Ich habe ihn verschlafen. Ich dachte, ich hätte die Geschichte geschrieben. Im Computer war aber nichts. So rekonstruierte ich sie.

Um 6.15 marschierte ich vom Mallnitzer Bahnhof ab. Das steht im Notizbuch. Kalt war mir auch. Daran erinnerte sich aus gegebenem Anlaß mein linkes Bein. Ich weiß auch noch, daß ich einer Erinnerung widerstand. Die Erinnerung war ein fernes Kreuz, hoch über Mallnitz, mit einem äußerst steilen Wald dazwischen und Wanderweglein. Ich hatte mich entschieden, mich von hinten „anzuschleichen". So stieg ich durchs taufeuchte Gras, da bin ich mir nicht mehr sicher, das hat nur Wahrscheinlichkeitswert, hinauf bis zur Wolliger Hütte.

Zur Quelle am Herzogsweg notierte ich mir, daß sie Ende August zwar schwach, aber immerhin floß. Getrunken habe ich in der Früh wahrscheinlich nicht. Ich war wohl damit beschäftigt, die Sonnenmorgenspiele auf dem Kamm vor mir und hinter mir anzuschauen. Es zählt zu den täglichen Faszinationen am Morgen, das Licht von den Gipfeln heruntersteigen zu erleben, einzelne Felsstümpfe auf einmal in hellem Leben zu beobachten mit allen Vertiefungen und Hervorhebungen und Einkerbungen und Farben.

Das Murmeltier, an das erinnere ich mich sicher. Nur selten wohnt

eines so gelassen knapp vor dem Gipfel neben dem Steig. Sogar fotografieren ließ es sich. Ich stand dann oben und lernte eine Stunde den Zugfahrplan der Tauernautobahn mit den Augen auswendig. Die Züge verschwanden und kamen geräuschlos aus dem Tauerntunnel. Der Tauernhöhenweg auf der andere Seite wollte nicht aus seinem Sommerdunst heraus, das Lonzaköpfl blieb satt grün, aber ohne Konturen.
Dann begann es auf dem Hausberg der Mallnitzer lebhaft zu werden. Von der steilen Seite her sah ich die ersten Geher aus dem Wald kommen. 27 zählte ich laut Notizbuch. Und einen Wanderführer, Fritz Zettinig, aus Hofgastein. Ich wartete mit Genuß, bis die Schlange auseinandergezogen war, fotografierte sie friedlich. Der Ankogelblick, gut hundert Meter weg vom Gipfel, hatte zwar mein Auge erfreut, aber nicht meine Linse. Dunst.
Dann behauptet meine Erinnerung kühn, sie sei vom Tiefblick nach Mallnitz beeindruckt gewesen und habe das Wandern der Schatten auf ihrer Flucht vor der Sonne, die die Hänge hinunterkletterte, mit Genuß verfolgt. Vom Genuß weiß ich nichts mehr. Nur die Erinnerung blieb hartnäckig, wie ein leeres Gehäuse an eine Schnecke erinnert.

FATA MORGANA-MONTANA

Bergheranführer

Der neue Beruf löst eines der ganz üblen Probleme des Wanderns: die Zeitverluste bis zum Fuß des Berges. Wer zum Beispiel in München auf den Kilimandscharo will, läßt ihn heranführen. Nur geprüfte Bergheranführer engagieren. Es gibt viele Scharlatane.

Tiefblick vom Auernig nach Mallnitz: Aus großer Höhe kann man Zugschauen.

Auernig, Törlkopf und Maresenspitze im Schattendreierspiel ganz kurz vor einem Gewitter.

DATEN

ANFAHRT:
Nach Mallnitz Bahnhof. Anfahrt von Mallnitz in das Dösener Tal zur Wolliger Hütte möglich

DER WEG:
Bahnhof Mallnitz (1190 m) – Wolliger Hütte (1576 m) – Auernig (2130 m) – Wolliger Hütte – Bahnhof

GEHZEIT:
5 Stunden. Bei Anfahrt zur Wolliger Alm 2 Stunden weniger

HÖHENMETER:
940 hinauf und 940 hinunter

KARTE:
Freytag & Berndt, WK 191

KURZ & BÜNDIG:
Ein zeitweise steiler Anstieg, aber sonst ohne Probleme für den durchschnittlichen Bergwanderer. Vom Auernig gibt es für erfahrene Bergwanderer einen teilweise deutlich schwierigeren Weiterweg bis zur Maresenspitze

17 St. Georgen

Im unscheinbaren Waldhügel hinter St. Georgen am Längsee versteckt sich dieser Traumblick auf die Burg Hochosterwitz.

Über den Moorweg zum Traumblick auf Traumburg

Ich wollte nur die beiden Sagen erzählen, die von der Entstehung des Längsees und die von der Belagerung der Burg Hochosterwitz durch Truppen von Margarethe Maultasch. Was sollte ich sonst berichten, dachte ich mir, von einem kurzen Wegstück, genannt Moorweg, und einem kurzen Hangstück, genannt Odwinusweg.

Ich hatte keine Ahnung, daß die beiden Pferde, die mich nach einer Viertelstunde begrüßten, nicht die letzten bleiben würden. Ich hatte auch nicht eingeplant, daß das frühere Stift St. Georgen am Längsee von der Moorseite ein bißchen aussah, als ob es im Wald verwunschen worden sei. Als ich ging, war es den Gelsen zu heiß. Sie blieben in Deckung, was mir auf einem Moorweg nur recht sein konnte.

Dann biegt der Weg zum Asphaltband hinüber, und nun ist es an der Zeit, die Sage von der Entstehung des Längsees anzubringen.

Vom Moorweg aus schaut St. Georgen ganz einsam aus.

Aber dann hört das Band schon wieder auf, und ein Güterweg und ein Steig leiten zum Odwinuskogel hinauf, im kühlen Wald. Fast hätte ich bei einer Linkskurve die Abzweigung verpaßt, die einen Traumblick zur Kärntner Traumburg Hochosterwitz versprach. Der Traumblick stimmte auch. Anstelle der Truppen der Margarethe Maultasch belagerten die Autos die Burg, und Scharen von Touristen zogen den steilen Weg durch die Tore. Vielleicht hätten die Soldaten die Schwerter daheim lassen und sich lieber Eintrittskarten kaufen sollen: die moderne Form der Eroberung.

Im kühlen Wald mit gelegentlichen Sichtluken wird der gelernte Wanderer auf dem Odwinuskogel nicht stehenbleiben, sondern die Kammlinie auf dem weichen Waldboden friedlich weitergehen und weitere Sichtluken hinüber zu Hochosterwitz ausspähen.

Wenn Sie zurückkommen und aus dem Längsee taucht ein Ochse mit vergoldeten Hörnern auf, so ist das kein Gag des Fremdenverkehrsamtes. Für Vergoldungen hat man am Längsee kein Geld. Der Ochse wurde nur von einem Menschen, der den Sagen traut, im benachbarten Kraigersee ins Wasser geworfen. Der Ochse, wollte er die Sage nicht blamieren, mußte sich unterirdisch bis zum Längsee durchschlagen und auch noch auf eigene Kosten die Hörner vergolden lassen.

Einfacher hat man es mit der Sage vom doppelten Längsee, wenn man ganz gewöhnlich das Moor als verlandeten Seeteil ansieht. Aber wer will schon so gewöhnlich sein angesichts des Ochsen. Und der See überhaupt entstand, weil da am Ende des Draugletschers sich Schutt sammelte und eine sogenannte Moräne bildete. Diese sperrte den Abfluß und tut es zum Wohle der Urlauber und ihrer Gastgeber bis heute. Da kann kein Ochse mithalten.

FATA MORGANA-MONTANA

Schnapsidee

Die Idee wird auf vielen Gipfeln kurz nach deren Erreichen verwirklicht. Zum sicheren Gelingen ist die Mitnahme des Schnapses sehr zu empfehlen. Auf Gipfeln ist man erstens oft allein, und zweitens wird man nicht immer zur Schnapsidee eingeladen.

DATEN

ANFAHRT:
Nach St. Georgen am Längsee/ Strandbad

DER WEG:
Vom Strandbad (650 m) der Markierung des Moorweges folgen, dann wechseln zur Markierung auf den Odwinus-(Odvins)Kogel (783 m). Von dort ein Stück die Kammlinie weitergehen und einen Weg Richtung St. Georgen (jetzt Bildungshaus) nehmen oder wieder zurückgehen

HÖHENMETER:
ca. 250 hinauf und hinunter

GEHZEIT:
ca. 3 Stunden für die Runde

KARTE:
Freytag & Berndt, WK 231

KURZ & BÜNDIG:
Spazierweg am Rande eines Moores und im Wald. Achtung vor Steilabfällen am Odwinuskogel auf der Hochosterwitzseite. Auch kleinere Felswände gibt es hier

18 Langschneid

Ein idyllisches Bild von St. Jakob in der Defereggen, dem Ausgangspunkt zur zünftigen Bergwanderung auf die Langschneid.

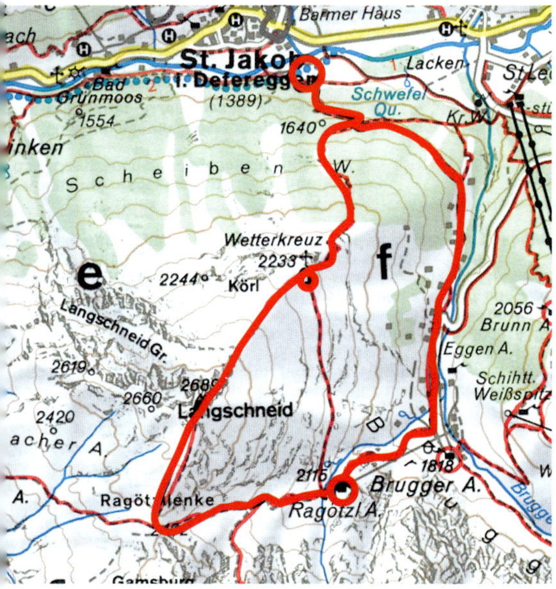

Die Langschneid darf sich alles mit mir erlauben

Es gibt heimtückische Berge. Solche, die mein Gemüt so genau kennen, daß sie sich ihr Spielchen erlauben dürfen. Einer davon ist die Langschneid im Defereggental. Sie hat eine Kammlinie von einer Länge und Steilheit und Regelmäßigkeit, daß mir schon beim ersten Anblick klar war, da muß ich hinauf. Das sagt etwas, denn im Defereggental ist die Bergkonkurrenz gewaltig. Die Langschneid darf sich alles mit mir erlauben.

So stand ich gehorsam am Fuß des Ungetüms und stapfte voll Respekt den Steig aufwärts. Der Wald war so steil, wie es die engen Höhenlinien versprachen und die Augen vornotiert hatten. Ich war sehr zufrieden. Ganz langsam wurden die Bäume niedriger und die Grasflächen zwischen ihnen weiträumiger. Dann kam der kurze Schock des Überschreitens der Waldgrenze, und das einfache Wetterkreuz wartete mit zauberhaftem Tiefblick nach St. Jakob. Fast 1000 Höhenmeter darf man sich an diesem Rastplatz schon gutschreiben. Schattig, aber wasserlos war der Waldsteig. Vor den Augen liegt der Hochgenuß Teil zwei. Eine baumlose Steigserpentine hinauf zum Gipfelkreuz der Langschneid. Schattenlos und wasserlos. Der Gipfel kann natürlich mit dem Aufstieg in die-

Der Tiefblick vom Wetterkreuz nach St. Jakob in der Defereggen, etwa auf halber Anstiegshöhe.

sem Sonderfall nicht mithalten. Er ist sanft. Der Blick geht vom Großglockner über den Großvenediger zum Hochgall. Aber das erwartet der Bergwanderer in Osttirol von vielen Gipfeln. Großglockner und Großvenediger gehören dort einfach zu einem Augenblick. Nur manchmal muß man den Kopf dafür leicht drehen. Die Dolomiten im Süden neigen häufig dazu, sich mit Dunst zu verkleiden. Ein gutes Stück von ihnen ist zu sehen.

Dann steigt der Wanderer gemütlich zur Ragötzenalm ab. Als ich dort im Spätherbst unterwegs war, suchte der bäuerliche Hüttenwirt nach einem Bier und fand noch zwei. Ich ließ ihm eines. Man sollte keinem Menschen sein letztes Bier wegtrinken. Das gehört sich nicht. Nicht einmal bei einem Hüttenwirt. Von der Ragötzenalm (2110 m) kommt man auf fast ebenem Steig zurück zum Wetterkreuz (2230 m). Meist wählt man müde genug den leichteren Talweg über die Bruggeralm. Und zeigt der Langschneid die lange Nase. Nicht sehr sportlich, aber verständlich, entschuldigte ich mein Verhalten.

DATEN

ANFAHRT:
St. Jakob in der Defereggen (Osttirol); auch Bundesbus von Huben

DER WEG:
St. Jakob (1375 m) – Wetterkreuz (2233 m) – Langschneid (2688 m) – Ragötzllenke (2492 m) – Ragötzalm (2110 m) – Bruggeralm (1818 m) – St. Jakob

GEHZEIT:
Gesamtgehzeit 6 Stunden (ca. $3^{1}/_{2}$ Aufstieg, $2^{1}/_{2}$ Abstieg)

HÖHENMETER:
1313 m hinauf und hinunter

KARTE:
Freytag & Berndt, WKS 3 Pustertal–Bruneck

KURZ & BÜNDIG:
Sehr anstrengende Bergwanderung auf steilem Steig. Technisch bei Trockenheit unschwierig

FATA MORGANA-MONTANA

Abzeichensichtgerät

Gemeinsam mit dem leistungsfähigen Alpinchip erlaubt es die Speicherung und Wiedergabe von mehr als tausend Hütten- und Wanderabzeichen. Bildschirmgröße bis zu fünf mal fünf Zentimeter. Da kann kein Wanderhut mithalten.

19 Salzkofel

Regen ist unbeliebt, weil man naß wird. Für die Landschaftsstimmung jedoch ist der Regen oft gut.

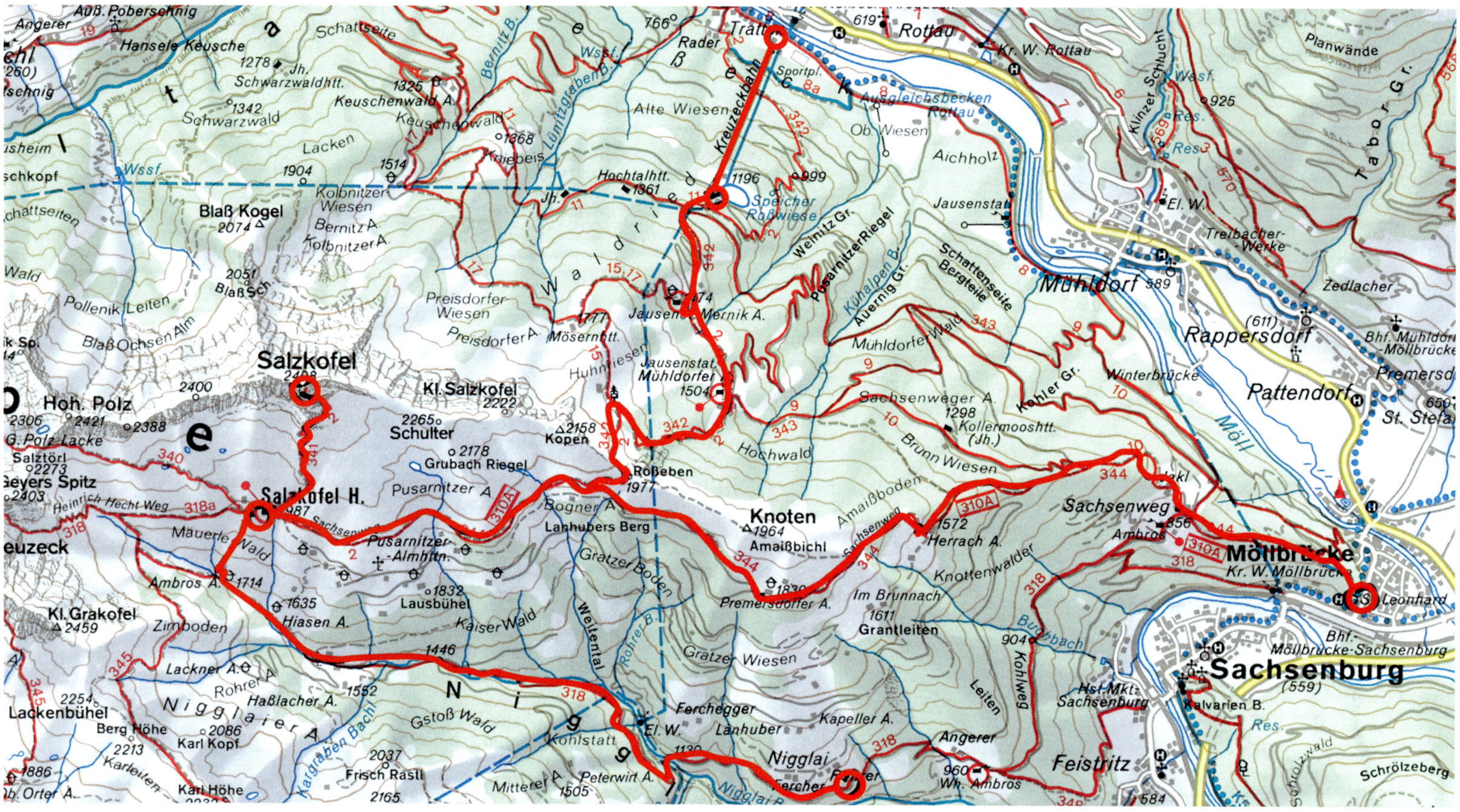

Julia zeichnete grünen und roten Rauch in mein Notizbuch

Angeschaut habe ich mir den Salzkofel von allen Seiten und oft. Oben war ich nur einmal. Die Augen sind meistens häufiger auf dem Berg als die Beine. Sie tun sich auch leichter mit dem Schauen als die Beine mit dem Gehen.

Ich darf hier nicht vergessen, daß die Gemeinde Reißeck mir dringend empfohlen hat, doch ihren Weg zum Salzkofel zu wählen, mit der Auffahrt von Kolbnitz. Es sei ein wirklich angenehmer Waldaufstieg. Ich kam dann doch über den langen Sachsenweg. Aber nach der Roßeben kommen die Wege zusammen. Und dort fange ich an.

Es geht problemlos über Almmatten. Vom Gegenhang glühen grün irgendwelche Mulden mit Stauden. Der Grakofel und der Geierspitz sind der erste geschlossene Mund der Kreuzeckgruppe. Er öffnet sich dem Höhenwanderer, indem er den Steig wie durch eine Zahnlücke dazwischen durchläßt. Der Salzkofelwanderer sieht sein Ziel zwischen schütteren Lärchen rechts von der Salzkofelhütte in gemächlicher Entfernung. Bei einem Höhenunterschied von 1987 m (Hütte) und 2498 m (Gipfel) kann es nicht mehr schlimm werden. Auch technisch gibt es keine Sorgen. Bergab kam mir ein Vater entgegen, mit Tochter Julia, die sich gemütlich auf den Schultern ausruhte. Am Abend zeichnete mir Julia ein Haus mit Rauchfang, aus dem rosaroter, grüner und blauer Rauch kam.
Der Vater zupfte auf der Gitarre und seine Bergfreunde spielten und sangen.

Es war die sogenannte gemütliche Runde, die in den Erzählungen ständig vorkommt, in der Wirklichkeit sich so ein- bis zweimal im Jahr gerade an dem Abend finden läßt, an dem ich auch vor Ort bin. Julia zeichnete dann noch eine ganz große Blume in mein Notizbuch, und es sind die einzigen Farbbilder, die bisher dort vorgekommen sind. Dann mußte Julia ins Bett. Es ist oft hart, noch nicht sechs zu sein.

Ich ließ mir erklären, daß man auch von der Ambrosalm in einer Dreiviertelstunde zur Hütte kommen könnte. Man müsse dann eben sein Auto plagen und nicht sich. Laut Karte ist es die Haßlacheralm. Die Gemeinde Sachsenburg sagte, bis zum Kraftwerk Kohlstatt könne man zufahren, wenn der Weg es erlaube. Ich halte mich bei den Daten an die Gemeinde.

Den letzten Eindruck hinterließ nicht die schwarze Katze der Hütte, auch nicht das grüne Gipfelgras, das es sich dort zwischen kleinen Hügeln von Schafmist wohl ergehen ließ. Auch nicht der Dunst, der alle Berge vor mir geheimhielt. Das letzte waren zwei Wanderer, die auf dem Grat nach Westen zum Salztörl wanderten, wie zwei Statuen auf einer hohen Balustrade. Vom Salztörl geht es abwärts in den Teuchlgraben. Da danken wir noch einmal der Gemeinde Reißeck. Die Teuchl gehört zu ihr. Der Salzkofel gehört zu mir.

DATEN

ANFAHRT:
Von der Draubrücke in Sachsenburg Auffahrt ins Nigglaital zum Ambroswirt und weiter zum Kraftwerk Kohlstatt. Oder Auffahrt von Unterkolbnitz im Mölltal mit der Kreuzeckbahn

DER WEG:
Kraftwerk Kohlstatt (ca. 1200 m) – Salzkofelhütte (1987 m) – Salzkofel (2498 m) – Kraftwerk Kohlstatt.
Oder: Bergstation Kreuzeckbahn (1200 m) – Roßeben (1977 m) – Salzkofelhütte (1987 m) – Salzkofel (2498 m) – Bergstation.

GEHZEIT:
Für Kraftwerk-Route 6 Stunden hin und retour, für Kreuzeckbahnroute 8 Stunden hin und retour

HÖHENMETER:
ca. 1300 hinauf und 1300 hinunter auf beiden Routen

KARTE:
Freytag & Berndt, WK 225

KURZ & BÜNDIG:
Beide Aufstiegswege sind zünftige Bergtouren, die vor allem Ausdauer verlangen. Technisch sind beide relativ leicht. Einfach übernachten kann man auf der Salzkofelhütte

FATA MORGANA-MONTANA

Elektronische Wandermaut

Das im Oberschenkel eingepflanzte Meßgerät sendet die Schrittsignale fünfmal in der Sekunde an den Abrechnungssatelliten. Seniorenermäßigung nur nach Anmeldung. Kinder, die noch auf dem Rücken getragen werden, sind mautfrei.

20 Plöschenberg

Der gute Karawankenblick, hier durch die Lücke zwischen Sinacher Gupf und Matschacher Gupf (rechts) darf erwartet werden.

Eine angenehm kühle Sommerhitze-Geschichte

Wie viele Leute können sich auf dem Plöschenberg verirren, ohne einander auf die Nerven zu gehen? Diese Frage wurde noch nie beantwortet. Sie wird hier vermutlich zum ersten Mal gestellt.

Als ich sie mir stellte, war ich leicht hitzegeschädigt. Es hatte 27 Grad im Schatten, und ich hatte keinen Schatten. Wo ist Schatten? Die Antwort kam klar und deutlich: im Wald neben dem Campingplatz am Ostufer des Rauschelesees.

Das Kindergeschrei klang laut und heiß in meinen Ohren. Die Kühle hatte schon angefangen, bevor das Schreien aufgehört hatte. Die Haselstrauchblätter ließen die Sonne durch das dünne Grün scheinen. Die grauen Steine und die graue Erde des Weges schmückten sich mit einem Licht-Schatten-Muster. Eine Mutter mit zwei Kindern und einem Baby im Bauch kam den Waldweg herunter. Beim Näherkommen wurde aus der Mutter ein Vater. Der Bauch bestand aus vergangenem Bier, nicht aus werdendem Baby. Auch im Wald ist nicht auf alles Verlaß.

Bei der ersten Kreuzung rannte ich nach links, nach Opferholz. Des Namens wegen. Er hat etwas mit Opfer für die Kirche zu tun und vermutlich etwas mit dem nahen, früheren Stift Viktring. Ich wanderte in ganz ruhigem Wald. Viel ruhiger, als Hochobir oder Großglockner es bieten können.

Ein Biker suchte nach verlorenen Kollegen. Ich konnte ihm nicht

Der Tiefblick zum Rauschele See gehört zum Angebot.

helfen. Der Schweiß, die Altlast der Radzufahrt in der Sommersonnenhitze, lag wie ein feuchtes, kaltes Tuch in meiner Ellbogenbeuge und kühlte. Die ausladenden Wurzeln im fetten Waldboden waren von vielen Wandersleuten oben abgeschabt.

Opferholz war wie auf der Landkarte die Lichtung ganz vom Wald umschlossen. Zusätzlich sah ich mehrere Nußbäume und einen Birnbaum alter Art, dessen saure Früchte früher einmal zu saurem Most gepreßt wurden. Heute macht sich niemand diese Mühe. Ein Apfelbaum wuchs flach aus dem Boden. Sein einziger Großast wirkte wie der Rest eines Baumes, den es nie gegeben hatte. Die hohe, alte Linde bewachte treu die Ruinen des alten Hauses, überwuchert von Stauden. Die neuen Gebäude waren bestens in Schuß. Nach einem kurzen Waldaufstieg folgt der Plöschenberg. Mit jedem Schritt vom Waldrand entfaltet sich das vielgepriesene Panorama von der Petzen bis zum Mittagskogel. Beim Abstieg auf dem 33er Weg muß ich vor dem ersten Teilstück warnen. Gut hundert Meter lang dauert ein Anfall von Wildheit auf diesem Spazierweg: steil, steinig, rutschig.

Wie viele Leute können sich auf dem Plöschenberg verirren, ohne einander auf die Nerven zu gehen? Keine Ahnung. Ehrlich. Es sind immer viel zuwenig Leute dort, um diese Frage beantworten zu können.

Ein grasendes Pferd mit dem Mittagskogel im Hintergrund.

DATEN

ANFAHRT:
zum Campingplatz am Rauschelesee bei Klagenfurt

DER WEG:
Campingplatz (514 m) – Opferholz (ca. 700 m) – Plöschenberg (784 m) – Kartuschnik–Campingplatz

GEHZEIT:
2–3 Stunden

HÖHENMETER:
ca. 300 hinauf und 300 hinunter

KARTE:
Freytag & Berndt, WK 233

KURZ & BÜNDIG:
Ein Waldwanderweg für jede Jahreszeit. Ein kurzes Stück ist steil und rutschig

FATA MORGANA-MONTANA

Die andere Meinung 2

Diese schrecklichen Warzen sind ganz und gar überflüssig.
James Howell, britischer Diplomat und Reisender vor 1622 über die Alpen

21 Säuleck (3000er)

Vom Gipfelsteinmann der Schneewinkelspitze sieht man gut das Doppelgesicht des Säulecks: die felszerrissene Nordseite rechts und den steilen, aber sanften Wanderaufstieg links. Über den Detmolder Grat kommt man von der Schneewinkelspitze direkt hin. Dafür braucht man aber etwas Kletterkenntnis.

Als auf dem Säuleck die Steine knisterten

Alouette" hielt ich immer für einen Hubschrauber-Typ. Auf der Gerölleinöde am Fuße des Säuleckgipfelaufbaues wurde ein munterer Hund so genannt. Er begleitete ohne Wanderschuh und ohne Wanderrucksack seine drei Leute, die gerade vom Gipfel kamen. Dieser gehört mit seinen 3085 Metern zu den heißbe-

gehrten wanderbaren Dreitausendern in Kärnten. Für Bergwanderer sind die 3000er die seltenen Extremfälle.

Die Grazer Alpenvereinsfreunde haben auch einen freiwilligen Langzeitstrafdienst auf der Geröllfeldhöhe oberhalb des Dösener Sees hinter sich. Ein so ausgebauter Steinplattenweg, eine „Geröllautobahn" der Spitzenklasse, wird sich nicht oft bauen lassen. Es ist ein wahrer Genuß, unterwegs zu sein. Noch Mitte August führte der Steig auch an einigen Wässerchen vorbei. Steine können eines wunderbar: hart sein. Noch etwas beherrschen sie bestens: die Hitze zurückstrahlen. Da der einsame Wanderer zum Säuleck an Zehntausenden Steinen vorüber muß, kann er ihre Übermacht nur mit Wasser bekämpfen. Das gilt auch, nachdem man in einem Linksbogen auf den Steilgeröllhang gekommen ist, der zum Gipfel führt. Dort liegt stets irgendwo Schnee, und wo Schnee liegt,

In der Morgenkühle des Dösener Tales zeichnet sich die Spitze des Säulecks sehr ferne ab.

tröpfelt es im Sonnenschein.

Ich hatte das Säuleck am Morgen am Eingang des Dösener Tales als scharfe Kammlinie im Morgenlicht gesehen. Nun zeigte sich das Geröll als ermüdender Begleiter zur schönen Höhe. Ich hatte die Abzweigung zum Detmolder Grat hinter mir gelassen und erblickte das Gipfelkreuz links von mir. Als ich den letzten Hang zu queren begann, knisterten plötzlich die stillen Steine. Die Gummisohlen der Wanderschuhe wollten auch nicht mehr lautlos auftreten, sondern sandten die hörbaren Signale der elektrischen Entladungen ans Ohr. Die Berge rundherum hatten sich leicht verschleiert und dunkelten vor sich hin.

Ich drehte mich auf dem Absatz um und flüchtete zurück. Etwa 200 Meter tiefer hörte das Knistern wieder auf. Aber ich war noch lange nicht beruhigt. Ein Gewitter in dieser Höhe ist ein Risiko, das ich immer zu vermeiden suche. Ich hatte Glück: Die Wolken entschieden sich anders, sie verzogen sich nach einer Weile, und dieser Nachmittag blieb am Säuleck doch gewitterfrei. Das wahre Wohlgefühl stellte sich bei mir erst ein, als ich die Hüttentür des Arthur-von-Schmid-Hauses hinter mir geschlossen hatte. Auch eine dichte Wolkenbank wäre auf der Geröllfläche oben eine Belästigung gewesen, die zur Furcht hätte werden können.

Am nächsten Tag sah ich mir das Säuleck noch einmal vom Seeschartl aus gründlich an. Nach dem Nasenstüber, den ich von ihm so knapp vor dem Gipfel bekommen hatte, behauptete ich auf einsamer Höhe aus reiner Rachsucht, das Säuleck sei auf seinem Wanderanstieg gar kein Berg, sondern nur eine Geröllanhöhe. Das Säuleck antwortete morgenmilde, für Wanderer sei leider nur der Geröllanstieg drinnen. Das ist wahr.

FATA MORGANA-MONTANA

Schrittmesser

**Es ist lang und scharf und baumelt an beiden Beinen.
Nach schweren Unfällen wurde der Verkauf des Schrittmessers behördlich verboten.
Fans werden dem Schrittmesser nachtrauern. Er erzeugte eine wirkliche Gehspannung: Wann kommt der erste Schritt?**

DATEN

ANFAHRT:
Nach Mallnitz. Von dort in das Dösener Tal bis zum Schranken. Taxidienst Mallnitz–Konrad-Hütte könnte es geben

DER WEG:
Schranken (ca. 1400 m) – Arthur-von-Schmid-Haus (2272 m) – Säuleck (3085 m) – Schranken

GEHZEIT:
6 Stunden Schranken–Säuleck, 4 Stunden retour. Gesamtgehzeit 10 Stunden

HÖHENMETER:
ca. 1700 hinauf und 1700 hinunter

KARTE:
Freytag & Berndt, WK 191

KURZ & BÜNDIG:
Ein gehtechnisch nicht schwieriger Wanderdreitausender. Jeder erfahrene Bergwanderer wird das Säuleck bei gutem Wetter schaffen. Wegen der Länge der Tour ist eine Übernachtung im Arthur-von-Schmid-Haus zu empfehlen

22 Maria Hilf (Guttaring)

Kirchberg grüßt von der Saualpe nach Maria Hilf herüber.

Schau nicht auf die Saualpe vor dem ersten Krügel

Da herauf hätt‘ man auch fahren können.“ So läßt der sanft kritische Gedichteschreiber Eugen Roth einmal den Wandermuffel vor einem wunderschönen Burgtor sagen. Für Maria Hilf, hoch über dem Görtschitztal, gilt das auch. Wer einmal dorthin kommen sollte, auf die zweitürmige Kirche, die im Inneren eine zauberhafte Barockkuppel versteckt hält, wird bei den Wirten die gerade ausgestiegenen herangefahrenen Wallfahrer vorfinden.

Der Wanderer und die Wanderin, mit träumenden Augen der nahen Saualpe zugeneigt, sehen natürlich mehr. Wer mir das verraten hat? Nicht der Hund vom Kirchenwirt. Der ist von der Mehrheit gekauft. Ich erfuhr es von einem Tier, das einst nur dem Dichter Christian Morgenstern gehört hat. Das Mondkalb verriet es mir im stillen, wie der Dichter es formuliert hat. Wenn ein Mondkalb einem Journalisten etwas sagt, dann muß es damit rechnen, daß es öffentlich wird.

Die Saualpe ruhte noch kurz vor den Augen von Wanderer und Wanderin. Dann erhob sich das Ungetüm, ein Saurier wäre es, wären diese nicht ausgestorben. Die Steinöfen oben auf Ladingerspitz und Forstalpe entpuppen sich als zackige Schuppen auf der Rückenlinie. Die breiten Bergkämme, die sich von oben wuchtig ins Görtschitztal ziehen, knicken hoch und stehen als 300 bis 500 Meter hohe Stummelbeine da, zittern ein wenig, weil sie eingeschlafen sein dürften in der langen Ruhezeit. Die verstreuten Bauernhäuser werden abgeschüttelt wie verdorrte Blütenreste. Die grünen Waldschuppen kleben noch dran, aber nicht alle können sich in der neuen Lage halten, und die hohen Fichten fallen durch die Luft ins Görtschitztal, wie Fichtennadeln von ihrem Zweig gebeutelt werden. Unklar bleibt, ob dieses Grün ein Frühlingshaarkleid ist und das Braun ganz oben die echte Hautfarbe oder ob sich das Tier einen grünen Bartflaum leistet. Die Saualpe streckt sich durch, und das Klippitztörl ist nur der etwas niedrigere Nacken. Der Zirbitzkogel, wie deutlich zu sehen ist, wächst als Sehknorpel an der höchsten Stelle des Kopfes, der ins Murtal hineinragt. Auch das Mondkalb verriet nicht, was die Saualpe dort frißt. Dann kam der Kirchenwirt mit dem Krügel Bier durch die Hitze, und das Mondkalb verschwand. Die Saualpe setzte sich nach dem ersten tiefen Zug in ihre gewohnte Bergform, und alle atmeten auf.

FATA MORGANA-MONTANA

Vierbeinpille

In Österreich gentechnisch verboten. Ein altes und übles Vorurteil. Hunde und Dutzende andere Tiere dürfen vorteilhaft vierbeinig unterwegs sein. Warum nicht auch der Mensch? Unterschreiben auch Sie das Vierbeinpillen-Volksbegehren!

Maria Hilf: außen wuchtig, innen äußerst dekorativ.

Aber für den Wanderer gilt, daß vom Kurzentrum in Althofen aus bestens gepflegte Spazierwege in die Wälder führen. Die Markierung ist ausgezeichnet. Klar, die wollen ihre Gäste zur rechten Zeit zurückhaben.

Nach Norden gibt es die Sichtverbindung zur höher gelegenen Wallfahrtskollegin Maria Waitschach, zum Zirbitzkogel. Die Bauernhöfe im weiten Rund des Nordens wetteifern für die Augen. Es ist eine sehr gepflegte Kulturlandschaft. Althofen schaut über die Wälder aus, als ob kein Treibach unten den Kunstgenuß stören würde. Wenn die Wolken gut gelaunt sind, legen sie sich als Schönwetterdecken auf die Berggipfel nieder. Der Waldweg, welchen man auch nimmt, ist ruhig. Die Vögel dürfen zwitschern. Ein Kuckuck darf schreien. Zu sehen ist er nicht. Nur seine Rufe bekommt man geschenkt. Und die Kühle, die ein paar Bäume erzeugen. Hier wird nicht gewandert, hier gilt es zu lustwandeln.

DATEN

ANFAHRT:
Zum Kurzentrum Althofen bei Althofen

DER WEG:
Kurzentrum (ca. 700 m) – Übersberg – „Kräuterbauer" – Talbauer – Maria Hilf (899 m) – Übersberg – Kurzentrum

GEHZEIT:
2 Stunden bis Maria Hilf, 2 Stunden zurück. Gesamtgehzeit: 4 Stunden

HÖHENMETER:
ca. 400 hinauf und 400 hinunter

KARTE:
Freytag & Berndt, WK 231

KURZ & BÜNDIG:
Leichte, gut markierte Waldspazierwege für das ganze Jahr. Kürzere Routen, z. B. Übersberg–Maria Hilf, möglich

23 Mirnock (GH Possegger)

Der Millstätter See an einem eher düsteren Abend.

Auf dem Mirnock mit dem Restauratorenblick

Ich begann ungeschickt im Strandbad Ferndorf am Millstätter See. Nach dem kurzen Wald-Schlucht-Glanzstück in den Ort Glanz gab es längere Asphaltwege, bis ich den Anschluß an den Fußweg von Döbriach wieder gefunden hatte. Frisch gestrichen leuchtete mir die Markierung im abendlichen Wald hinauf zum Gasthof Possegger, der am späteren Abend erstaunlich ruhig wurde. Die Gäste fuhren heim. Ich beobachtete noch das bißchen Rouge, das die Fichtendepots um Stockenboi auf ihre Kammlinien legten, und schlief den Schlaf des Trickreichen, der wußte, daß er vom Mirnock schon ein gutes Stück Aufstieg in der Tasche hatte. In Zahlen: 600 der 1500 Höhenmeter waren geschafft.

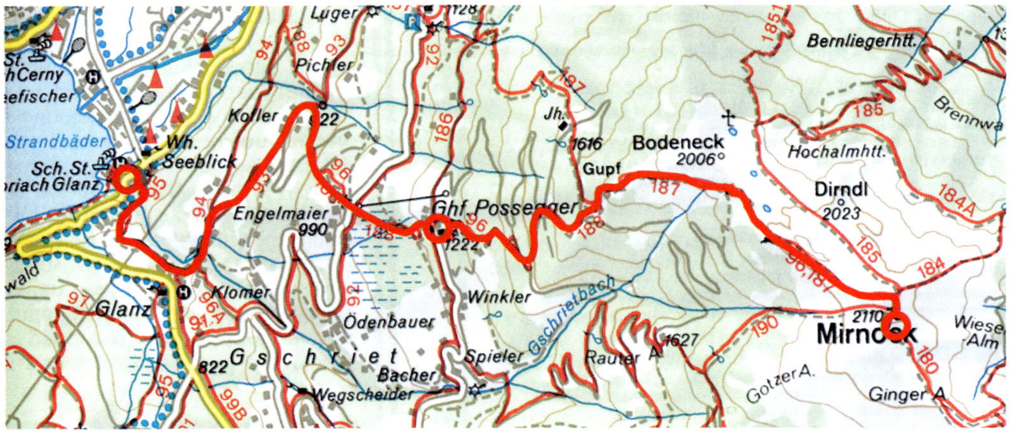

Ein graues Holzschild wies am nächsten Morgen den Weg aufwärts. Im grünen Gras saß eine schwarze Katze. Sie saß. Sie rannte mir nicht etwa über den Weg. Bei so heiklen Ereignissen empfiehlt es sich, genau zu schauen. Sie erhob sich und rannte von der Wegesmitte in den sicheren Busch am Wegesrand. Später rannte sie hinter mir über den Weg zurück zum Stallgebäude des Possegger. Ich klärte nach kurzem Nachdenken das Orakel: Ich sollte an diesem Tag vorwärts nur die rechte Weghälfte benutzen, weil die Katze die linke Hälfte durch ihr Drüberlaufen gesperrt hatte. Ich sollte nicht mehr zurückgehen, weil der Rückweg auch gesperrt war, wegen des vollständigen Drüberlaufens. Ich war zufrieden: Ich wollte ohnehin aufwärts und auf anderem Weg abwärts.

Die Katze dürfte die Ereignisse vermutlich so gedeutet haben: Lege dich nie zur Morgenruhe auf einen Wanderweg. Ein Verrückter stört dich dort bestimmt.

Wer den ersten Absatz noch in Erinnerung hat, weiß, daß es ab sofort um die letzten 900 Höhenmeter geht. Vor dem Bodeneck, wo der Steig sich nach rechts zum Mirnock wendet, fließen starke Quellen.
An einem heißeren Tag könnten diese wie die Flüsse des Paradieses aufgenommen werden. Ich hatte auf dem Gipfel Mühe, meine Kamera so aufzustellen, daß sie der Wind nicht umblies, während sie das Selbstauslöserfoto produzierte. Ich war recht allein oben mit einem schwachgelben Ball am östlichen Himmel, der manchmal erschien, wenn die ziehenden Wolken eine dünnere Stelle hatten und die Sonne an sich erinnern ließen.

Der Ausblick vom Mirnock gehört zu den besonders prächtigen und weitreichenden in Kärnten. Ich bekam an diesem Tag jene Fassung zu sehen, die sonst Restauratoren an alten Gebäuden finden. Die Fresken sind dunkel, die ursprünglichen Farben nur mit dem Auge der Fantasie erreichbar, das kundige Bewußtsein dringt durch viele Putzschichten zu unsichtbaren Originalmalereien durch. Ich drang geistig durch viele Wolken und Dunstschichten bis zum Glockner und zu den Julischen durch, während ich in Wirklichkeit nicht ohne Sorge den nahen Großen Rosennock beobachtete, der in Regen gehüllt war.

FATA MORGANA-MONTANA

Lüfterlmaschine

Sie fächelt bei großer Hitze und bei Windstille den nötigen Luftzug auf den Wanderer. In moderne Rucksäcke bereits eingebaut. Hüten Sie sich vor Schwindelangeboten mit Windenergie! Nur Sonnenenergiemaschinen bringen die Leistung.

Auf dem Gipfel des Mirnock ist man selten allein.

DATEN

ANFAHRT:
Von Döbriach am Millstätter See über Glanz zum Gasthof Possegger. Wanderweg von Döbriach zum Possegger markiert

DER WEG:
Gasthof Possegger (1222 m) – Mirnock (2110 m) – Possegger

GEHZEIT:
5 Stunden

HÖHENMETER:
ca. 900 hinauf und 900 hinunter

KARTE:
Freytag & Berndt, WK 222

KURZ & BÜNDIG:
Ein steiler, aber sonst nicht schwieriger Steig. Die Aussicht vom Mirnock gehört zu den berühmten in Kärnten

24 Wangenitztal

Diese Objektart findet auch in die Gebirgswelt Eingang. Die Hirterflasche steht künstlerisch wertvoll auf dem Stein, entschied ich mutig.

Von der Übermacht der Landschaft im Wangenitztal

Der erste Blick zurück sieht zwei Fahnen, die im Wind flattern, und ein Steiloval mit Bach und einem schmalen Steig, der von links herunterführt. Das Wangenitztal hat keine Blickverbindung zur Wangenitzhütte, die landschaftlich nur den Seen gehört, aber das Tal kann aus seiner eigenen Berggestalt leben, aus einem ungeheuren V, das auf beiden Seiten mit Grün wie Plüsch überzogen ist. Grau bis glänzende Felsen blicken heraus und kleine Bäche stürzen herab, als könnten sie ihr Ende nicht erwarten.

Es wäre zu fragen, welches Wetter die Eigenart dieses Hochtales besser wiedergibt. Das schöne Wetter, das alles glänzen läßt, oder das düstere Wetter, das den Wanderer mit Sorge aufwärts blicken läßt und ihn ganz klein macht angesichts dieser Übermacht der Landschaft.

Ich stapfte langsam abwärts. An diesem Tag war nur der Abstieg auf dem Programm. Bei der ersten Almhütte sah ich eine Familie um einen kleinen Gaskocher sitzen. Die Suppe brodelte ordentlich. Es war ein Bild, das ich in den Julischen Alpen oft gesehen hatte. Diese Familie aus Slowenien war unverdrossen auf den Gipfeln der Freundschaft unterwegs, wie sie mir erzählten und an Hand eines Gipfelbuches mit Stempeln auch belegten. Die Mahlzeit im Freien war in diesem Fall nicht nur romantisch, sie war notwendig. Die österreichischen Hüttenpreise mögen niedrig sein aus der Sicht der Pächter, bezahlbar für Österreicher, Deutsche und Holländer. Aber angesichts des Einkommensgefälles nach Slowenien hin sind die Preise stolze Gipfelpreise. So muß man

Wo viel Landschaft ist, wird auch viel Landschaft gemalt. Der Vergleich macht sie sicher.

sich eben behelfen. Die Landschaft ist gegenüber der Geldbörse strikt neutral: sie gibt jedem das, das er erfühlen und erschauen kann.

Im ersten Talboden hatte sich eine Kreuzotter hinter einem Stein in die Sonne gelegt. Der Stein lag genau auf dem Steig. Die Schlange mußte geschlafen haben. Ich kam ihr so nahe, daß ich Angst bekam, sie könnte Angst bekommen. Dann greift sie nämlich an. Vor Schlangen habe ich außerdem einen ziemlichen Schiß, wie man so sagt. Selbst die als Schlange verkleidete Eidechse, die Blindschleiche genannt wird, kann mich kurz erschrecken. Nachdem die erste Kreuzotter sich davongeschlängelt hatte, ging ich eine Zeitlang vorsichtiger weiter. Und das war gut so: es kam noch eine zweite. Die lag ohne Deckung auf dem Steig. Das Wangenitztal ist bekannt für seinen Kreuzotterreichtum.

Noch weiter unten durfte ich Haflinger streicheln. Und ganz am Ende des Weges mich etwas schadenfroh freuen: Es kamen die ersten Wandersleute entgegen. In der späten Vormittagshitze hatten sie schon eine Menge an Kleidung ausgezogen. Ich wußte, daß ihre schweißnassen Körper noch eine Menge Flüssigkeit verlieren würden, bevor sie die Felsen vor sich sehen würden.

Und Bier gab es unterwegs nur als Erinnerung: Einige Scherzleute hatten leere Flaschen auf hohe Steine gestellt. Als Bierkunst im Gelände.

FATA MORGANA-MONTANA

Schlammkugeln

Sie sind für das naturnahe Streiten unter Bergfreunden unentbehrlich geworden. Die genormte Schlammkugel macht unabhängig von der Natur und erlaubt eine zuverlässige Wettkampfüberprüfung. Auch mit Duftstoffen erhältlich.

DATEN

ANFAHRT:
Von Mörtschach im Mölltal zum Parkplatz auf der Wangenitzalm. Es gibt auch einen Taxidienst (nachfragen im Fremdenverkehrsamt in Döllach)

DER WEG:
Parkplatz Wangenitzalm (1336 m) – Wangenitzseehütte (2508 m) – Wangenitzalm

GEHZEIT:
3 Stunden hinauf, 2 Stunden hinunter, Gesamtgehzeit 5 Stunden

HÖHENMETER:
1270 hinauf und 1270 hinunter

KARTE:
Freytag & Berndt, WK 181

KURZ & BÜNDIG:
Technisch unkomplizierte, aber von der Ausdauer her anspruchsvolle Bergwanderung. Gerne wird dabei das Petzeck miterobert. Dann auf jeden Fall eine Zweitagestour. Übernachtung auf der Wangenitzseehütte

25 Badener Hütte

Die Badener Hütte regiert eine so traumhafte Berglandschaft, daß sie auch der Bergwanderer einmal erlebt und erschwitzt haben muß.

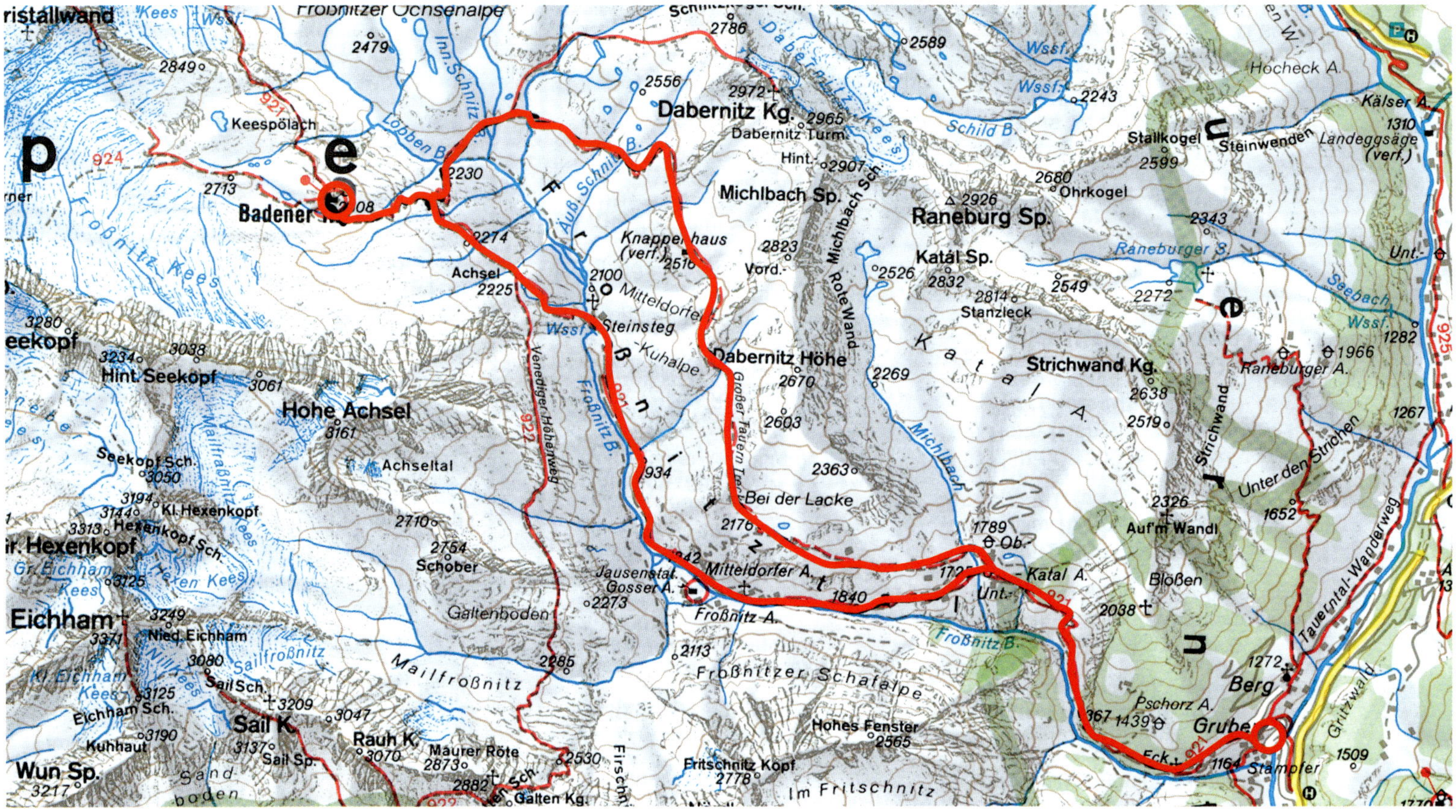

Eine Schlüssellandschaft der Hohen Tauern leicht erreicht

Der Steinadler flog nicht in der hohen Höhe, wie man ihn gerne beschreibt. Er glitt als eleganter Schatten über die samtgrün leuchtenden Rasenhänge und verschwand für Zehntelsekunden im Dunkel der gewaltigen Steine. Die Wandergruppe des „Großen Tauerntrecks", die mit drei Haflingern von Gruben bei Matrei zur Badener Hütte unterwegs war, war begeistert. Die Murmeltiere der Gegend waren es vermutlich nicht. Ob man Beute ist oder Zuschauer, macht einen ziemlichen Unterschied im Urteil über eine Sachlage aus.

FATA MORGANA-MONTANA

Anfängertips

Iß keine Nebelsuppe, raste auf keiner Wolkenbank, heirate keine Windsbraut, höre nicht auf Glockenblumen, male nicht mit Edelweiß, hänge dich an keinen Petergstamm. Alle Tips sind aus unserem unveröffentlichten Ratgeber „Wie wandere ich erfolgreich?".

Das Froßnitztal hatte für den Anblick der unwegsamen Hänge des Ochsenbug, der Wasserfälle und des Gletscherbaches selbst, der mit der Kraft eines Raketenzuges abwärts gischtete, nur ein bißchen Schweiß verlangt und ein offenes Gefühl für Schönheit und Kraft. Der „Große Tauerntreck" hatte dann die Kurve zur Oberen Katalalm genommen. Wanderer bleiben üblicherweise etwa 200 Meter davon entfernt auf dem bequemen Weg zur Mitteldorfer Alm (Jausenstation) und zur Zedlacher Alm. Auf der Oberen Katalalm-Hütte bekam ich den besten Glundner Käse (dort heißt er Graukäse) meines Lebens. Auf Anfrage meinte die Hüttenwirtin (privat), diesen Käse gebe es immer. Gäste kämen selten. Für Leute, die Glundner mögen, nichts wie hin. Dazu einen Hollundersaft. Alkohol gab es 1993 auf der Hütte nicht zu kaufen. Das war etwas Besonderes und Gutes.

Bergwanderer schauen dann bei der Zedlacher Alm fasziniert hinauf zu einem Berghang, dessen letztes Felsstück von einem Schneefeld nach rechts, zur berühmten Galtenscharte auf dem Großvenediger-Höhenweg, leitet. Es gehört zu jenen Örtlichkeiten, die Schlüsselstellen genannt werden und oft zur Umkehr nötigen. Diese Route führt gehtechnisch unschwierig auf meist breitem Weg durch eine Schlüssellandschaft der Hohen Tauern. Die Badener Hütte (2608 m) läßt noch etwas auf sich warten. Entlang des Baches geht es relativ bequem aufwärts, bis sich der Talschluß charakteristisch weitet und rechts Almmatten zeigt, auf denen Kalbinnen, Pferde und ganz oben Schafe einige Wochen lang Gras finden. Links sendet die strengere Gletscherwelt des nahen, aber nie sichtbaren Großvenedigers Grüße für Augen herab.

Als letztes Aufstiegsstück wartet die steile Moräne, noch Ende Juli übersät mit Blumen.

Für alpinerfahrene Leute mit der Ausrüstung und der Fähigkeit, kurze, aber steile Schneefelder zu queren, wartet als Glanzstück das Löbbentörl. Für diesen Tip habe ich es wie die Galtenscharte nicht mehr aufgenommen. Mir erschien es eine Stufe zu schwierig.

Wer auf dem Gegenhang eine Ruine entdeckt, soll wissen, daß hier einmal Eisenerz abgebaut wurde. Diese wildeste Naturlandschaft war frühneuzeitliches Industriegebiet. Ein bißchen Industriemüll haben uns die Knappen hinterlassen. Aber nach ein paar Jahrhunderten wirkt der Geröllhaufen aufs Gemüt romantisch.

DATEN

ANFAHRT:
Von Matrei in Osttirol über die Felbertauernstraße nach Gruben

DER WEG:
Gruben (1164 m) – Untere Katalalm (1725 m) – Mitteldorfer Alm (ca. 1700 m) – Zedlacher Alm (1842 m) – Badener Hütte (2608 m) – Gruben

GEHZEIT:
5 Stunden hin, 4 Stunden retour. Gesamtgehzeit 9 Stunden

HÖHENMETER:
1440 hinauf und 1440 hinunter

KARTE:
Freytag & Berndt, WK 123

KURZ & BÜNDIG:
Länge und Höhenmeter ergeben eine sehr anstrengende Tagestour. Die Badener Hütte (ÖAV) bietet Übernachtung an. Gehtechnisch unschwierig. Für Fans gibt es den geführten dreitägigen „Großen Tauerntreck" mit Säumpferden von Gruben bis in die Innergschlöß. Auskunft: Fremdenverkehrsamt Matrei in Osttirol

26 Mallestiger Mittagskogel

Die Rinder blieben im Tal, die Wanderer keuchen weiter.

Von Mallestig ist nichts mehr zu finden beim Mallestiger Mittagskogel

Da gibt es einmal den Mittagskogel an sich, die Kepa. Fast jeder kennt die grandiose Berggestalt über dem Faaker See. Aber es ist kein Kunststück für einen Berg, den Namen Mittagskogel zu bekommen. Er benötigt dafür nur an seinem Fuß auf der Nordseite eine Siedlung. Und schon stellt sich die Sonne in die Namensfalle und leuchtet zu Mittag vom Berg herunter. Mittagskogel schallt es zurück.

So haben sich im Gebiet des Faaker Sees Mallestig und Techanting ihren ganz persönlichen Mittagskogel gesichert. Während sich den Techantinger Mittagskogel Unter- und Obertechanting brüderlich oder schwesterlich teilen, sucht man den Ort Mallestig vergeblich. Heute wäre Finkensteiner Mittagskogel passender. Die Mallestiger haben ihren Ort offiziell in Finkenstein umbenannt. Der Bergname erwies sich als zäh genug.

Für den Anstieg ist das egal. Es geht am Kanzianiberg vorbei durch schönen Wald auf dem Rauschenbachweg aufwärts. Und dann wird der Berg so, wie er von unten immer schon ausgeschaut hat. Sehr steil. Zur Mittagszeit an heißen Tagen sollte man ihn gelassen von einem der vielen schönen Gasthöfe der Fremdenverkehrsregion Faaker See betrachten. Bei den Finkensteiner Jagdhütten fließt dann eine Quelle, gefaßt in einen schönen Brunnen. Ab dann ist der Mallestiger Mittagskogel wieder karawan-

Ferdinand Koffler auf dem Gipfel seines Hausberges.

ken-korrekt: trocken wie ein guter Wein. Wer meint, der Gipfelteil hielte sich an gutes Benehmen gegenüber unvorsichtigen Urlaubern, wird angenehm überrascht sein. Keine Rede von Entgegenkommen: steil und schmal windet er sich aufwärts, und das Keuchen und Schwitzen der Besucher gefällt ihm ausgezeichnet. Die felsige Gipfelkuppe ist immerhin 1801 m über Triest und vor allem noch rund 1100 m höher als Finkenstein.

Der Blick über den Kanzianiberg und den Faaker See gilt als traumhaft. An klaren Tagen ist viel von Kärnten zu bewundern. Mich faszinierten vor allem die Nahblicke hinüber zum wilden Techantinger Mittagskogel, der auch auf meiner Bergliste steht. Und die höchsten Wiesen des Schwarzkogels waren so wunderschön grün, daß eine optische Täuschung ausgeschlossen werden kann. Mit der Farbe Schwarz hat die Kogelwiese nichts zu tun.

Angenehm ist so ein Berg, wenn man mit einem guten Kollegen unterwegs sein kann, wie ich es sein konnte. Unangenehm, wenn dieser seinen Hausberg deutlich flotter aufwärts geht als man selber kann. Auf Wettbewerbe am Berg sollte man nur dann einlassen, wenn man der Schnellere ist. Wer gegen diese Regel verstößt, muß sich halt freundlich auf dem Gipfel begrüßen lassen. Es war eine wirklich schöne Bergwanderung mit Ferdinand Koffler.

DATEN

ANFAHRT:
Nach Finkenstein am Faaker See. Weiterfahrt zum Kanzianiberg

DER WEG:
Finkenstein (662 m) – Kanzianiberg – Rauschenbachweg – Finkensteiner Jagdhütten – Mallestiger Mittagskogel (1801 m)

GEHZEIT:
5 Stunden für hin und zurück

HÖHENMETER:
1139 hinauf und hinunter

KARTE:
Freytag & Berndt, WK 233

KURZ & BÜNDIG:
Zünftige Bergwanderung mit prachtvoller Aussicht.

FATA MORGANA-MONTANA

Steigreißverschluß

Die Münchner Alpinmesse zeigte die neuen Modelle.
Mit dem Steigreißverschluß können Steige rasch und zuverlässig bei Regen oder Schneeschmelze zugezippt werden.
Die gefürchteten Erosionsschäden werden damit minimiert.

27 Hochtristen

Die Hochtristen in der Kreuzeckgruppe, hier von der Nordseite, ist anstrengend, aber technisch ein einfacher Bergwandergipfel.

Auch ein Dreieck hätte auf der Hochtristen Platz

Ich bin dafür, daß die Feldner-Hütte im Gnoppitzgraben hinter Greifenburg einsam bleibt. Die Hüttenwirte, so habe ich vor Ort erfahren, würden etwas mehr Ruhestörung durch Gäste durchaus schätzen. Während ich die Unvereinbarkeit der Gedanken hin und her wälzte, stieg ich zwischen zwei Steine und schlug mir den Unterschenkel kräftig und schmerzhaft am aufragenden Stück des einen Steines an. Ich hörte sofort auf zu denken. Das Geröll, ich weiß es aus langjähriger Erfahrung, ist nicht lernfähig. Der Mensch muß es sein. Ich dankte auch der Wolke, die aus 30 Grad 20 Grad machte, bis ich das erste Törl erreichte. Am Lackentörl erfuhr ich im Gelände, was auf der Karte nicht stand: Der untere Weg von der Feldner-Hütte wäre der „leichte" Weg gewesen.

Ich war, wie Ihnen das Studium auf der Landkarte zeigt, auf dem „falschen" Weg unterwegs. Normal fährt man hinauf auf die Emberger Alm und parkt dort friedlich zwischen den Gaststätten. An manchen Wochenenden soll der Platz zum Parken knapp sein. Ich kann versprechen, der Platz zum Wandern ist fast unbegrenzt vorhanden.

Der „falsche" und der „richtige" Weg treffen einander zwischen dem Einsee und dem Zweisee, beide sollte man sich anschauen. Nicht nur den Gipfel der Hochtristen. Ich traf dort Terry. Ich hatte Wurst in der Hand, und Terry war ein Fox-

Der Einsee, rechts unten, ist nur einer der möglichen Seejuwelen, die zusätzlich zum Gipfel erwandert werden können.

terrier. Wegen der Wurst kamen wir uns rasch näher. Rita, Rainer und Werner wohnen mit Terry zusammen in Oberhausen. Wo das liegt, sage ich nicht. Datenschutz muß sein. Die ganze Rastzeit über liegt die unregelmäßige Aufwölbung der Hochtristen direkt vor den Beinen. Zuerst einmal hoch bis zum Sattel und dann noch zweihundert Höhenmeter auf einem Steig, der wiederum die Sorgfalt des Trittes schätzt. Bei korrekter Partnerwahl darf man auf dem Gipfel auch den Hochzeitstag feiern. Eine Ursula und ein Erwin vertrauten dem Gipfelbuch dieses Geheimnis an. Aber was sollte der Peter in der Klammer dabei, fragte ich mich als sorgfältiger Leser. Die Hochtristen ist von einigen Standorten aus ein Dreiecksberg. Auf dem Gipfel ist genug Platz für ein Dreieck, wenn es nicht zu sehr zerstritten ist.

Anstelle solcher Spekulationen schaute ich mir Tatsachen an. Einen müden, fahrigen Reißkofel, einen Stagor mit einem Schmutzmantel aus spätem Nachmittagsdunst und ein Drautal, das nur Ahnungen über seinen Zustand zuließ.

Wer dann zurück zur Emberger Alm steigt, wird schon vom Aufstieg her wissen, daß die Hochtristen tatsächlich hoch ist. Irgendwie will man aber doch auf hohe Berge. – Oder nicht?

FATA MORGANA-MONTANA

Ghostwanderer

Der Ghostwriter ist ein Mensch, der für einen anderen in dessen Namen Geschichten schreibt. Der Ghostwanderer ist ein Mensch, der für einen anderen in dessen Namen wandert. Ein Beruf mit Zukunft, meinen die Fachleute.

DATEN

ANFAHRT:
Von Greifenburg im oberen Drautal auf die Emberger Alm

DER WEG:
Emberger Alm (1755 m) – Naßfeldtörl (2172 m) – Hochtristen (2586 m) – Emberger Alm

GEHZEIT:
3 Stunden zum Gipfel, 2 Stunden zurück, 5 Stunden Gesamtgehzeit. Für die wunderschöne Runde mit Ein- und Zweisee 6 Stunden Gesamtgehzeit

HÖHENMETER:
ca. 1100 hinauf und 1100 hinunter. Erklärung: Es gibt Gegensteigungen

KARTE:
Freytag & Berndt, WK 225

KURZ & BÜNDIG:
Anstrengende Tagestour trotz der Auffahrt. Die Kreuzeckberge sind in der Regel nur für den guten Bergwanderer ein Vergnügen. Das gilt auch für die Hochtristen

28 Hirschstein

Einen guten Morgen, wo die Füchse gute Nacht sagen

Wo die Füchse gute Nacht sagen, sage ich gerne guten Morgen. Z. B. im Schwarzenbachgraben im hinteren Metnitztal. Schon ein Stück hinter dem Bauern Tabernig, dessen Wiesen Ende Mai wie Gold glühen wegen des Hahnenfußes und wie Rotgold wegen der beigefügten Nelken. Die beiden Riesenzirben sind von hier nicht mehr zu sehen, die in jedem hauptstädtischen Park das Schmuckstück und im Führer fett gedruckt wären. Hier lehnte eine Egge achtlos am Stamm.

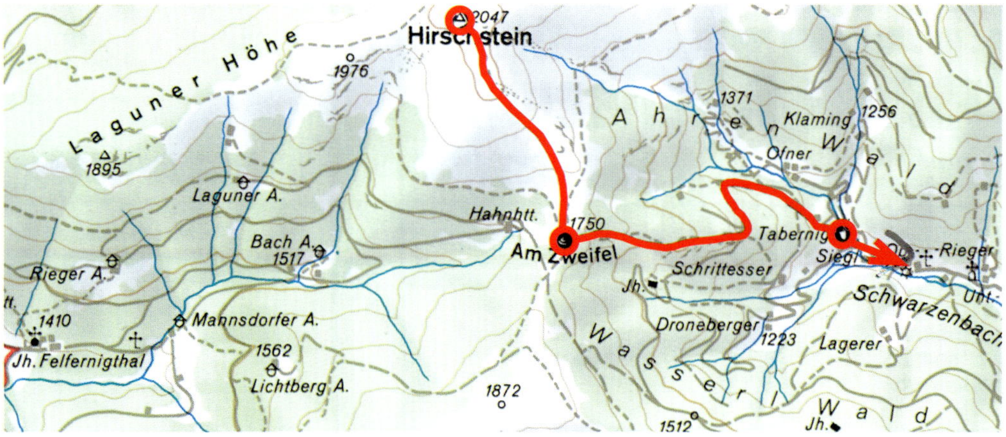

Ich gehe aufwärts und versuche, jenen Schneefleck in einem Bogen über den Sattel zu erreichen, der in der Karte „Am Zweifel“ heißt. Der Schneefleck leuchtete Ende Mai schon in St. Wolfgang bei Grades in der Morgensonne. Aber ich stapfe sehr steil aufwärts. Weglos. Das heißt, auf einem jener Steigreste, die im bäuerlich und jägerisch genutzten Gelände überall zu finden sind und die meist dann aufhören, wenn man sie am dringendsten braucht. Vor einer Felswand z. B. Weglos bin ich unterwegs, weil ich keinerlei Markierung entdecken konnte. Aber der Schneefleck auf dem Hirschstein war ein präziser Zielpunkt gewesen. Es genügte, aufwärts zu gehen, bis der Kamm erreicht war. Das geht auch ohne Rot-Weiß-Rot auf den Bäumen und Steinen. Auf „dem Zweifel“ beginnt der Enzianfrühling. Ganz moderne Gesellschaftstheorie ist zu sehen: Da blühen Single, Paare, Trios, Quartette, Quintette, Sextette, Chöre von tiefblauen Blüten drängen sich der Sonne entgegen. Ich steige

Frühlingsgrüne Alm mit Schwarmbrunnhöhe (links) und Prankerhöhe im Norden des Hirschsteins

Enziane am Zweifel

„vom Zweifel" nach rechts weiter, weglos und markierungslos, suche und finde die Quelle auf der Karte auch in der Wirklichkeit knapp über dem Querzaun.

Dann schaut der Triglav über den Lichtberg drüber. Dreißig Schritte genügen für den Effekt. Es ist zu erinnern, daß es in Kärnten fast für jeden Berg zur Pflicht gehört, einen Blick zum Triglav zu erlauben. Der Wintertalernock und der Eisenhut haben noch eine Anzahl Schneeflecken gerettet. Zur Saualpe hin schluckt der Dunst jede Einzelheit.

Peter Gruber und Alfons Leitner aus dem Metnitztal wählten den Güterweg auf der rechten Hirschsteinseite. Die Gipfelsteine bringen uns zusammen. Ihre Wegwahl war klar. Mit dem Geländefahrrad (Mountainbike) war der Steig zu unpraktisch. Dafür probieren die beiden übermütig das Schneefeld aus.

Ich gehe noch zehn Minuten vom Hirschsteingipfel weiter und genieße die dann deutlich bessere Aussicht nach Norden in die steirischen Berge. Weil der Hirschstein nicht zufällig so heißt, röhrt das namengebende Tier tief im Schwarzbachgraben. Vermutlich hinter dem Gatter, an das ich stoße, als ich beim Abstieg das letzte Stück wiederum frei probiere, fast im freien Fall, so steil wird es im Wald.

Inzwischen hat die Sonne die Kühle aufgekocht. Die sechs Hasen, die am Morgen ungeniert den Weg zwischen den Wiesen gequert haben, rasten unsichtbar im Schatten. Der Mensch, der seine Jause nicht mit hat, muß noch weiter bis ins Metnitztal. Dann sollte er zuschlagen. Die Metnitztaler Wirte brauchen Gäste. Den spätmittelalterlichen Totentanz am Karner und andere bekannte Kunstgenüsse darf und sollte der Wanderer nicht vergessen. So oft kommt man auch als Kärntner nicht in diese Gegend, wie die Füchse wissen. Und seit mir auch die Hasen. Sechs davon auf jeden Fall.

FATA MORGANA-MONTANA

Ballonrucksack

In der eleganten Edelgasausführung schleppt der Ballon bis zu 20 Kilogramm Rucksack. Das teurere Kompressormodell läßt sich von keinem Sturm verblasen. Hier sollten Sie beim Einkauf nicht sparen.

DATEN

ANFAHRT:
Durch das Metnitztal. Nach rechts in den Schwarzenbachgraben, weiter bis zur Abzweigung vor dem Tabernigbauer (rechts). Parkmöglichkeit

DER WEG:
Tabernigbauer (1120 m, zwei große Zirben) – Am Zweifel (1750 m) – Hirschstein (2047 m) – Tabernigbauer

GEHZEIT:
4 Stunden für hin und zurück

HÖHENMETER:
gut 900 aufwärts,
gut 900 abwärts

KARTE:
Freytag & Berndt, WK 222

KURZ & BÜNDIG:
Wegen der Steilheit des Aufstieges „zum Zweifel" (derzeit nicht markiert) und der Einsamkeit des Gebietes eine Bergwanderung nicht für den Anfänger. Wandermöglichkeit von der Flattnitz aus (Treff am Zweifel) deutlich weniger reizvoll, aber einfacher zu gehen

29 Gurktaler Höhenweg

Verlassene Bauernhöfe, einsame Wälder und noch wenige Wanderer: Da muß man hin.

Der neue Gurktaler Höhenweg: Obstbäume züchten sich retour

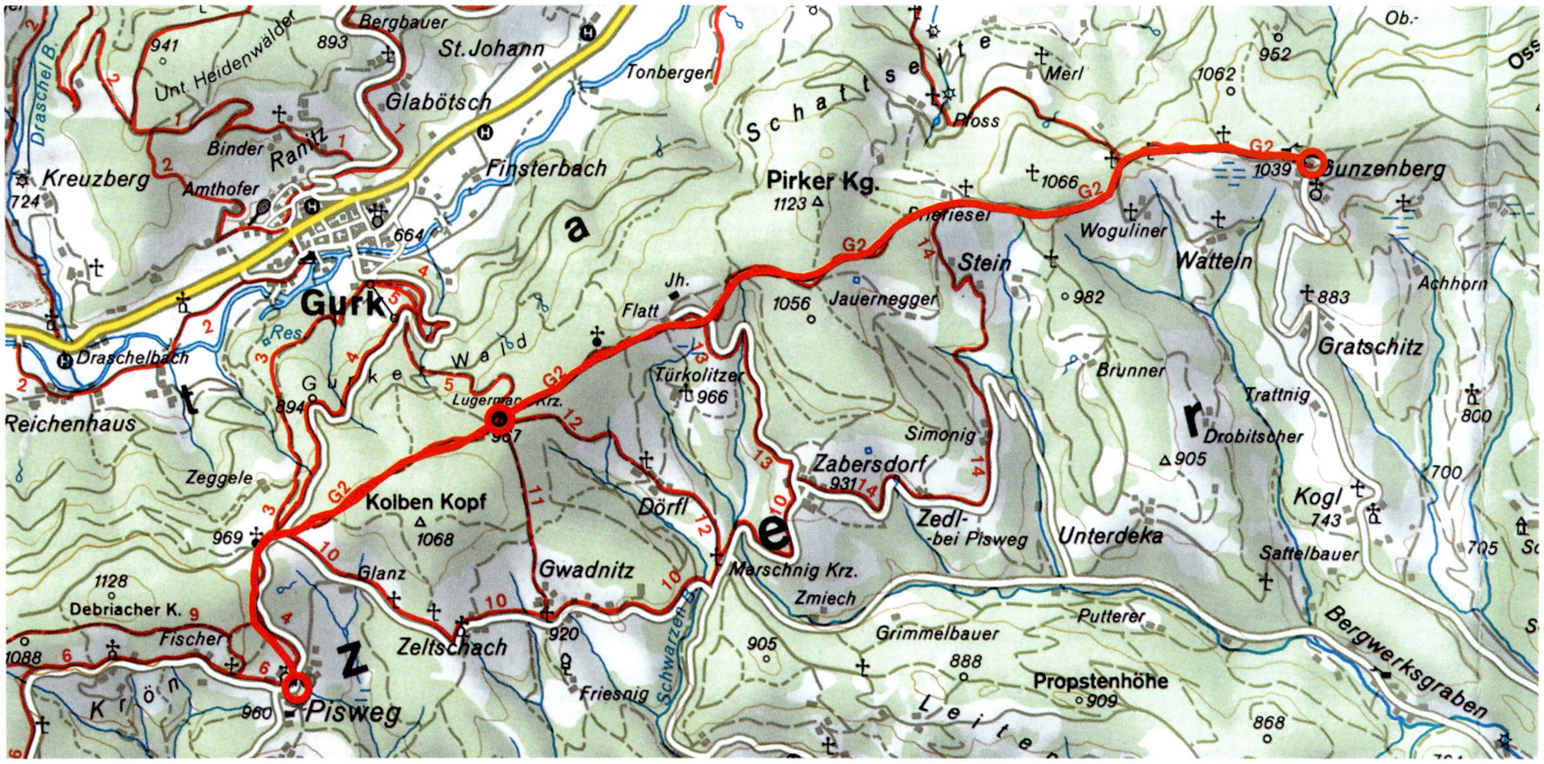

Höhen gibt es rund um das Gurktal genug. Wege gab es dort oben auch genug. Als die Gurker, Straßburger, Sirnitzer, Flattnitzer und Weitensfelder sich daran machten, ihrer Gegend ein touristisches Leitbild zu verpassen, erhielt der Naturpark Gurktal seinen Höhenweg G 1. Er führt schon von Gunzenberg bis Sirnitz und auf die Flattnitz, und wenn die Gegend Erfolg hat, wird er wohl bald bis Friesach fortgesetzt werden. Höhen und Wege sind vorhanden.

Im Tal hatten im Dunkel die Melkmaschinen in den Ställen gesurrt. Der Morgenhimmel über dem Kirchturm von Gunzenberg hatte sich mit zart rosa Wolken geschmückt. Im Wald standen die Fichten dunkel herum. Ein Jäger war mit Hund unterwegs und grüßte freundlich aus einer alten, knallroten Citroën-Ente, die sich über den Forstweg schlich. Wo viele Bäume rechts und links wachsen, in einem Wald sozusagen, wird die Aussicht spärlich. Der Höhenweg bietet sich als Waldspazierweg an. Die Aussicht kommt in den Rodungsgebieten der Orte hinzu. Im Gurktal haben sie nicht nur Gasthöfe anzubieten, sondern kulturgeschichtliche Glanzpunkte wie den Karner in Pisweg. Daher hat die örtliche Wanderkarte auch kulturgeschichtliche Hinweise.

Auch falsch gehen darf man auf dem Höhenweg. Im vielfältigen Wegnetz kann man immer wieder zum G 1 zurückkehren. Ich kam so außer Programm zu einem verlassenen Bauern, der Jauernegger geheißen hat. Nach anderen Landkarten auch Jageregger. Nur der Brunnen rauschte, als ob noch das Leben am Ort wäre. Die Apfelbäume und Birnbäume verwilderten vor sich hin. Es kam mir vor, als züchteten sie sich wieder zurück zu den Ursprüngen. Zwei Rehe schauten vom oberen Wiesenrand dabei zu.

Auf der Lichtung Flatt lebte noch ein Bauer, und sein Hund verbellte mich. Der Hochnebel hatte die Gegend neuerlich eingehüllt. Als ich beim Lugermannskreuz ankam, gab der Nebel auf. Ich hatte ihm eine Stunde lang erklärt, daß ich nicht aufgeben würde. Wozu also sein Aufwand, einen ganzen Wald einzunebeln, wenn nicht einmal ein einziger Wanderer davon abgeschreckt wurde. Die kleine Wiese beim Kreuz begann sofort zu glänzen, und die Herbstblätter des Ahorns wechselten in Sekunden von der herbstlichen Tristesse in den herbstlichen Glanz. Der große Holzhaufen für den Winter beim Flatt leuchtete und das kleine Moos dahinter auch.

Der Höhenweg bis Pisweg zeigt den Augen viele kleine Blicke und schenkt den Füßen viele Kilometer besten Waldweges. Und dies fast eben und fast an jedem Tag des Jahres zu nutzen.

FATA MORGANA-MONTANA

Bergdesigner

Kaum ein Berg sieht natürlich so gut aus, wie er aussehen könnte. Im zunehmenden Wettbewerb werden daher immer mehr Berge von Designern überarbeitet. Der Beruf erfordert eine dreijährige Ausbildung und gilt als Zukunftsberuf schlechthin.

Die Geburt der Landschaft aus dem Nebel: ein klassisches Herbsterlebnis.

DATEN

ANFAHRT:
Nach Gunzenberg bei Straßburg

DER WEG:
Gunzenberg (1039 m) – Lugermannskreuz (967 m) – Pisweg (960 m) – Gunzenberg

GEHZEIT:
4 bis 5 Stunden für hin und zurück

HÖHENMETER:
ca. 200 hinauf und 200 hinunter

KARTE:
Freytag & Berndt, WK 231

KURZ & BÜNDIG:
Gehbequemer Waldspaziergang für fast jeden Tag im Jahr. Wegen der Höhe zwischen 800 und 1000 m auch fast immer oberhalb der Hochnebelgrenze

30 Kleiner Pal

Der Landsturmweg hat es in sich: Trotz bester Pflege ist er steil und rutschig und bergwanderisch sehr ernst zu nehmen.

Vom Kriegssteig bis zum Friedenssteig dauert es

Der Sehschlitz in der Panzerkuppel des vordersten Beobachters erschien mir sehr breit. Das Holzschiebebrett wirkte schwach gegen die mögliche Kugel von der rund 60 Meter entfernten vordersten Stellung des Feindes von damals. Bei Schönwetter hätte ich mich nicht hinauszuschauen getraut. Im Nebel wäre der Blick nicht besonders sinnvoll gewesen. Ich sah nämlich nur gute zehn Meter.

Aber das gesamte System muß fachlich korrekt gewesen sein. Auf italienischer wie österreichischer Seite war der Gebirgskampf zwischen dem Sommer 1915 und dem Kriegsende auf dem Gelände des Plöckenpasses pari geblieben. Gestorben wurde trotzdem. So vermitteln mir auch noch heute die in Friedenswege umbenannten Kriegssteige und die als Freiluftmuseum bezeichneten Stellungen ein zwiespältiges Gefühl. Der Schock ist der, daß es seither weiter jede Menge Kriege gegeben hat und daß es oft sehr lange dauert, bis aus Kriegssteigen glaubwürdig Friedenssteige werden können. Es wird schmerzlich daran erinnert, daß Menschen Kriege auslösen, kein Schicksal.

Es gibt Ziele der Politik, die nur mit Gewalt durchführbar sind. Die Sicherung des Friedens muß stets spätestens dort anfangen, wo ein Ziel friedlich nicht erreicht werden kann. Dann muß das Ziel geändert werden.

Wer den Landsturmweg aufsteigt, findet im ersten Drittel gepflegte Serpentinen vor. Später wandelt sich der Steig in einen sehr ausgeprägten Bergsteig. Trotz zahlreicher künstlicher Hilfen wie Stufen und Seile und Brücken muß trittfest gewandert werden. Ich war bei feuchtem Wetter unterwegs. Da war es zeitweise tückisch glitschig, ich plagte mich und geriet trotz wirklicher Vorsicht und einiger Übung mehr als einmal in Sturzgefahr. Ich betone dies hier deshalb, weil diesen Weg auch viele Menschen gehen möchten, die aus historischen Gründen zum Kleinen Pal wollen und sonst keine Bergwanderer sind. Versuchen Sie diesen Steig nur bei absolut trockenem Zustand. Er ist für weniger geübte Geher auch dann noch schwierig genug.

Ein schlechtes Wetter hingegen eignet sich viel besser, um die Strapazen der Soldaten von damals zu verstehen. Die feuchten Felshöhlen, die sie ausgesprengt hatten, waren auch für den damaligen Komfort eine üble Unterkunft. Die Küche mit ihren paar Quadratmetern erweckte nicht mein Vertrauen. Die ständige Anspannung der Nähe des Feindes kam hinzu. Der Winter mit Kälte und Lawinen muß fürchterlich gewesen sein. Er war es auch.

„Wahnsinnig war's", hörte ich eine Frauenstimme aus den Wolken unter mir sagen. Sie meinte die Probleme des Aufstieges. Ich hatte meinen „historischen Rundgang" durch frühere MG-Stellungen schon hinter mir und meinte den Krieg.

An guten Tagen dürfte die Wanderung deutlich leichter sein. Ich fand im Nebel den Weiterweg zum Kamelbuckel und damit den Abstieg ins Angerbachtal nicht. Nachdem der zweite Versuch auch in einer Stellung am steilen Abhang geendet hatte, gab ich auf und war froh, den Rückweg sicher zu finden.

Wer den Kriegsrest oben gesehen hat, sollte sich die Zeit nehmen, im Plöckenmuseum im Gemeindehaus in Kötschach-Mauthen die historischen Einzelheiten und Schaustücke zu betrachten.

Für Museum-Wegerestaurierung und -erhaltung ist den Dolomitenfreunden zu danken.

Die Kriegsstücke aus dem Ersten Weltkrieg sind ausgezeichnet erhalten und oft auch fachkundig restauriert.

FATA MORGANA-MONTANA

Aufblasbares Gipfelkreuz

Es ist ein Kreuz mit den Gipfeln, die keines haben. Sie sind zahlreich. Womit soll sich der Wanderer auf dem Gipfel fotografieren lassen? Das aufblasbare Gipfelkreuz mit Wechselschild wiegt nur 1350 Gramm und paßt in jeden Rucksack.

DATEN

ANFAHRT:
Von Kötschach-Mauthen zum Gasthof Plöckenpaß

DER WEG:
Gasthof Plöckenpaß (1215 m) – Landsturmweg – Kleiner Pal (1866 m) – Maschinengewehrnase – Gasthof Plöckenpaß

GEHZEIT:
Aufstieg $1^{1}/_{2}$ Stunden, ca. 1 Stunde für Besichtigung oben, 1 Stunde Abstieg. Gesamtgehzeit $3^{1}/_{2}$ Stunden

HÖHENMETER:
650 hinauf und 650 hinunter

KARTE:
Freytag & Berndt, WK 223

KURZ & BÜNDIG:
Eine militärgeschichtliche Bergwanderung auf einem sehr anspruchsvollen, bei Nässe besonders glitschigen Steig

31 Hoher Bösring

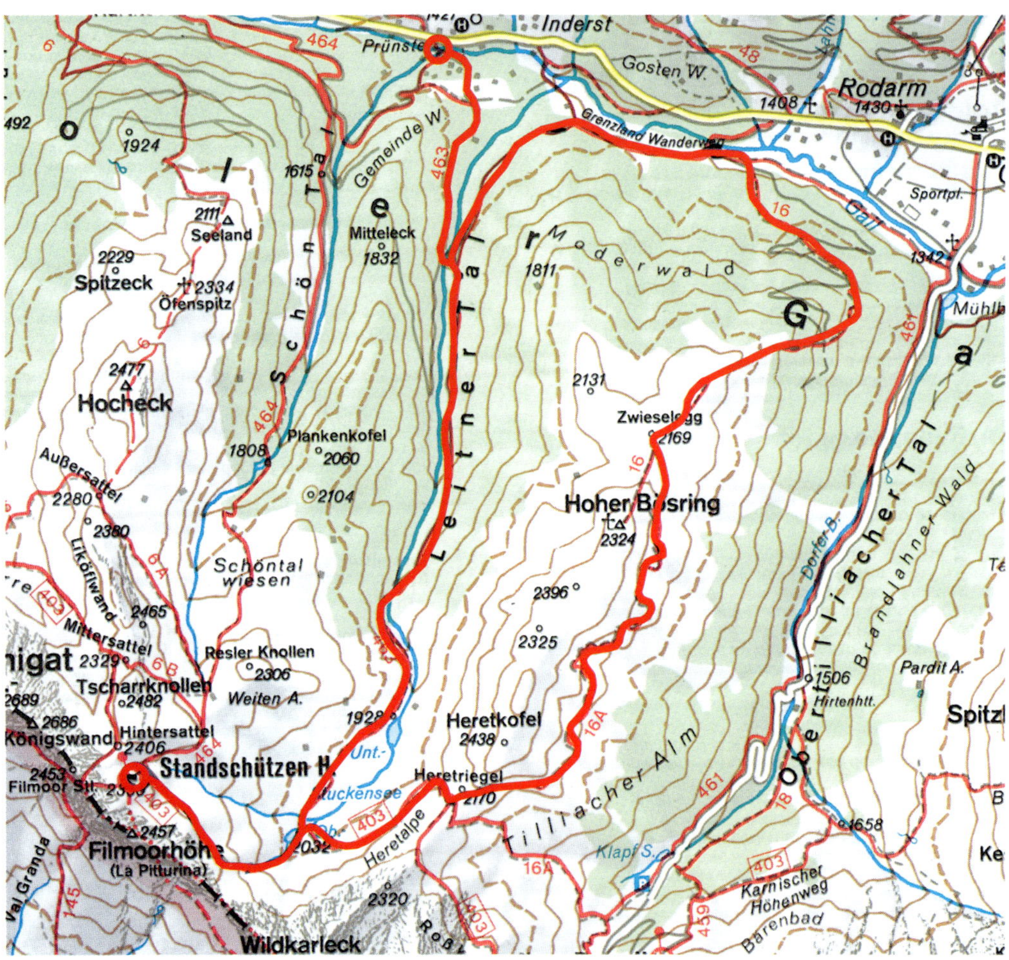

Graue Gespensterflecken bimmelten unentwegt

Es ist leicht für eine Schutzhütte, winzig auszusehen im weiträumigen Kar um die beiden Stuckenseen und unter der Wucht der Königswand. Die Filmoor-Standschützenhütte hat es noch leichter: Sie ist auch für eine Schutzhütte winzig und war nicht als Schutzhütte geplant, sondern war Stützpunkt für die Restauratoren der Friedenswege. Küche und Gästeraum sind eins, das neuerbaute Lager ist ein Blockhäuschen gleich daneben. Groß ist nur die Umgebung. Gleich drei Talzugänge sind möglich: durch das Erschbaumertal über den ein-

Der Bösring am frühen Morgen von der Filmoor-Standschützen-Hütte aus.

Im Tal wartet nach anstrengender Bergtour das ebenso liebliche wie gastliche Obertilliach.

drucksvollen Mittersattel, durch das Schöntal und durch das Leitnertal. Zweimal gibt es Steige ins Tal über die Berge. Einen davon möchte ich vorstellen: den vom Heretriegel am Hohen Bösring vorbei nach Obertilliach.

Graue Gespensterflecken bimmelten unentwegt in den Wolken. Eine Schafherde war zur frühen Stunde unterwegs, um zu grasen. Erste Glanzspuren schimmerten geheimnisvoll von den tröpfchenfeuchten Schafrücken und glitzerten tausendfach an tröpfchenbesetzten Gräsern. Einige Dutzend Sekunden Morgensonne hatten sich ereignet. Die Wolke vom Karnischen Hauptkamm stopfte eiligst das Loch, und die Schafe verwandelten sich in einigen Sekunden zurück zu bimmelnden Gespenstern.

FATA MORGANA-MONTANA

Wildruhezonen

Der Europäische Gerichtshof hat den Begriff „Wildruhezone" neu definiert. Das Wild muß dort in Ruhe gelassen werden. Jäger dürfen nur mit Pfeil und Bogen jagen. Wanderer sind auch von dieser sanften Jagdart ganzjährig geschützt.

Der Steig vom Heretriegel am hohen Steilhang quer durch ist anspruchsvoll. Es gibt viele Stellen, an denen man nicht ausrutschen darf. Einige sind seilgesichert. Ich war bei Nässe unterwegs, was zusätzlich riskant war. Überrascht war ich von der Größe und Wucht der Geröllfelder, die ich hier nicht erwartet hätte. Der Steig schlängelt sich gut geplant durch und weicht dem Schlimmeren gekonnt aus. Bösring scheint ein guter Name für den Berg zu sein. Obwohl es gut möglich ist, daß er mit „Böse" nichts zu tun hat.

Acht Marmeladesorten hatte ich zum Frühstück auf der Filmoor-Standschützenhütte angeboten bekommen und auch gekostet. Die kleine Firma Unterweger im Osttiroler Pustertal erzeugt nicht nur ausgezeichnetes Latschenkieferöl. Oder war es Tiroler Nußöl? Am Abend zuvor hatte es heftig geregnet. Niemand wollte auf den Großen Kinigat. Wir saßen im Hüttlein und schauten Lena zu, der vierjährigen Tochter des Wirtes, wie sie grüne Bohnen schnitt und sehr beleidigt war, als ihr aus Zeitgründen geholfen werden mußte.

Hüttenwirt Günter meditiert gerne. Aber auch das Buchhalten muß er können. Und der kleinen Hütte wünsche ich ganz egoistisch so viel Erfolg, daß sie gesichert bestehen bleibt. Aber nicht mehr. Ich möchte sie so klein. Der Wirt übrigens auch. Es besteht also Hoffnung.

Hoffnung hat der Wanderer auch, wenn er nach dem Hangteil den weiten Almteil des Steiges erreicht hat und auf wirklich schönem Waldsteig abwärts gehen darf nach Obertilliach. Einen so schönen Abschluß hätte ich mir nicht erwartet.

DATEN

ANFAHRT:
Nach Leiten oder Obertilliach im Lesachtal

DER WEG:
Leiten (1427 m) – Leitnertal – Filmoor-Standschützenhütte (2350 m) – Heretriegel (2170 m) – Hangsteig Bösring – Obertilliach oder Leiten

GEHZEIT:
3 Stunden Leitenhütte, $3\frac{1}{2}$ Stunden Hütte–Heretriegel/Leiten. Gesamtgehzeit $6\frac{1}{2}$ Stunden

HÖHENMETER:
ca. 1000 hinauf und 1000 hinunter

KARTE:
Freytag & Berndt, WK 182

KURZ & BÜNDIG:
Von der Weglänge her eine sehr zünftige Tagestour. Ein Teil des Hangsteiges ist auch technisch anspruchsvoll und erfordert Trittsicherheit sowie Aufmerksamkeit. Nur für erfahrene Bergwanderer

32 Kamplnock (Millstatt)

Der Herbst bringt auch den Kamplnock zum Glühen.

Den Kamplnock verkaufen? Im Ernstfall kein Problem

Wie soll man einen Gipfel verkaufen, der gerade seine 200 Höhenmeter anbieten kann? Um den herum zu einem Gutteil ein Güterweg durch die Landschaft irrt? Der Aufstieg zum Gipfel mag sich noch so alpin abmühen, mehr als einen kleinen Ausrutscher wird er dem Wanderer nicht abringen können. Oben liegen dann ein paar sehr gewöhnliche Steinblöcke umher. Das Gipfelkreuz ist da, aber auch nur ein gewöhnliches Gipfelkreuz. Die Aussicht des Kamplnocks ist auch nicht besser als die vom nahen Hochpalfennock oder von der auf demselben Kamm liegenden Millstätter Alpe.

Aber es ist Zeit, die Werbetricks für den sanften Kamplnock auszupacken, jener gemütlichen Zierde des Bergstockes über dem Millstätter See. Die zweihundert Höhenmeter sind relativ, vom Millstätter Törl aus. Von den beiden höchsten Aufstiegspunkten, der Schwaigerhütte sind es 500 m und vom Nöhringsattel etwa 450 m. Wer den Kamplnock mit seinen 2101 m als Berg erleben will, als langersehntes Ziel im verschwitzten Hemd, mit salzigem Wasser in den brennenden Augenwinkeln, der hatsche von Obermillstatt weg entlang des Bio-Kneippwanderweges, oder er wähle einen der vielen Aufstiege zwischen

Sappl und Kaning. Es bleiben dem Gipfelstürmer immer an die 1200 bis 1300 Höhenmeter übrig.

Wahr ist auch, daß niemand wegen des Kamplnocks allein den Kamplnock erklimmt. Die ganze Aussichtsrampe vom Lammersdorfer Berg bis zum Sessellift-Tschiernock steht als 2000 Promenadenweg mit bester Aussicht zur Verfügung. Damit hat sich die werbliche Lage für den Kamplnock doch stark gebessert.

Dann sollte man auf dem Kamplnock die Blicke nützen. Von mir aus auch die „großen“ zur Hochalmspitze, zu den Reißeckungetümen, der ferneren Mauer der Kreuzeckgruppe, der gegenüberliegenden Latschurmauer, dem Dunst, hinter dem die Julischen in Slowenien und Italien sich verstecken, den großen Hafner und seine Anschlußberge im Maltatal. Bergprobleme gibt es auf dem Kamplnock für den kundigen Gipfelrundherumschauer nicht.

Im Frühling überrascht die Landschaft beim Kamplnock oft mit viel Weiß.

FATA MORGANA-MONTANA

Polampe

Nicht alle reden darüber. Hier gibt es keine Tabus. Alle brauchen die Polampe im Dunkeln, nicht nur die Stirnlampe. Umweltbewußte Wanderer wollen eben wissen, wohin sie machen.

Ich meinte mit Blicke nützen vor allem die tiefen Blicke in das Nöhringtal. Hinschauen zu den grünen Rodungen mit den Bauernhöfen und dem Kirchlein von Innernöhring. Und die Gegenlichtblicke des Herbstes, wenn die Granten(Preiselbeer-)pflücker gebückt die Ernte des Bergsommers einsammeln.
Und achtgeben auf den Steg. Wer daneben steigt, dem bröselt die verbrannte Pflanzenoberfläche unter den Sohlen weg, ein leises, müdes Krachen, die in ein Geräusch konzentrierte Sonnenkraft.

Den Kamplnock werblich verkaufen? Im Ernstfall kein Problem.

DATEN

ANFAHRT:
Von Millstatt/Seeboden über Öttern auf dem Mautsträßlein zur Schwaigerhütte

DER WEG:
Schwaigerhütte (1625 m) – Millstätter Hütte (1876 m) – Millstätter Törl (1906 m) – Kamplnock (2101 m) – Schwaigerhütte

GEHZEIT:
3 Stunden für hin und zurück

HÖHENMETER:
ca. 480 hinauf und 480 hinunter

KARTE:
Freytag & Berndt, WK 222

KURZ & BÜNDIG:
Angenehme Almwanderung, auch für weniger gute Geher zu empfehlen. Für diese ist nur das erste Wegstück etwas steil. Die Gehanstrengung ist wesentlich geringer als die Großartigkeit der Aussicht

33 Höhenweg zur Lienzer Hütte

Der Höhenweg bietet als Dauerblick die andere Seite des Debanttales.

Hinten thront fast immer der Designstar Glödis

Höhenwege folgen dem Gelände, aber mit einer philosophischen Hartnäckigkeit: Es ist ganz klar, daß ein Höhenweg sich bemüht, ein Kar nicht auf kürzestem Weg zu queren. Das wäre unökonomisch, weil es zu viele Höhenmeter verlangte. Weiter gehen ist in diesem Fall leichter gehen. Der Lienzer Höhenweg folgt diesem Grundsatz. Aber er zeigt eine Feinstruktur, die Bewunderung abnötigt. Auf dem an sich eben zu querenden Hang hat er ständig kleine Auf-und-Ab-Stücke eingebaut. Ich kam auch dahinter, warum. Frage an den Lienzer Höhenweg: Warum geht es hier schon wieder hinauf? Höhenweg antwortet: Damit es später wieder hinuntergehen kann. Anfrage an den Lienzer Höhenweg: Warum geht es hier hinunter? Antwort: Damit es später wieder hinaufgehen kann. Dieses Frage-Antwortspiel treibt zeitweise die Beine etwas zur Verzweiflung. Viele kleine Geröllhalden sind zu überwinden. Dafür gibt es allein auf diesem Weg mehr Wasser als in der ganzen Sahara: köstliches, frisches Quellwasser.

Es ist ein Weg, der zwar die Lienzer Hütte anpeilt, aber mit den Aussichten durch den schütteren Wald prunkt. Der Hohe Perschitzkopf leuchtete in der späten Nachmittagssonne ständig durch das dunkle Grün der Zirben. Die Glödis, der Designstar unter den Osttiroler Bergen, diese fast vollkommene Pyramide, thronte gelassen hinten im Talschluß. Auf dem Weg zu ihr hin geht man an allen möglichen Vordergrundmotiven vorbei. Wer aufpaßt, bekommt den Hohen Perschitzkopf als Spiegelung in einem sanften Waldtümpel zu sehen.

Auf der Trelebitschalm arbeitete ein alter Mann mit einer Hand mit Hacke und Säge, als ob er zwei Hände hätte.

Wenn die Sonne tief steht und die Almpölster nur mehr schräg drüber beleuchtet, dann beginnen diese auf einmal zusätzlich zu glänzen, und der Glanz läßt ganz vergessen, daß es ein Signal ist, eine Unterkunft zu finden. Der kalte Abend ist ganz nahe und läßt sich doch nicht fühlen.

Das Ziel: die gastliche Lienzer Hütte

Auf so einem Weg kann einem eine ganze Menge verlorengehen. Ich traf eine Gruppe Geher auf der Alm, die ich auf dem Weg eines Verirrers von den Neualplerseen herunter erreicht hatte. Es war eine interessante Gruppe, geführt von einem Mann mit Wanderschuhen und gewaltigem Bergstock, einige Leute hatten Halbschuhe an, und die einzige Frau trug einen knallgelben Rock wie für eine Faschingsparty. Sie überholten mich ein paarmal, als ich fotografierte und dann wieder vorausschritt, und auf einmal waren sie weg. In der Lienzer Hütte kamen sie nie an. Es gab auch keinen Unfall.

Schon selten zu sehen: ein echter Almmensch auf der Trelebitschalm.

FATA MORGANA-MONTANA

Speicherregenponcho

Er speichert den Regen wie der natürliche Waldboden. Die Täler bleiben hochwassergeschützt. In den Alpen ab dem nächsten Jahr generell vorgeschrieben. Hinweis für Wanderanfänger: Jeder Liter gespeicherter Regen wiegt mindestens ein Kilogramm.

DATEN

ANFAHRT:
Von Lienz aus mit dem Auto zum Schranken Seichenbrunn im Debanttal. Eine Stunde bis zum Ausgangspunkt Lienzer Hütte. Oder von Lienz mit der Zettersfeldbahn zur Bergstation

DER WEG:
Bergstation Gondelbahn (1812 m) – ÖAV-Jugendheim – Lienzer AV-Höhenweg – Lienzer Hütte (1977 m)

GEHZEIT:
4 bis $4^{1}/_{2}$ Stunden pro Richtung

HÖHENMETER:
Die vielen kleineren Auf und Ab ergeben sicher mehrere hundert Meter hinauf und hinunter

KARTE:
Freytag & Berndt, WK 181

KURZ & BÜNDIG:
Anspruchsvoller Steig durch eine sehr einsame, beeindruckende Natur hoch auf dem westlichen Hang des Debanttales

34 Dobratsch

Vom Süden ist der Dobratsch schwierig. Der Tip hier bietet den leichtesten Zugang zu diesem Aussichtswunder.

Der Aussicht wegen auf einen „lästig“ erschlossenen Berg

Drei Gemsen waren schon unterwegs. Sonst nur ich. Sie bewegten sich gemächlich in den Nebel und waren verschwunden. Es tröpfelte, und jeder Grashalm lauerte wie ein Wasserkübel auf die Socken des Wanderers, um sie vollzuschütten und dann wie durch einen kleinen Berg in die Schuhe einzusickern, sich dort auszubreiten. Nach einer halben Stunde war ich von der großen Zehe bis knapp unters Knie feucht und kalt. Der ideale Zustand, um eine Hütte aufzusuchen. Aber ich kam vom Ludwig-Walter-Haus auf dem Dobratsch und hatte noch weit bis nach Nötsch. Ich hatte als einziger auf der Hütte übernachtet. Der Hüttenwirt, Mitglied der bekannten Hüttenwirtsfamilie Aschbacher aus Gmünd, dürfte an diesem Tag wenig zu tun gehabt und nichts verdient haben.

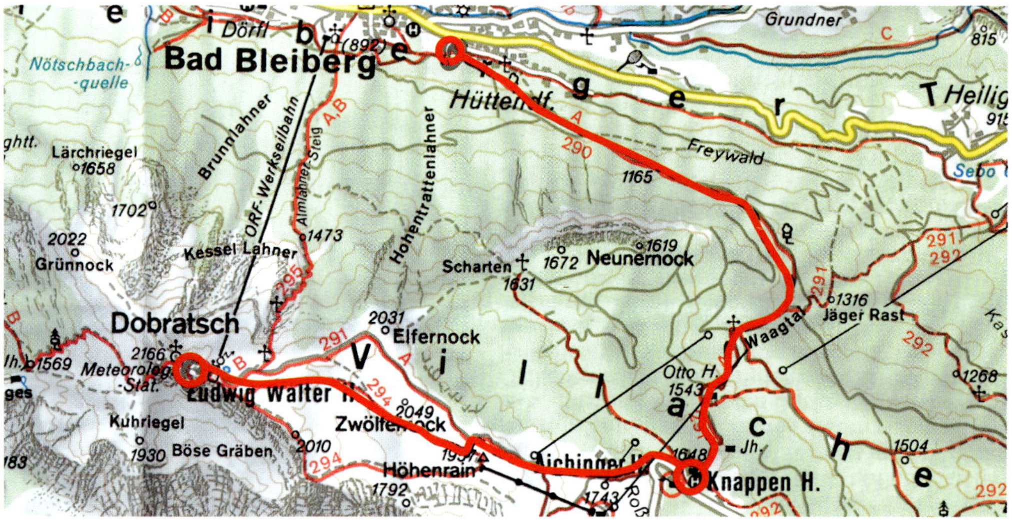

Beim Aufstieg von Bleiberg-Kreuth aus hatte sich der frühe Herbst bemüht, die Buchenblätter einzufärben. Er hatte erste Erfolge mit Gelb gegen das Grün erzielt. Der Aufstieg bis zum Ende der Fahrstraße war langwierig und auch langweilig gewesen.
Ich dachte darüber nach, ob es

Der Südblick liegt oft im Dunst, so auch hier.

nicht spannender gewesen wäre, den steilen Südwanddurchstieg zu nehmen oder den auch steilen Direktsteig von Bleiberg-Kreuth. Es wäre im Sinne der Geographie gewesen, die lange, flache Schanze des Dobratsch von Villach aus anzugehen, beginnend mit den schon südlichen Buchen beim ersten Aufstieg in der Warmbader Kurzone. Aber Nachdenken und Gehen sind in solchen Fällen zwei verschiedene Paar Schuhe. Der Dobratsch wird noch länger dastehen, und ich kann kommen.

Die Kurzgeher fahren ohnehin mit dem Auto zum letzten Parkplatz und fangen dort an, wo ich schon müde war. Der Dobratsch ist einerseits ein lästig erschlossener Berg, sein mit dem ORF-Turm verschandelter Gipfel könnte auch einen ORF-Fan zum Satellitenseher werden lassen. Die Stunde Düsterkeit, die das nahende Gewitter mir im obersten Stück schenkte, war nur ein Hinweis, daß die Natur sich hier nicht mehr ganz wohl fühlen kann. Aber der Bergklotz ruht dennoch wie ein Gebirge am strategischen Kärntner Knoten, und seine Größe ruht darauf, daß sie direkt aus dem Tal herauswächst und von keiner anderen aus nächster Nähe bestritten werden kann. Die Aussicht ist eine der großartigsten, die mit ein bißchen mehr als 2000 m Seehöhe zu kriegen ist. Sie wurde vom ORF nicht verbaut. Aber dafür von Wolken und anderem Zeugs. Ich war froh, ohne Probleme nach Nötsch zu kommen. Ich sah unterwegs keine Schneehasen, die nach Auskunft des Hüttenwirtes heuer schon weiß waren. Was auf baldigen Schnee hindeuten sollte. Von der fernen Hagener Hütte hatte dem Aschbacher auf dem Dobratsch der Aschbacher von dort 50 cm Schnee gemeldet.

FATA MORGANA-MONTANA

Gegenwindneutralisator

Ein Hightech-Gerät für Anorak, Wanderhose und Haube. Bläst jedem Wind entgegen und neutralisiert ihn. Spitzenmodelle schaffen bis zu 120 Stundenkilometer Windgeschwindigkeit. Wandermodelle sollten wenigstens 60 Kilometer leisten.

DATEN

ANFAHRT:
Von Villach auf der Alpenstraße (Maut) bis zum letzten Parkplatz. Schon vorher Parkplätze mit Spezialangeboten (Alpengarten, Aussichtspunkte)

DER WEG:
Parkplatz (Roßtratte, 1732 m) – Dobratsch (2166 m) – Parkplatz

GEHZEIT:
1 1/2 Stunden hin und 1 1/2 Stunden zurück. Gesamtgehzeit 3 Stunden

HÖHENMETER:
430 hinauf und 430 hinunter

KARTE:
Freytag & Berndt, WK 224

KURZ & BÜNDIG:
Der Kürzestweg zur Aussicht auf dem Dobratsch vom letzten Parkplatz der Alpenstraße (Maut) ist ein steiniger Spazierweg auf 2000 m Seehöhe. Wer den Dobratsch in seiner Steilheit als Bergmonster erleben will, muß nach Nötsch oder Bleiberg-Kreuth hinunter

35 Laußnitzsee

Der Laußnitzsee hat seinen Kurs in Impressionismus erfolgreich absolviert.

Morgens früh um sechs leuchtet die Sonne

Ich fange mit dem persönlichen Höhepunkt dieser Wanderung an. Ich kam um 6.30 in der Früh am Ufer des Laußnitzsees an. Dafür mußte ich gegen 5 Uhr früh die gastliche Bonner Hütte verlassen. Dafür leuchtete mir die Morgensonne noch über den nahen Kamm des Roten Riegels auf die Seefläche. Das soll sie, nach den Berichten des freundlichen Hüttenwirtes, erst wieder spät am Abend tun. Bergseen ohne Sonne sind in Wirklichkeit oft sehr eindrucksvoll. Für das Foto eignen sie sich dann weniger. So klickte ich drauflos. Und hatte noch einmal Glück: Minuten später kräuselte ein sanfter Wind die Seeoberfläche und verwandelte den gewünschten Naturalismus in gekonnten Impressionismus.

Der Laußnitzsee liegt klassisch in einer Mulde unter den Gipfeln. In der Nähe ist der kleinere Bruder, der Atzenberger See, zu besuchen. Aber wenn auch der Laußnitzsee ein erlaubter Zielhöhepunkt für eine Wanderung ist, so scheint mir das Wesentliche die ganze Umgebung der Bonner Hütte zu sein. Östlich des erschlossenen Katschberges bietet sie ein noch stilles Almgelände an. Rundherum wachen Hunderte Lärchen, unter denen der Wanderer lustwandeln kann. Ganz ungestört ist die Gegend nicht mehr. Einige Privathütten haben sich eingeschmuggelt, nicht jeder Güterweg verschönt die Landschaft.

Auf dem Schereck, dem Kamm vom Laußnitzsee herunter, traf ich einmal eine Berggestalt mit langem Stock. Wie in Kärnten gar nicht selten, wußte der gute Mann mehr

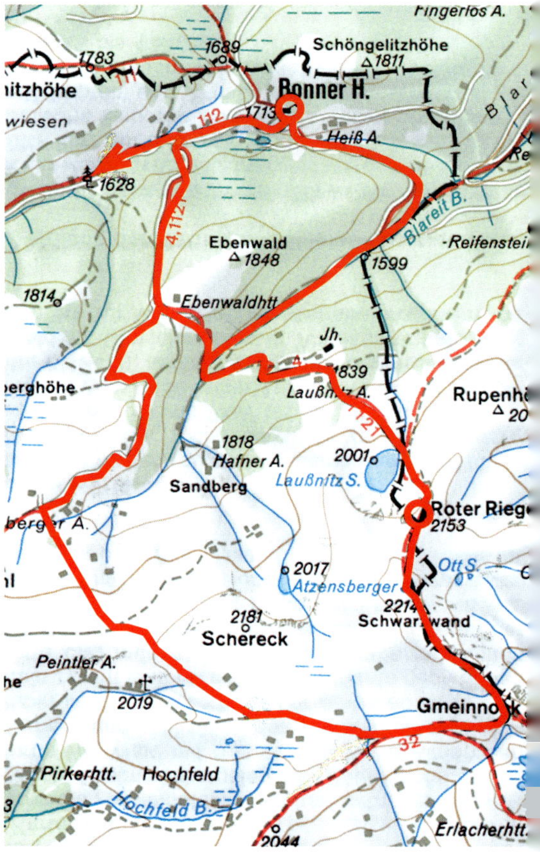

Grüne Almwiesen, blaue Himmelswiesen und als Verbindung ruhende, gefleckte Kühe.

über die Berge dieser Gegend als ich. Es war kein Einheimischer, sondern ein Urlauber, der sich so in diese Landschaft verschaut hatte und der sich bei seinen Quartiergebern so wohl fühlte, daß er schon öfter als zwanzigmal die Gegend gewählt hatte.

Es gibt wirklich wenig Leute dort, was erstaunlich ist. Zur Bonner Hütte kann man von Rennweg aus zufahren. Zum Kramethbühel führt ein breiter, bequemer Almweg. Der Bühel ist eine riesige Aussichtsrampe hinüber zum Pöllatal und zum Großen Hafner als spitzigem Dreitausender-Abschluß. Wer den Kamm erreicht, dem liegen die ganzen westlichen Nocken vor den Augen.

Markierungen sind selten in der Gegend, die auch der Kärntner Grenzweg, der Weitwanderweg um ganz Kärnten, durchquert. Aber es gibt auch wenig zu verirren. Vielleicht stört manche Wanderer die Begeisterung, mit der Jungkühe und Jungstiere auf sie zueilen und einige hundert Meter begleiten.

Nachher spazieren die Wanderer gemütlich zurück zur Bonner Hütte zu Speis und Trank. Nach dem sehr frühen Frühstück haben sie ein frühes Mittagessen verdient. Unterwegs gibt es zwar Almhütten, aber keine mit Tourismusbetrieb.

FATA MORGANA-MONTANA

Tierstimmentonband

Wenn der Kuckuck nicht ruft und der Uhu nicht uhut und der Bär nicht nah genug brummt: das Tierstimmentonband vervollständigt den Naturgenuß. Artgerechte Bänder in allen Nationalparkverwaltungen. Abzulehnen: Nilpferdtöne im Mölltal.

DATEN

ANFAHRT:
Von Rennweg im Liesertal auf die Bonner Hütte

DER WEG:
Bonner Hütte (1712 m) – Laußnitzsee (2001 m) – Roter Riegel (2153 m) – Bonner Hütte

GEHZEIT:
3 Stunden Gesamtgehzeit

HÖHENMETER:
ca. 440 hinauf und 440 hinunter

KARTE:
Freytag & Berndt, WK 202

KURZ & BÜNDIG:
Aufstieg zum Laußnitzsee steil. Sonst einfache, bequeme Almwanderung

36 Gmeineck

Wenn auch die Ziege lieber unterm Schirm steht, sollte man den Regenschutz ausgepackt haben.

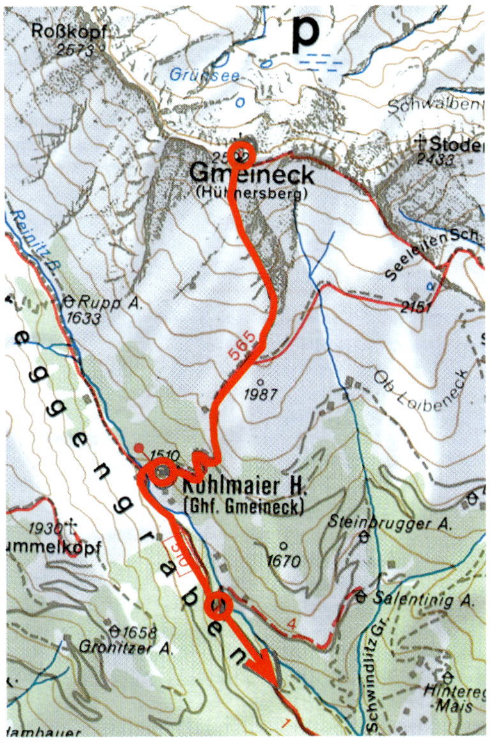

Das Gmeineck ist problemlos: Es geht immer nur aufwärts

Adi und Joe malten am 16. August 1983 auf den großen flachen Stein neben dem Gipfelkreuz des Gmeinecks mit schwarzer Farbe ihre Erinnerung hin. Die Tafel des Gipfelkreuzes gedenkt des Todes von Peter Sepperer. Der Gipfelnahblick entlarvt das Gmeineck als Almriesen von der Spittaler Seite her und als schroffen Felsabsturz vom Radlgraben aus. Wer ein bißchen Glück hat, sieht das Liesertal, alle Berge südlich, die Hochalmspitze im Norden. Wer die Kärntner Berge häufig besucht, wird an vielen Orten das Gmeineck am Horizont entdecken. Der Gegenblick hat eine ziemliche Aufstiegsmühe als Preis. Außerdem darf gerade keine Wolke auf dem Gipfel sein wie bei mir.

Es begann in der guten Stube der Kohlmaierhütte an einem Regentag. Die Wirtin bügelte die Wäsche, von der Hose bis zum Vorhang. Sohn Lukas, damals fünf Jahre, spielte mit mir auf der Wanderkarte „Kohlmaierhütte suchen" und zeigte sich als sehr clever. Dann beschloß ich, die ruhige Zeit nach einem Gewitter zu nützen, stolperte an der Ziege dabei, die sich vor dem Regen unter einem Sonnenschirm versteckt hielt. Das Gmeineck kennt keine Aufstiegsprobleme. Es geht immer steil aufwärts. Das letzte Wasser gibt es vor einer Jägerhütte.

Das „Lackale" des Millstätter Sees mit einer Zierwolke vor Seeboden verschönte den Blick auf der ersten Bergschulterhöhe. Die Böse Nase auf der anderen Grabenseite putzte sich mit heranziehenden Wolkenfetzen den nasenförmigen, vorgebeugten Felsgipfel. Das Gipfelkreuz zeigte sich erstmals fern und fein wie eine Bleistiftzeichnung. Einige Wolken eilten mir von der Kohlmaierhütte nach und bezahlten ihr hohes Tempo mit der völligen Auflösung.

Als letzten Kontrollposten passierte ich eine Kuh mit der Herdenbezeichnung H 33, oranges Plättchen am rechten Ohr befestigt. Nach einem Stacheldraht quer peilte ich mich an Steinmännern aufwärts. Ganz zum Schluß gab sich das Gmeineck kommod. Eine Stiege aus Steinplatten empfing den keuchenden Gipfelgast wie ein Aperitif. Die Latschure hatten im Süden ihre Wände aufgestellt, um ihre Querschichtungen ins rechte Licht zu rücken. Aber das Licht kam nicht, und ein Gewitter bei Villach verdarb die Schau endgültig. Ich schrieb rasch und vorausschauend ins Gipfelbuch: „In der Austastlücke zwischen zwei Gewittern ganz allein heroben. Günter Lehofer am 6. 7. 93“. Da irrte ich mich gleich wieder. Es kam kein zweites Gewitter. Mir war mein Irrtum nur recht.

Lukas schaffte die Kohlmaierhütte diesmal sogar, als ich trickreich die Karte verkehrt hingelegt hatte. Damit war es Zeit für mich zu gehen.

DATEN

ANFAHRT:
Von Spittal an der Drau über Lieserhofen nach Pistum in den Hintereggengraben bis zum Parkplatz ca. 10 Minuten vor der Kohlmaierhütte

DER WEG:
Kohlmaierhütte (1510 m) – Gmeineck (2592 m) – Kohlmaierhütte

GEHZEIT:
3 Stunden hinauf, 2 Stunden herunter

HÖHENMETER:
1080 hinauf und 1080 hinunter

KARTE:
Freytag & Berndt, WK 221

KURZ & BÜNDIG:
Sehr anstrengende Bergwanderung, weil es pausenlos steil aufwärts geht. Bei großer Hitze zusätzlich mühsam, weil der Aufstiegshang die Südseite ist

FATA MORGANA-MONTANA

Küchenkompaß

Er sucht die beste Küche für Sie in einem Umkreis von rund zehn Kilometer. Grundlage: ein Dufterkennungsgerät, das sich nach dem persönlichen Geschmack programmieren läßt. Für Wandern in Gruppen deutlich weniger geeignet, da meist Streit entsteht.

Der tiefe Blick ins Tal beweist, wie weit man schon hinaufgekeucht ist.

37 Hochgrabe (Volkszeiner Hütte)

Bis zu dieser Fahne bei der Volkszeiner Hütte darf zugefahren werden.

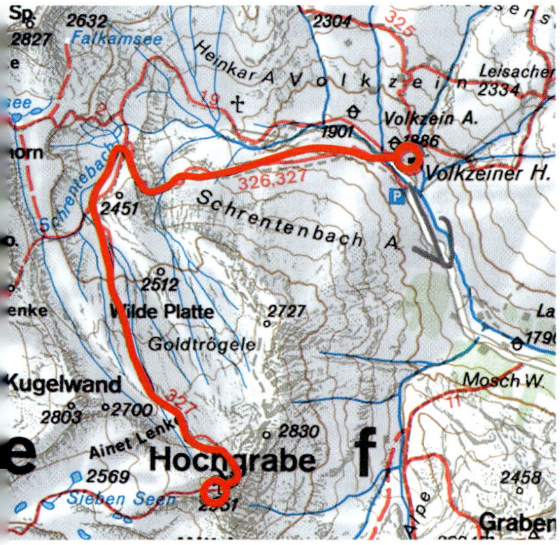

Ein heißer Kaffee hilft gegen windbeschleunigte Graupeln

Die Hochgrabe gehört zu den häufig besuchten Osttiroler Bergen. Nicht ihres seltenen Namens wegen. Sie ist einer jener Almriesen mit Geröllkopf und Geröllschulter, die gerade nicht 3000 m über dem Meer aufragen. Die Hochgrabe schafft zum Beispiel 2951 m. Wer also nicht unter dem Zwang steht, Berge nach ihrer statistischen Höhe zu ersteigen, Achttausender etwa, oder wer sich nicht selber in eine solche Zwangsjacke gesteckt hat, im Laufe eines Lebens möglicht viele 3000er zu machen, der hat in Osttirol die Wandertraumwelt der 2800er bis 2990er vor sich.

Ein guter Anfang für die Hochgrabe ist der heiße Kaffee bei der Volkszeiner Hütte im hinteren Winklertal, die von Außervillgraten aus mit dem Auto erreichbar ist. Vor sich hat der Wandermensch alles mögliche, einen Wasserfall auf der typischen Talgefällstufe, eine Anzahl weidender Rinder, einige Ziegen, die sich necken und kosen. Was anderes sollte das zärtliche Kopfreiben wohl sein? Almen breiten sich aus, Berge auch, und links ist irgendwo die Hochgrabe hinter Flanken versteckt, die hoch ausschauen. Nach einem Blick zu ganz hoch grasenden Pferden, drei an der Zahl, und dem vergeblichen Versuch, ein schwarzes Schaf zu einem Nahkontakt zu bewegen, glitzern in der Sonne plötzlich Wasserläufe und blanke Felsen. Die Wilde Platte

Der Weg zur Hochgrabe ist technisch einfach, und doch befindet man sich im Hochgebirge.

ist vor den Augen und vor allem vor den Beinen. Durch diese Felspartie leitet zuverlässig die Markierung. Steinmänner unterstützen sie. Wer einen bauen will, findet Vorbilder und Baumaterial in reicher Menge. Das Gipfelkreuz hat sich inzwischen auf den höchsten Punkt begeben und wartet dort geduldig auf die Ankunft der Leute.
Die Gipfeldohle hat sich auf den Querbalken gesetzt und schreit etwas Unverständliches entgegen. Dann fliegt sie weg, aber nur ein Stück bis zum nächsten Stein auf dem Grat zur Ainetlenke. Dort beobachtet sie den Wanderer.

Sie sieht einen Menschen, der den schweren Rucksack schon weiter unten feige zwischen die Felsen gelegt hat. Er hat seinen Anorak an. Er hat die Kapuze über den Kopf gezogen. Er wendet sich nach Möglichkeit nicht in die Windrichtung aus Nordwest. Von dort zieht im Augenblick eine wilde Wolke daher und schickt neben kaltem Wind jede Menge windbeschleunigter Graupeln mit. Die Graupeln sind ein bis drei Millimeter große Hagelkörner, mit denen auf ungeschützter Wange Eindruck zu machen ist.

Nach der wilden Wolke kommt ein blaues Sonnenloch. Dahinter die nächste wilde Wolke. In ihrem Gefolge das nächste Sonnenloch. Die Stimmung in der doch wilden Berglandschaft wechselt ständig, und weil der Wanderer den Wetterbericht gehört hat, fühlt er sich vor einem Gewitter sicher. Heute gibt es nur kleine Regenwolken. Nach dem dritten Wechsel ist die Sache ausgestanden, und der Abstieg zum Kaffee oder anderem beginnt. Die Superaussicht war an einem solchen Tage natürlich nur eine mittlere.

FATA MORGANA-MONTANA

Wechselfarbkleider

Endlich die passende farbliche Abstimmung zur inneren Stimmung und zur Farbe der Umgebung. Unentbehrlich für bessere Wanderfotos. Teurere Modelle wechseln in zwei Minuten zu jedem gewünschten Farbton.

DATEN

ANFAHRT:
Vom Drautal vor Sillian nach Außervillgraten und über eine Mautstraße in das Winklertal bis vor die Volkszeiner Hütte

DER WEG:
Volkszeiner Hütte (1886 m) – Hochgrabe (2951 m) – Volkszeiner Hütte

GEHZEIT:
$3\frac{1}{2}$ Stunden Aufstieg, $2\frac{1}{2}$ Abstieg, Gesamtgehzeit 6 Stunden

HÖHENMETER:
1065 hinauf und 1065 hinunter

KARTE:
Freytag & Berndt, WK 182

KURZ & BÜNDIG:
Eine gut durchschnittliche Bergwanderung auf einen der vielen Osttiroler Fastdreitausender. Im letzten Stück bis in den Sommer hinein Schneereste

38 Palnock

Gemsen leben nicht nur im Hochgebirge. Auch neben Güterwegen sind sie manchmal zu sehen.

Ein Steig für das Erleben, wie Bäume sterben

Der 27er Weg sei gesperrt. Aber der Weg nach Puch nicht. Ich war vom Almzaun mit dieser Nachricht zum Wirt der Kullnig-Hütte zurückgekehrt. Der Wirt hatte seine Brille aufgesetzt, meine Landkarte begutachtet und dann gegutachtet. Der Weg vom Mirnock-Kamm nach Puch an der Drau war freigegeben.

Ich ging den Wegresten nach, verabschiedete mich korrekt vom Direktblick auf den Dobratsch. Es war der Sonntagmittag eines Wanderwochenendes. Scharen waren mir auf dem Mirnock-Panoramaweg begegnet. Nun traf ich auf dem Steilhang flechtenüberzogene Kampfbäume. Mit ihrem grauen Haargekräusel auf den Ästen waren sie auch nicht fähiger, dem Wind, der Kälte und der Hitze zu widerstehen. Andere waren eine Etappe weiter. Die schützende Rinde war abgezogen, und das nackte Holz ragte grau in die Sonne. Aber diese Bäume standen aufrecht, hatten noch alle Äste. Wirklich im Koma waren dann die Stümpfe, die nur noch Astrümmer wegragen hatten. An einigen Stellen rieselte schon das Holzmehl über den müden Stamm. Es fehlte nicht der querliegende Baumriese, der auf dem Almgras eine Delle geschlagen hatte, als er fiel und nun die Beute der Ameisen, der anderen Kleinlebewesen und des Regens war.

Das Sterben der Bäume ließ sich ins Detail verfolgen, während ich die Steigreste neben einem Zaun mit vielen Lücken am Rande eines Waldes hinunterstieg. Wanderer traf ich keine. Es war so, daß auch im feuchten, tiefen Schlamm vor dem fließenden Weidebrunnen kein Schuhabdruck zu sehen war. Nur Hufe vieler Größen. Dann sah ich

FATA MORGANA-MONTANA

Siebenmeilenstiefel

Das älteste Produkt im Fata-Morgana-Montana-Angebot. Leider sind es auch hier nicht die echten Siebenmeilenstiefel. Aber so ist die Welt der Antiquitäten nun einmal.

eine alte Holzhütte und behauptete, es sei die Schulleralm. Niemand widersprach. Ich versuchte, den nicht vorhandenen Steig in der richtigen Richtung zu begehen. Beim zweiten Versuch klappte es. Ich fand einen Weg – wo eine Hütte ist, ist auch immer ein Weg –, der zu einem anderen Weg führte. Wenn ich heraufgegangen wäre, hätte mich keine Markierung aufmerksam gemacht, daß ich an diesem Waldweg abbiegen mußte, wo ich jetzt einbog. Aber es gibt eben Wege, hergerichtet für das Wandern, und Wege, würdig des selbständigen Wanderers.

Den Güterweg, dem ich abwärts folgte, hatten Erdbeeren besiedelt. Neben ihnen auf dem Mittelstreifen wuchs Gras; es leuchteten einige Glockenblumen blau zu mir herauf. Über die steile Wegrampe in den Wald lugte eine Gemse. Als ich hinging, eilten drei Gemsen gemächlich in den Wald hinein, um vor mir unsichtbar zu sein. Dann kommt eine Stelle, wo man damals richtig entscheiden mußte. Der richtige Weg geht quer nach links über den Berg zur Zauchenhütte. Der einen gemütlichen Abkürzer versprechende, damals neue Forstweg nach rechts in die Tiefe endete auf einem unbegehbaren Steilhang. Vermutlich endet er noch heute so.

Ich entschied richtig und fand ein Stück jenes Traumsteiges, schmal und kühn in den Hang gelegt, wie ich ihn liebe. Föhrenzapfen lagen in Mengen mit trockenem Buchenlaub vermischt. Ich rutschte sanft, aber vorsichtig abwärts. Auch hier keine Scharen und keine Raser. Drei Pilze wuchsen aus dem Laub heraus. Nicht neben dem Steig. Direkt auf ihm.

Puch ist nicht von Urlaubern überlaufen. So bleibt der Weg den Einheimischen noch länger exklusiv erhalten.

Es war einmal diese Kindermalerei in der Unterführung von Puch.

Auch Bäume sterben: Dieser zeigt seine Wunden deutlich.

DATEN

ANFAHRT:
Nach Puch im Drautal bei Villach, nördlich von Gummern

DER WEG:
Puch (519 m) – Zauchenhütte (1287 m) – Kullnig-Hütte (Amberger Alm, 1832 m) – Palnock – Puch

GEHZEIT:
7 Stunden hin und retour

HÖHENMETER:
1313 m hinauf, 1313 m hinunter

KARTE:
Freytag & Berndt, WK 224

KURZ & BÜNDIG:
Anspruchsvoller, sehr einsamer Bergwanderweg. Nur teilweise markiert. Erfordert den selbständigen Wanderer. Karte sehr nützlich

39 Sattnitz

Die Beine pendeln lassen auf vielen Wegeresten

Ein Hausmann kennt die Situation. Es sind aus Kostengründen Reste zu verwerten. Das Gericht soll aber lecker schmecken. Meine Kochkünste haben die Familie veranlaßt, mich von solchen Situationen fernzuhalten. Ich darf dafür abwaschen und den Müll in den Keller tragen. Bei uns heißt dieses Diktat offiziell Arbeitsteilung. Als Hausmann nur begrenzt verwendungsfähig, war ich als Waldmann erfolgreicher. Als solcher zeige ich hier schönste Waldwegereste in der Klagenfurter Sattnitz zur freundlichen Komposition eines vielteiligen Wandermenüs. Es gehört zu den Überraschungen im Walde, daß gerade in sehr erschlossenen Wäldern die alten Reste oft am urtümlichsten erhalten sind. Niemand mußte sie modernisieren, traktorbereit und lastwagenfähig ausbauen. Dafür gibt es dort andere Wege, die ich nach bestem Wissen und Gewissen möglichst nur quer begehe, nie der Länge nach.

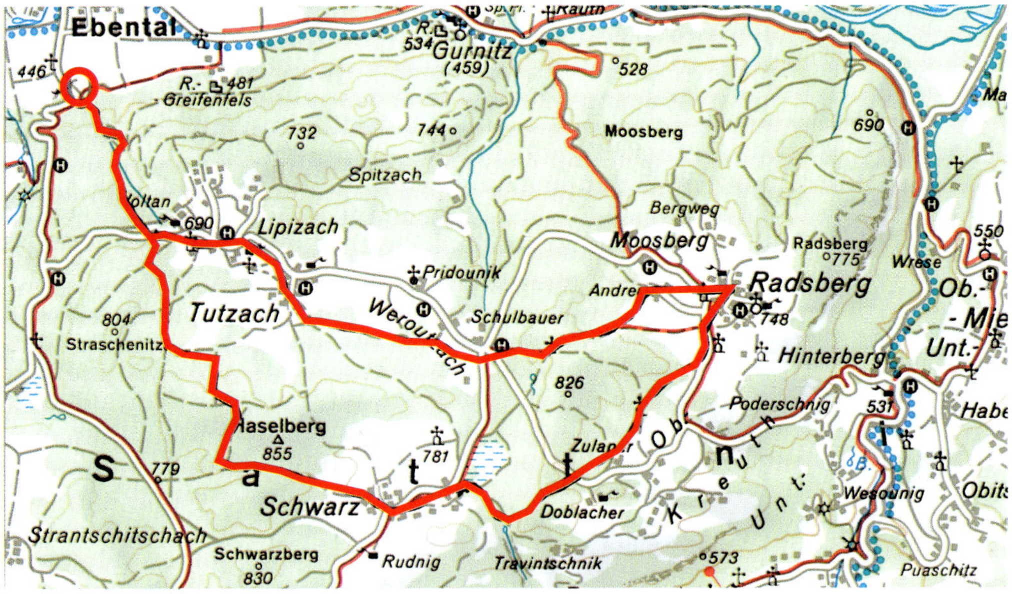

Die Vorspeise beginnt in Ebental links vom letzten Gasthaus an der ersten scharfen Rechtskurve an der Straße nach Radsberg. Nach ein paar Schritten Güterweg ist sofort ein wilder Einstieg nach rechts in

Die Turmspitze der Kirche von Radsberg begleitet auch den Winterwanderer auf seinem Weg.

den Steilhang zu unternehmen. Sie sind im Paradies der Wegereste angekommen. Nicht alle Paradiese lassen sich begehen. Bäume liegen zu oft quer, junge Bäume füllen den schmalen Raum der alten Kommunikation. Dann heißt es ausweichen auf die Kämme dazwischen. Die sind gerne steil und rutschig. Es ist dieser Tip zeitweise bei aller Harmlosigkeit zünftig.

Aber diese Vorspeise wärmt auf. Der Sattnitzsteilhang ist ein abgeschlossener Geschmackszusammenhang. Der Hunger nach mehr ist geweckt oder die Erkenntnis, so möchte ich nicht wandern, gefestigt. Wenn oben die Straße wieder zu queren ist, werden beide Geschmäcker wählen. Die einen gehen heim, die anderen weiter.

FATA MORGANA-MONTANA

Wanderlustmeter:

War es wirklich fröhlich unterwegs? Mit dem Wanderlustmeter ab sofort beweisbar. Das neue Gerät mißt die Wanderlust so sicher wie andere Geräte den Puls. Der entscheidende Beitrag zur Versachlichung eines bisher ungelösten Streitthemas.

Es findet sich rasch wieder ein Weg, der aufwärts geht. Der eine ist so gut wie der andere. Manch ein Weg hört vor einer Wand aus Jungfichten auf. Da heißt es rundherumsuchen und dann weitergehen. Tückischer ist ein Kahlschlag, der zum Drüberrennen einlädt. Laute Knackgeräusche unter den Schuhen und schmerzhafte Kratzer und Stiche der trockenen, aber scharfen Äste, die als Haufen unter kniehohem Gras sich verstecken, erinnern daran, daß nicht alles bequem sein muß, was so aussieht. Die Suppe, die man sich im Wald einbrockt, muß auf jeden Fall ausgelöffelt werden. Niemand serviert ab.

Die Wegereste der Sattnitz sind derzeit markierungsfrei. Mit etwas Glück könnte es so bleiben. Es muß ja nicht jeder Baum bemalt sein und in einem Führer stehen. Ich lasse mich auf der unübersichtlichen Hochfläche der Sattnitz zum Verirren einladen. Ich esse wie bei einem reichhaltigen Buffet da ein Stückchen und dort ein Stückchen. Manchmal komme ich richtig nach Kossiach oder Höflein, manchmal nicht. Was soll es auch? Ich will gehen und nicht unbedingt wo hinkommen. Es wärmt stets mein Wanderherz, wenn sich herausstellt, daß ich in ruhiger Überlegung und sicherer Überzeugung falsch abgebogen bin. Als Schrittart für diesen Tip empfehle ich, die Beine pendeln zu lassen, ohne Ehrgeiz, nur mit der nötigen Trittsicherheit.

Grenzen sind auf der Sattnitz die Steilabfälle zur Drau und nach Klagenfurt und nach Mieger und die Ausfransungen nach Maria Rain. Aber die sprechen für sich. So kommt ein Menü zusammen, das Sie hungrig werden lassen wird. Dann müßten Sie Göltschach anstreben oder Stemeritsch oder Zwanzgerberg oder Radsberg. Dort finden sich Gasthöfe. Inzwischen vielleicht auch noch anderswo. Unterstützen Sie diese Wirte! Jausnen Sie kräftig! Als Dessert biete ich noch den raschen Heimweg an.

Maria Rain mit dem Hochobir: Mit gutem Standort ist keine Verhüttelung zu sehen.

DATEN

ANFAHRT:
Von Klagenfurt nach Ebental auf die Straße nach Radsberg/ Zwanzgerberg bis zur ersten Rechtskurve

DER WEG:
Quer durch die Sattnitz

GEHZEIT:
Von zwei Stunden aufwärts

HÖHENMETER:
ca. 300 aufwärts,
ca. 300 abwärts

KARTE:
Freytag & Berndt, WK 232

KURZ & BÜNDIG:
Ein uriger Wandergenuß nahe der Landeshauptstadt. Trittsicherheit und Waldsicherheit notwendig

40 Raggaschlucht

Wo sehr viel Natur ist, braucht es oft viel Handwerk, um die Natur begehen zu können.

Ein großer Stein bewacht den Eingang hoch oben

Im T-Shirt mit kurzen Ärmeln wird dem kleinen Kind in der Raggaschlucht wohl kalt geworden sein. Da die Eltern auch so spärlich bekleidet waren und an ihrem Körper weit und breit kein Rucksack oder ein Plastiksack zu entdecken war, der Zusatzkleidung hätte verbergen können, dürfte eine Verkühlung gesichert gewesen sein. Als ordentlich ausgestatteter Wanderer mit Schuh und Hut und Rucksack und hinuntergeschobenen Stutzen spielte ich für einen italienischen Videofilmer das beliebte Alpenmotiv. Man soll ja, so gut es geht, zur Zufriedenheit der Gäste im Lande beitragen. Da dürfen ein paar Stufen retour kein Hindernis sein. Jeder gute Schnappschuß wird noch besser, wenn er gestellt ist.

Das ist der falsche Anfang für die Vorstellung der Raggaschlucht. Der korrekte Anfang lautet so: In jahrtausendelanger Arbeit schnitt der Raggabach eine der schönsten und gigantischsten Schluchten der Alpen. Das Begehen ist nur auf kunstvoll angelegten Stiegen und Brücken möglich. Rückwanderung über einen schattigen Waldweg mit herrlichem Ausblick auf Flattach und die umliegende Bergwelt. Auch Texte aus Werbeschriften sind manchmal wahr.

Berechtigt schauen alle Leute von den Steigen und Brücken in die Tiefe. Unten gischt es weiß, es gurgelt und schießt, das Wasser treibt seine Scherze. Baumstämme klemmen an herausragenden Steinen fest und warten auf die Zerstörung durch rasche Wassergewalt oder längere Verwitterung. Eine enge Schlucht wie diese mit einem gewaltigen Berghinterland, aus dem die Unwetter jede Menge Geröll und Holz antransportieren, ist immer wieder gefährdet. Die fest gefügten Steiganlagen werden dann zerstört und müssen instand gesetzt werden. Mein Tip für das Begehen der Raggaschlucht sind häufige Blicke in die Höhe. Aus der dunklen Schluchtwand hinauf über die ersten grünen Gebüsche, die sich in dem fast senkrechten Fels halten, der gerade dort irgendwo ein Häufchen Humus in einer Vertiefung dulden muß, das zeigt den Kampf in der Natur.

Das Glänzen der Blätter in der vergeblich den Schluchtgrund anpeilenden Sonne gibt den zarten, strahlenden Gegensatz zum dunklen Fels.

In der Raggaschlucht sollte man auch oft nach oben schauen.

DATEN

ANFAHRT:
Im Mölltal nach Flattach. Bei Schmelzhütten kurze Zufahrt von der Bundesstraße (ausgeschildert) bis zum Gasthof „Raggaschlucht".

DER WEG:
Die Raggaschlucht, ca. 800 m lang, nur in Aufwärtsrichtung zu begehen. Abwärts auf Weg außerhalb. Sehr guter Ausbau und viele Sicherungen

GEHZEIT:
1½ Stunden

HÖHENMETER:
ca. 300 m hinauf und hinunter

KARTE:
Freytag & Berndt, WK 225

KURZ & BÜNDIG:
Trotz sorgfältigem Ausbau wegen der Wildheit der Landschaft nicht überall ein leichter Spazierweg, sondern eine ordentliche Wanderung, die feste Schuhe verlangt und etwas warme Kleidung (in der Schlucht oft deutlich kühler als draußen)

Beim Schauen, egal ob in die Tiefe oder in die Höhe, sollte man stehenbleiben. Die Holzhilfen bei Steig und Stiegen sind zwar solide gebaut, aber sie sind häufig rutschig.

Es ist auch schwierig, sich auszurechnen, wann die Schlucht relativ wenig besucht ist. Ich gönnte mir durch Zufall den Genuß, nur etwa einem halben Dutzend Leute begegnet zu sein. Es kann dort auch Gedränge geben.

Der große Stein, der derzeit den Schluchteingang bedrohlich hoch über den Köpfen bewacht, wird noch jahrelang oben bleiben. Auch er ist Natur und kein Werbegag. Hoffentlich irre ich mich da nicht und habe die Nacht verschlafen, in der ein Riesenkran den Riesenstein hinaufgehievt hat. Für Nichtkenner des Geländes: Es kann allein schon technisch kaum so gewesen sein.

FATA MORGANA-MONTANA

Sesselliftsteig

Immer mehr Steige werden von örtlichen Umweltschützern wegen Überlastung gesperrt. In Bad Kleinkirchheim wird der Bad Kleinkirchheimer Höhenweg als Sesselliftsteig angeboten. Naturschonend gleitet man oberhalb des sensiblen Bodens dahin.

41 Schneewinkelspitze (3000er)

Der Blick zum Ankogel und zu den wilden obersten Hängen des Seebachtales.

Ein Dreitausender, der sich für Wanderer noch ausgeht

Vor dem steilen Schneefeld ohne Gehspur dachte ich, muß das sein? Auf dem flachen Gipfelgeblock der Schneewinkelspitze überlegte ich noch einmal den ganzen Weg von der Gießener Hütte weg und sagte, das muß noch sein für diese Art des Wandertips. Die nahe Hochalmspitze habe ich dafür ausgeschlossen. Sie gehört zur nächsten Alpinstufe.

Ich war Mitte Juli unterwegs. Mitte August dürften auch die Schneefelder der Schneewinkelspitze zusammengeschmolzen sein. Dafür muß man dann mehr über Steinblöcke klettern. Zwei Schistöcke oder einen Wanderpickel oder die beliebten Wanderstöcke sollte man zur Sicherheit mithaben. Steigeisen oder Grödel (Vierzacker für Wanderschuhe) sollten im Rucksack sein, für den Fall, daß der Schnee zu hart gefroren sein sollte.

Einen einsamen Stern hatte ich am frühen Morgen beim Blick aus dem Hüttenfenster zwischen den Wolken des Nachtgewitters entdeckt. Ich ernannte ihn zu meinem guten Stern. Eine halbe Stunde später regnete es. Noch eine Viertelstunde später regnete es heftiger, und es donnerte leicht im Mölltal. Ich stapfte vom Hochalmsteig zurück und ging über den Gletscherbach Richtung Schneewinkelspitze. Eine Stunde später riß es auf, und der Tag wurde ein schöner. Ich sah vom Gipfel der Schneewinkelspitze scharenweise die Leute zu den Steinernen Mandln Rich-

Das Seebachtal mit Mallnitz und dem Lonzaköpfl darüber

tung Hochalmspitze gehen. Das Gipfelkreuz schaute mich leicht amüsiert über den Detmolder Grat herüber an. Ich wollte auch auf die Hochalmspitze. Ich war nur zu früh unterwegs gewesen.

Der Trost auf der Schneewinkelspitze fließt reichlich. Sie ist auch ein Dreitausender. Der Großglockner schaut nicht weniger gut aus als von der Hochalmspitze, gut 300 Höhenmeter weiter oben im Blau. Das Seebachtal gewährt den Einblick in den fließenden Bach. Das Säuleck und die Reißeckberge stehen aufgereiht wie in einem Natursupermarkt. Die Weite des Gößkars mit den stürzenden Bächen und einzelnen blökenden Schafen zwingt die Augen zu langsamer Kameraführung, damit nichts verlorengehe. Die Rückseite des Ankogels zeigte ein Schneefelsgitter, und der Tauernhöhenweg zum Ankogelhaus wäre ein zarter, heller Streif gewesen, wenn er aus dieser Entfernung zu erkennen gewesen wäre.

Wer sich ein bißchen darin üben will, über markierte Steinblöcke zu klettern, der nimmt für den Rückweg das Stück Detmolder Grat bis zur Winkelscharte. Von dort geht es wieder markiert abwärts zur Gießener Hütte. Und wie gesagt, keinerlei Neidgefühle gegenüber jenen Kolleginnen und Kollegen entwickeln, die auf demselben letzten Wegstück oder in der guten Hüttenstube von der Hochalmspitze erzählen. Sie gehören zu den „mehreren“, aber der Bergwanderer muß nicht immer zu den mehreren gehören. Hochalm oder nicht ist ja, wie mein Beispiel beweist, bloß die Frage, wie früh man aufsteht. Steht man zu früh auf, kommt man nicht hin.

DATEN

ANFAHRT:
Vom Maltatal durch den Gößgraben bis zum Parkplatz Gößkarspeicher

DER WEG:
Parkplatz Gößkarspeicher (ca. 1700 m) – Neue Gießener Hütte (2216 m) – Schneewinkelspitze (3016 m) – Neue Gießener Hütte – Parkplatz

GEHZEIT:
5 Stunden hin und 4 Stunden zurück. Gesamtgehzeit 9 Stunden. Übernachten auf der Neuen Gießener Hütte (ÖAV) zweckmäßig

HÖHENMETER:
ca. 1300 aufwärts, 1300 hinunter

KARTE:
Freytag & Berndt, WK 191

KURZ & BÜNDIG:
Anspruchsvolle Bergtour für Bergwanderer, die sich auch über Schneefelder bewegen können und eine leichte Blockkletterei bewältigen. Als Tagestour wegen der Länge sehr anstrengend. Neue Gießener Hütte (ÖAV) bietet Übernachtung

FATA MORGANA-MONTANA

Fellwuchssalbe

Das Wandern ohne jedes Hilfsmittel gewinnt immer mehr Anhänger. Manche Leute fühlen sich in ihrer Haut nicht wohl, wenn sie nichts anhaben. Die Fellwuchssalbe hilft in solchen Fällen. Mindestens vier Wochen vor Wanderbeginn mit dem Einreiben beginnen.

42 Findenigkofel

Auch die Bergstöcke lehnten erschöpft auf dem Stein beim Findenigkofel. Im Nebel war sein Gipfel nur schwer zu bestimmen.

Den Karnischen Nebel erfanden die Friulaner

Die Kärntner haben die Sonne erfunden. Diese Tatsache wird zwischen Heiligenblut und Lavamünd widerspruchslos anerkannt. Den Nebel in den Karnischen Alpen müssen daher die Friulaner erfunden haben. Die Hintergründe erfuhr ich auf dem Gipfel des Findenigkofels, des Grenzberges. Im Nebel.

Vorher hatte ich schon vier Stunden Kampf gegen diesen Nebel hinter mich gebracht. Ich hatte von der Straniger Alm aus den Aufstieg gesucht. Das Wegschild lag leider auf dem Boden, und ich übersah es. So ging ich knapp unterhalb der dauernden Nebelgrenze den Karnischen Höhenweg Richtung Steinwenderhütte weiter, um einen offiziellen Aufstieg zu finden.

„Draufgflogn" (drübergefallen) seien sie auf ihre Almkühe, erzählte eine Bäuerin mit Jungmann, die gerade ihr Vieh ins Tal zu bringen versuchten und plötzlich in einem Nebelloch auftauchten. Als ich ungeduldig vom Gelände den Zollnersee einforderte, blickte dieser in

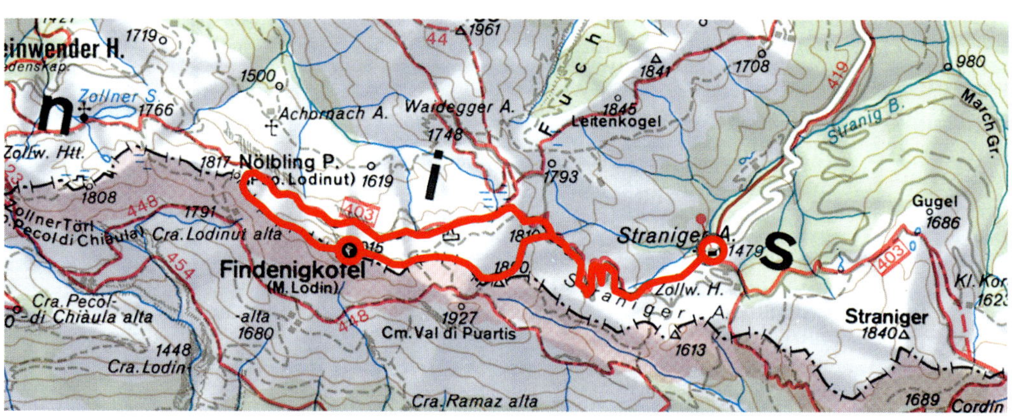

Solche Wegschilder habe ich schon öfter übersehen.

einem Nebelloch bereits hinter mir her. Ich war an seinem Ufer entlangmarschiert, ohne ihn sehen zu können.

Ich gab nicht auf. Ein Fünf-Minuten-Nebelloch brachte mich zum Geotrail-Punkt Hochmoor an der Grenze zu Italien. An dieser Grenze wollte ich zum Findenigkofel retour suchen. Hunderte gleichförmiger Kuppen und Tälchen dazwischen lachten sich eins im neuerlichen Nebel. Als ich den ersten Kurzkreis mit der berühmten 190-Grad-Verirrung in einem nächsten Riß im Nebel bemerkte, ging ich zum sicheren Karnischen Höhenweg zurück. Nicht immer ist ein Gipfel möglich.

Das nächste Nebelloch kam als Versuchung. Es zeigte mir, hier müsse es direkt zum Gipfelgrat gehen. Ich erreichte den Grenzersteig, und der Nebel kam, und ich wanderte aufwärts. Ein Friulaner schrie tief unter mir lange nach seinem Vieh. Sonst gab es nur das wechselnde Rauschen des Windes.

Der kleine Grenzstein n-217 wurde von mir mit Gipfelehren bedacht. Dann ging es wieder aufwärts. Erst der Grenzstein n-221 wäre der würdige gewesen. Ich fand auch ihn und den Abstieg. Der Grat ist breit genug, um angstfrei die steilen Flanken zu übersehen.

Um ihr Sonnenland gegen nördliche Angriffe zu schützen, hätten die Friulaner den Nebel erfunden, erzählte mir die „Dissidentin gegen den Nebel“, die ich auf dem Gipfel traf. Keine Fotos, keinen Namen. Zu riskant, sagte sie. Wenn alle Pizzaöfen Friauls himmelsmechanisch auf einen Punkt der Sonnenoberfläche gerichtet werden, dann wird von dort der Wasserstoff abgesaugt: „Die 5000 Grad Unterschied zwischen der Sonnenoberfläche und den Karnischen Bergkämmen lassen den Sonnenwasserstoff zu Nebel werden.“ So einfach sei das, wenn man die Technik beherrsche.

Und weg war die Dissidenta avverso la nebbia. Verschwand einfach im Nebel.

FATA MORGANA-MONTANA

Salzwegeschilder

Wegschilder aus Viehsalz verlangt der Almweidetierverein. Kühe und Kälber haben das ewige Blech satt. Die alpinen Vereine befürchten hingegen noch zahlreichere Schilderverluste. Eine Kommission wird das Problem prüfen.

DATEN

Anfahrt:
Von Stranig im Gailtal Auffahrt auf die Straniger Alm

Der Weg:
Straniger Alm (1479 m) – Findenigkofel (2015 m) – Straniger Alm

Gehzeit:
3 Stunden Gesamtgehzeit

Höhenmeter:
535 hinauf und 535 hinunter

Karte:
Freytag & Berndt, WK 223

Kurz & bündig:
Noch für jeden Bergwanderer mögliche Alm-Gipfeltour

43 Goggsteig

Kühe im Doppelpack im Nebel am Ende des Goggsteigs.

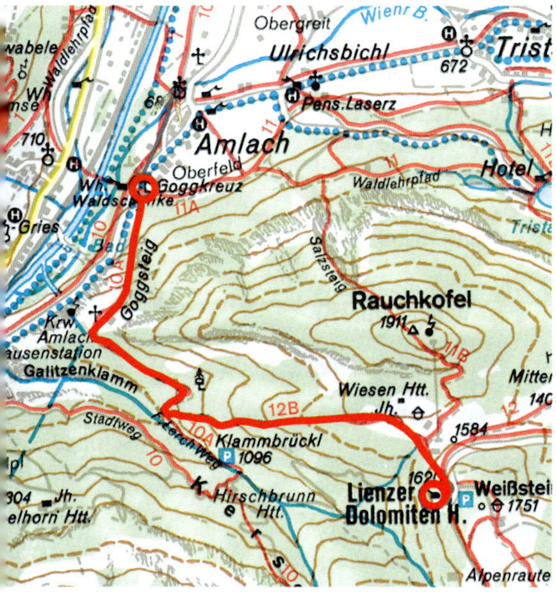

Dann trickst der Steig die Felswand aus

Für den Lienzer Süden riskiere ich eine Verletzung einer guten Regel: Ein Ortsfremder sollte sich nicht in den Nahverkehr einmischen. Er blamiert sich dort leicht. Aber der Tristacher See, die Lienzer Dolomitenhütte und der Goggsteig dazu sind das Risiko einer Blamage wert. Ihre Qualität als Wanderangebot erreicht überörtliches Niveau. Dazu kommt, daß ich gleich hier hinweisen möchte, daß die Karlsbader Hütte und das Schutzhaus auf der Kerschbaumer Alm eine ganz große Wanderrunde anbieten und vollenden, für die hier die Vorrunde geschildert wird. Nach bester Tiroler Wegetradition beginnt die Wanderung an einem großen Kreuz, dem Goggkreuz in Amlach bei Lienz, am südwestlichen Rand des Talbodens.

Neugierig war ich, welchen Schlupf durch die Lienzer Dolomitenwände der Goggsteig wählen würde. Er führte am Marterle der Maria Thaler vorbei, die hier am 27. Mai 1898 verunglückt ist. Eine so lange Erinnerung bekommt heute kaum noch ein Toter in der Stadt. Da muß er sich mit dem Berühmtsein sehr angestrengt haben. Der Steig wendet sich jetzt seiner Hauptaufgabe zu. Er windet sich in den berühmten Steigserpentinen aufwärts, überquert Hunderte Wurzeln, versucht, mit Baumstufen den abwärtsfließenden Kalkschotter begehbar zu machen. Holzgeländer bieten den Händen Stützmöglich-

Die Marterletafeln sind eine ständige Mahnung an den Wanderer.

keiten. Über einzelne Steinstufen sucht der Fuß seinen Weg. Am Goggsteig läßt sich bestens studieren, wie ein unwegsames Gelände mit viel Fachkenntnis und viel Arbeit ein begehbares wird.

Dann trickst der Steig die Felswand aus und führt um sie herum. Tief unten tost das Wasser in der Klamm des Galitzenbaches. Der Steig hat seine Höhenschuldigkeit getan, den Tiefblick nach Lienz ausführlich erlaubt und geht nun eben dahin, bis der Bach wieder erreicht ist. Der Lienzer Dolomitenhüttenwanderer biegt aber vor der Klammbrücke schon nach links aufwärts ab. Wer die große Wanderrunde gewählt hat, geht weiter zur Klammbrücke und von dort zur Kerschbaumer Alm. An der Brücke trifft er auf einem Parkplatz jene unglücklichen Menschen, die anstelle des faszinierenden Goggsteiges die Straße benutzt haben.

Die Erschließung hat auch aus der Lienzer Dolomitenhütte jenen Zwitter gemacht, der für viele Berghütten charakteristisch geworden ist. Einerseits führen gute Steige und Wege für Wanderer dorthin, aber der Autoverkehr als Hauptgegner der Natur hat freie Fahrt bekommen. Das einzig Erfreuliche in dieser Verkehrsfrage bei der Lienzer Dolomitenhütte: Auch ein privater Busverkehr verbindet sie mit Lienz. Man „muß“ nicht selber hinfahren.

Wer Schlagobers weniger gern hat, durfte darauf hoffen, daß die graue Hauskatze der Lienzer Dolomitenhütte angeschnurrt kam und bei gegebener Erlaubnis den Schlag vom Teller leckte.

FATA MORGANA-MONTANA

Kalorienanzeiger

Der Kalorienanzeiger zeigt in Leuchtschrift die konsumierten Kalorien an und läßt ein Warnhorn ertönen, wenn man mehr ißt als verbraucht. Nur für Wanderer mit guten Nerven. Zahlreiche Verzweiflungstaten wegen des Kalorienanzeigers sind bekannt.

DATEN

ANFAHRT:
Nach Lienz und weiter nach Amlach

DER WEG:
Amlacher Kreuz (690 m) – Lienzer Dolomitenhütte (1620 m) – Amlacher Kreuz

GEHZEIT:
2 1/2 Stunden aufwärts, 2 Stunden abwärts. Gesamtgehzeit 4 1/2 Stunden

HÖHENMETER:
930 hinauf und 930 hinunter

KARTE:
Freytag & Berndt, WK 182

KURZ & BÜNDIG:
Kurze, aber anspruchsvolle und wegen der Steilheit auch anstrengende Bergwanderung im Nahbereich von Lienz. Erweiterung über Karlsbader Hütte und/oder Kerschbaumer Hütte zu großer Tagestour möglich.

44 Kleinalpl

Das Spiel von Licht und Schatten läßt auch die Fichtenmonokulturen besser aussehen.

Ein Almspaziergang über den Nebelmeeren

Ich ging vom Gasthof Brandl, der genau unter der Kante des breiten Koralmkammes hoch über St. Paul liegt, den Weg mit der Nummer 594. Er ist ein Teilstück des Lavanttaler Höhenweges und ebenso bekannt wie bequem. Nach einer halben Stunde fand ich, daß mein Bedarf an Fichten gedeckt sei. Ich verließ den Güterweg und stieg weglos Richtung Kamm.

In dem Gelände darf man manches, was anderswo riskant wäre. Anstelle einer Seite Einzelheiten über den Weg sage ich nur, das Kleinalpl ist eine künstlich erzeugte Almglatze, die rundherum von Wegen und Steigen erschlossen ist. Wer hinauf will, muß irgendwo den Steig verlassen und die 200 bis 300 Höhenmeter aufwärts gehen. Wer als Kärntner seelisch gefestigt genug ist, eine gute Stunde im Steirischen zu wandern, kann um das Kleinalpl rundherum gehen. Man sieht es auch vom Lavanttal aus. Von dort ist es ein schwaches, baumfreies Käppli südlich des großen Speikkogels. Als ich oben ankam, wartete Blacky dort, ein, wie der Name voraussagte, schwarzer Hund. Er war vermutlich des Fotomotivs wegen so früh aufgestiegen. Blacky mit Goldhaube, Blacky ohne Goldhaube. Dann schien die Sonne warm, und der Wind blies kalt. Die Finger erklärten den Wind zum Sieger. Ich verließ die Gipfelfläche, die Platz für hundert Chöre hätte, und schaute noch kurz zum Koralpenstausee und zu den stabilen Nebelmeeren in der Steiermark, in Slowenien und in Kärnten. Sie ließen nichts unter 900 Höhenmeter herausschauen. Ich unterbrach den Abstieg, weil ich entdeckte, daß ich oben einen Handschuh verloren

hatte, fand ihn und fand dafür keinen Steig dort, wo ich hinunter wollte. Der Wald wurde ganz schön dicht. So extrem wollte ich an diesem Tag nicht unterwegs sein, und ich wechselte zurück zu einem Güterweg. Natürlich ist vom Kleinalpl aus alles fast ebenso zu sehen wie

Der Nebel zieht sich von den Bergen zurück ins Tal.

vom großen Bruder Speik. Und dies ohne Goldhaube und ohne Wanderscharen. Und ohne Markierung zum Gipfel. Nur rundherum. Ein kurzer, feiner Weg für Leute, die es bequem haben möchten und sich überlegen mögen, wo sie auf der Gipfelmatte stehen müssen, damit ein Lärchenbäumchen, eine Hügelkuppe bei Bleiburg und ein Julischer Schneegipfel in einer Linie stehen. Meine Erfahrung: Es geht sich nie ganz aus mit der Linie.

Fast das ganze Kärntner Becken müßte man sehen können. Ich sah nur ein Nebelmeer, das aussah wie ein Talgletscher der Eiszeit. Wenn sie wieder kommt, braucht sich die Tourismuswerbung nicht zu fürchten: Kärnten schaut auch mit Gletscher hübsch aus. Und der Gasthof Brandl wird berühmt werden für seinen Gletscherblick.

FATA MORGANA-MONTANA

Wanderarbeitszeit

Wanderzeit gilt nun als Arbeitszeit. Lange hat es gedauert, bis die Bundeswirtschaftskammer dieser Forderung der alpinen Vereine zugestimmt hat. Offen sind noch die 35-Stunden-Wanderwoche, die Überstundenregelung usw.

DATEN

ANFAHRT:
Vom Lavanttal bei St. Paul über St. Georgen hinauf zum Gasthof Brandl

DER WEG:
Gasthof Brandl (1430 m) – Klein alpl (1759 m) – Gasthof Brandl

GEHZEIT:
2 Stunden für hin und retour. Für Rundweg 1 Stunde dazugeben

HÖHENMETER:
330 hinauf und 330 hinunter

KARTE:
Freytag & Berndt, WK 237

KURZ & BÜNDIG:
Ein leichter Almspaziergang, der nur ein bißchen Gefühl fürs Gelände verlangt. Meist sehr einsam

45 Obstansersee-Pfannspitze

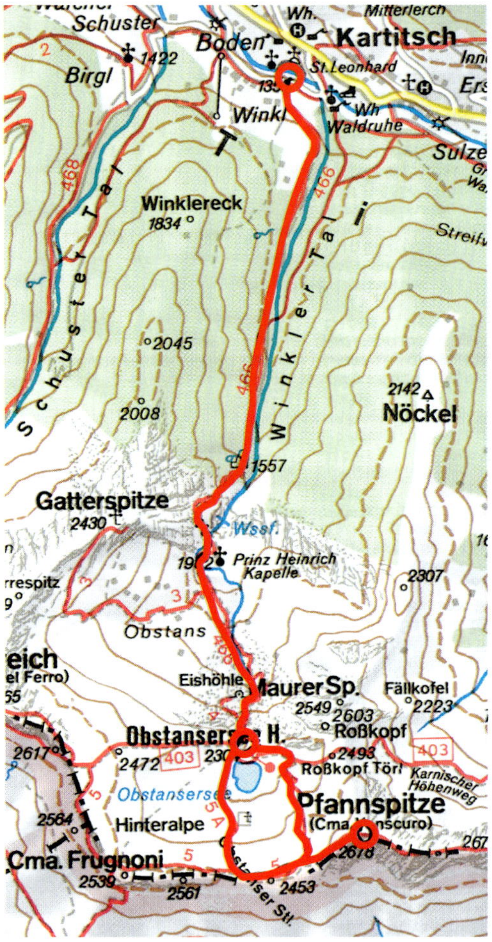

Ich war auf der „Sonnigen“ und der „Nebligen Pfannspitze“

Woraus sich ein Tiroler Jubiläumsweg zusammensetzen kann: ein einfaches Zugangstal mit Himbeeren und Heidelbeeren, ein zweiteiliger, kräftiger Wasserfall, ein gehbequem angelegter breiter Steig über die unbezwinglich erscheinende Wasserfallwand. Das ergibt das angenehme Gefühl des Durchgeschlüpftseins, wo es ein Durchschlüpfen gar nicht geben sollte. Es folgt eine hölzerne Kapelle zu Ehren des bayrischen Prinzen Heinrich am Rande eines hübschen Almrundes. Es geht noch eine Stufe höher zum Almsee, zur Schutzhütte und noch einmal bequem hinauf zum Kamm mit prächtigstem Blick zu den Sextener Dolomiten und ein allerletztes, wieder fußbequemes Steigstück aufwärts zum Gipfel der Pfannspitze. Das kann nur der Weg von Kartitsch im tirolerischen Lesachtal durch das Winklertal zum Obstansersee und zur Pfannspitze sein. Er ist es auch. Und bei aller Gehfreundlichkeit des Steiges kommen rund 1300 Höhenmeter zusammen. Das ist bereits zünftig.

Um den Prinzen Heinrich zu erklären: Es war 1915, und Italien hatte Österreich den Krieg erklärt. Am 18. Juni 1915 kam der Prinz mit vier Kompanien des königlichen-bayrischen Infanterieregimentes hier herauf, um den erwarteten Durchbruch der Italiener abzuwehren. Bis Spätherbst blieb er hier. Dann zog er an die Front in

Die Wolken spielen mit der Landschaft ein rasches Puzzle.

Rumänien und wurde dort am 8. November 1916 getötet. Soldaten errichteten für ihn die Kapelle. Der Alpenverein und die Bergwacht Kartitsch betreuen sie. Am Obstansersee oben gibt es das nächste Totendenkmal.

Der breite Steig hinauf ist kein Friedensprodukt. Die Erfahrung in den Karnischen lehrt, daß so breite Friedenswege nur aus Kriegswegen entstanden sein können. Wo Nahrung und Munition auf Maultieren rechts und links aufgepackt gewesen waren, mußte der Steig breit genug sein.

Von der Obstanserseehütte aus hing eine Wolkenbank über der Pfannspitze. Aus ihrem dichten Dunst kam eine Gruppe Wanderer heraus. Ich erklärte ihnen, daß nun die Wolken sich heben würden, weil die Schlimmen vom Berg weg seien und der Brave hinaufschritt. Sie lachten, wie Schlimme eben lachen, und ließen mich gehen. Die Wolken hoben sich nicht. Vermutlich bin ich nicht brav genug.

Ich kenne jetzt dafür auch die „Neblige Pfannspitze". Einige Jahre zuvor hatte ich die „Sonnige Pfannspitze" erlebt. Sie unterscheiden sich beträchtlich. Nur ein Beispiel: Die Sonnige begeistert mit den lieblichen Tiefblicken nach Sexten und ins Lesachtal, wo man das Gefühl des Riesen hat, der mit Dingen im menschlichen Maßstab spielt. Das Kirchlein von Kartitsch paßt genau in die Hand: so sieht es das Auge von der Sonnigen Pfannspitze aus. Von der Nebligen Pfannspitze aus sieht das Auge gar nichts. Nur ein bißchen finstere Steine und stumpfe Gräser und den trüben Lack der Markierung.

Ziegen rasten auf dem alten Kriegssteig.

Die Felsmalereien der Neuzeit als Helfer des Wanderers.

FATA MORGANA-MONTANA

Forstwegterminator

Die neue Laserstrahltechnik beseitigt unschöne Forstwege und stellt den ursprünglichen Zustand wieder her. Forstwegebesitzer haben sich schon Übergriffe auf Terminatoranwender zuschulden kommen lassen. Der Forstwegterminator ist daher im Rucksack gut zu tarnen.

DATEN

ANFAHRT:
Nach Kartitsch im Tiroler Lesachtal

DER WEG:
Kartitsch (1358 m) – Winklertal – Obstanserseehütte (2304 m) – Pfannspitze (2678 m) – Kartitsch

GEHZEIT:
4 Stunden hinauf, 3 Stunden herunter. Gesamtgehzeit 7 Stunden

HÖHENMETER:
1320 hinauf, 1320 hinunter

KARTE:
Freytag & Berndt, WK 182

KURZ & BÜNDIG:
Mittlere, technisch einfache Bergwanderung von beträchtlicher Länge für eine Tagestour auf einen hohen Gipfel der Karnischen Alpen. Übernachtung auf der Obstanserseehütte möglich

46 Hocheck (Simonhöhe)

Der Weg auf das Hocheck ist einer der angenehmsten Art.

Ein Stern bedeutet: einen Besuch wert. Der Kombiführer von Denzel „Kärnten“ ist für den Wanderer das umfassendste Führerwerk für Kärnten und ein äußerst sorgfältiges. Ich geniere mich nie, dort nachzuschauen. Der eine Stern für das Hocheck kann nur die Aussicht meinen, weiß ich nun.

Ich ging von der Simonhöhe, die der offizielle Ausgangspunkt ist, brav den fast ebenen Güterweg nach links Richtung Hennebauer, um mich an das Hocheck von hinten anzuschleichen. Hauptsächlich natürlich, um der Drohung von einer halben Stunde Gehzeit zu entgehen, die im Denzel für den Direktaufstieg steht. Ein bißchen länger sollte der Trip doch dauern.

Der Weg paßt gut dazu. Er ist ganz normal und führt nach einigen schönen Sichtlichtungen in den Süden unter den letzten Bäumen durch zum Hocheck. Ein Spazierweg der angenehmsten Art. Einen Schock erlebt man am Hocheckgipfel. Vier Schlepplifte haben dort oben ihre Bergstation. Es schaut dort aus wie auf einer halb gebauten Schnellstraßenkreuzung. Daß ein Lift aus dem Bärental kommt, ist ein Hinweis darauf, daß vor einigen hundert Jahren die Gegend bessere Zeiten gekannt hat.

Wenn man noch den mit Beton geschützten Wasserteich dazunimmt, die in meinen Augen besonders häßlichen Riesenappartements und die restliche Verhüttelung, dann kommt ein Begriff in mein Bewußtsein, der bisher nicht so klar dort gewesen war: Ruinen- oder Slumlandschaft.

Neben vielen wunderschönen Orten in Kärnten gibt es auch solche Stellen. Nicht nur auf der Simonhöhe und dem Hocheck. Ich

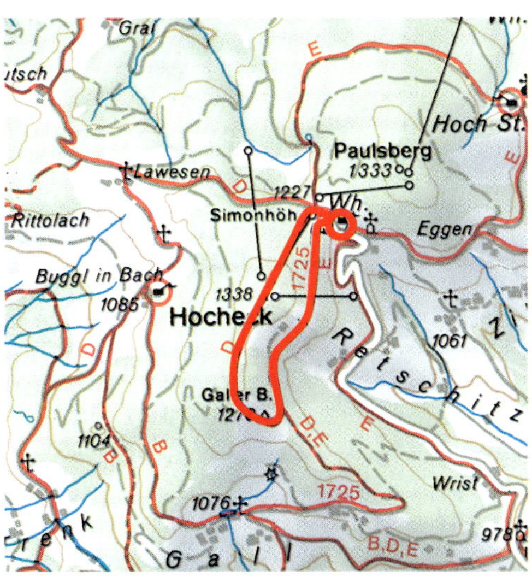

Nur die Sicht ist die alte auf der Landschaftsruine

Die kleinen Blicke sind fast wie ein Stilleben: hier eine Markierungsmalerei.

DATEN

ANFAHRT:
Über St. Urban auf die Simonhöhe.

DER WEG:
Rundspaziergang über das Hocheck

GEHZEIT:
1 Stunde

HÖHENMETER:
ca. 100 hinauf und 100 hinunter

KARTE:
Freytag & Berndt, WK 231

KURZ & BÜNDIG:
Ein Spazierrundwanderweg auf das Hocheck. Zur Erholung schlage ich die Umwanderung des Gösebergs vor

FATA MORGANA-MONTANA

Propagandatext 2

Würden Sie, meine Dame, so viele Berge und Seen wie ich gesehen haben, Sie würden alles andere aus Ihrem Kopf verbannen. William Gilpin (1724–1804), früher Lobredner des Lake-Districts im Norden Englands

Der Holzstamm wird befallen: für den Fotografen ein schöner Schnappschuß.

dachte nach und erinnerte mich. Nach dem Krieg zerstörten die Leute ziemlich hemmungslos die Altstädte in unserem Land. Dann kamen andere Menschen dahinter, wie furchtbar dies sei. Es begann die Zeit der Rettung der Altstädte. Was noch zu retten war, scheint nun gerettet. So wird, das ist meine Überzeugung, auch die Zeit kommen, wo die urlaubenden Menschen solche Gegenden wie die Simonhöhe nicht mehr aushalten werden und sich andere Gegenden suchen, die weniger zerstört sind. Spätestens dann wird der Schrei nach Landschaftserneuerung kommen. Ein teurer Schrei. Ich wünsche mir, die ersten Anfänge der Landschaftsrevitalisierung noch zu erleben.

Als Ausweg schlage ich etwas vor, das ich vom Hocheck aus gesehen habe: die Hinterseite des Gösebergs. Bäuerlich gepflegt, mit einem Moos in schönsten Herbstfarben. Um den Göseberg rundherum gilt es zu wandern.

47 Malteiner Sonnblick (3000er)

Die Hochalmspitze vom Gegenhang im Maltatal

Vom vergeblichen Versuch auf dem Malteiner Sonnblick

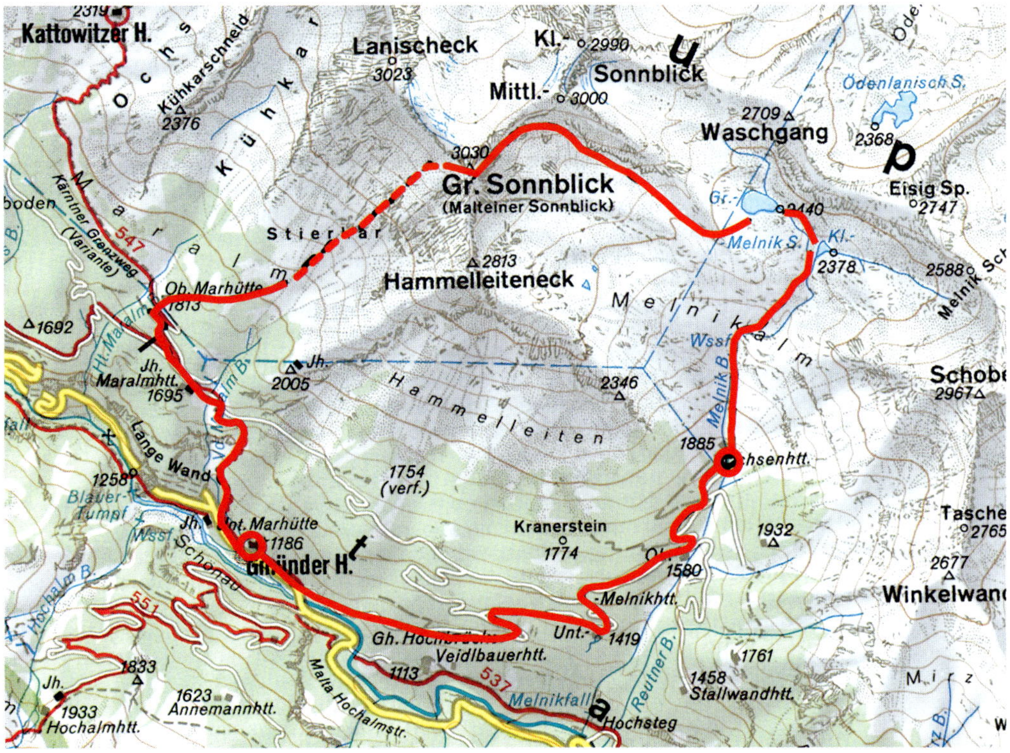

Könnten Sie widerstehen? Da gibt es den östlichsten Dreitausender der Alpen im Maltatal. Der Malteiner Sonnblick erhebt sich bald nach dem Großen Hafner, dem vielbesuchten, sehr einsam in der Bergwelt. Für mich war das keine Frage. Ich mußte hin. Ich hatte noch schöne alte Karten, die einen Weg von der Kattowitzer Hütte zum Gipfel zeigten.

Ich stieg daher sehr früh, wegen des Höhenunterschiedes von 1800 m, von der Gmünder Hütte im Maltatal aufwärts zur Oberen Maralm. Es war ein Brutalsteig durch steilsten Wald mit mehr als einem Baum quer zum mühsamen Durchschlüpfen oder noch mühsameren Drüberklettern oder Rundherum-

Extrem steil, fast unbegehbar und steiglos ist dieser Hang vom Malteiner Sonnblick hinunter zur Oberen Maralm.

gehen. Der erste Hinweis für meine Nachfolger war mir klar: Nützen Sie den breiten Zufahrtsweg zur Alm von der Maltatal-Mautstraße aus für den Aufstieg. Bei der Almhütte keine Markierung. Ich ging steil aufwärts und fand bald einen deutlichen Steig durch die Latschen. Das war vermutlich der erste Fehler dieses Tages. Nach den Latschen faszinierte mich die Steilseite des Sonnblicks, und ich war nicht aufzuhalten. Unverdrossen stapfte ich über Geröll aufwärts. Daß ich den Steig nicht fand, der von der Kattowitzer Hütte herüber hätte führen müssen, beunruhigte mich nicht. Das war sicher der zweite Fehler des Tages. Denn als ich weit genug oben war, begann das sehr steile Kar zu reinem Fels zu werden. In der Nacht vorher hatte es gehagelt. Die Häufen lagen genau dort, wo man als Wanderer auf einem Steilhang gerne sicher steht, auf den seltenen ebenen Stellen. Diese waren an diesem Tag Rutschstellen. Die Felsen glänzten feucht. Für mich war klar: zurück.

Aber ich wollte auch hinauf. So querte ich unverdrossen in das nächste Kar. Ich kam wieder bis zum Fels. Kehrte wieder um und querte, diesmal etwas verdrossen, in das dritte Kar, kämpfte mich aufwärts und stand vor der dritten Felsbarriere. Jeder Kletterer geht drüber hinweg, als ob nichts da wäre. Ich bin aber kein Kletterer. So kehrte ich zurück zur Oberen Maralm, etwa hundert Höhenmeter unter dem Gipfel.

Auf der Alm erklärte mir die Sennerin, in der Früh hatte ich sie leider nicht getroffen, da hinauf gehe eigentlich kaum noch jemand; von der anderen Seite, von der Melnikalm, sei das Wandern viel einfacher. Auch ein Biwakwanderer mit Fachkenntnissen dieser Berge sagte mir später das gleiche. Dem Rat folgte ich zwei Jahre später erfolgreich.

In der Gmünder Hütte hatte ich als Erfolg meine glückliche Rückkehr zu feiern. Und ich hatte die Geburt eines Baches miterlebt, der sich oberhalb der Maralm über den Almboden in vielen Armen bewegt, eingegraben in die Erde, durchgegraben unter riesigen Steinen, und wie ein Mündungsdelta eines großen Stromes sich zwischen den Latschen durchschleust. Ich war ihm nachgewandert und hatte die Latschen mitbezwungen.

FATA MORGANA-MONTANA

Höhenmetermaschine:

Sie arbeitet nach dem vertrauten Prinzip der Zeitmaschine von H. G. Wells und hebt oder senkt den Betroffenen nach der Eintippziffer. Es geht in Sekunden von Null auf 3000 m. Anfängerunfälle sind bei der Höhenmetermaschine nicht selten.

DATEN

Anfahrt:
Bis zur Gmünder Hütte an der Maltatal-Mautstraße. Ein paar hundert Meter vor der Hütte geht ein Forstweg (gesperrt für Fahrzeuge) ab zur Melnikalm

Der Weg:
Gmünder Hütte (1186 m) – Großer Melniksee (2440 m) – Malteiner Sonnblick (3030 m) – Gmünder Hütte

Gehzeit:
Aufstieg ca. 4 Stunden, Abstieg ca. 3 Stunden, Gesamtgehzeit 7 Stunden

Höhenmeter:
1850 hinauf und 1850 hinunter

Karte:
Freytag & Berndt, WK 202

Kurz & bündig:
Sehr anspruchsvolle Bergwanderung nach Höhenmetern und Weglänge in sehr wenig begangenem Gelände. Am 10. Juli 1994 (für Frühkäufer dieses Buches) 100 Jahre Erinnerungswanderung. Am 10. Juli 1894 gingen Frido Kordon und Begleiter das erste Mal als Touristen auf den Malteiner Sonnblick.

48 Ebeneck

Der Gipfelblick nach Norden stammt vom Zellinkopf.

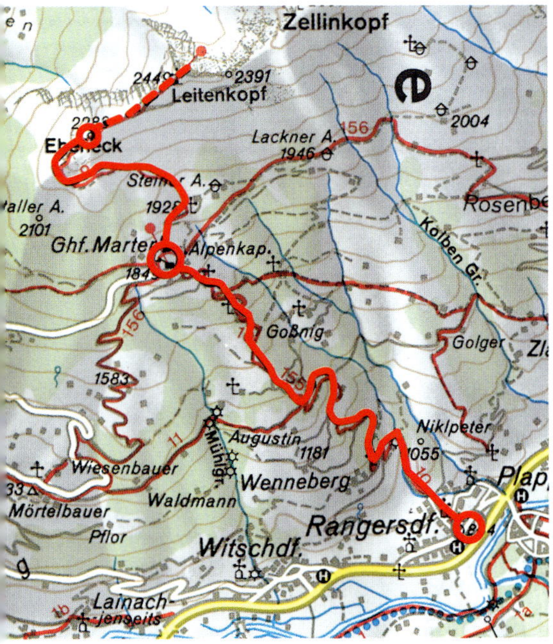

Beim Abstieg merkte ich, ich war auf dem falschen Gipfel

Der Aufstieg zum Ebeneck und weiter zum Leiten-Kopf beginnt auf dem Autoparkplatz zwischen dem Gasthof Marterle und der Rangersdorfer Hütte, beide im Wettbewerb um die hohen Gäste im Mölltal. Die höchstgelegene Wallfahrtskirche Kärntens, das Marterle, steht mit schlankem Turm auf 1849 m Seehöhe daneben. Ich kam wohl mit dem Auto an, zwei junge Leute nahmen mich die letzte Gehstunde mit, aber sie wohnten dort nicht beim Parkplatz. So ging ich gleich falsch auf einem Güterweg zur Lackneralm. Hüten Sie sich vor diesem nicht verfallenen, aber verlassenen Steinbau, nur zwei Kilometer weg und hundert Höhenmeter drüber!

Ich wollte wohl die frische Kraft nach der Auffahrt ausnutzen und stieg die steilen Almmatten aufwärts. Ich ging mit den ausziehbaren Stöcken und übte das neue Gehgefühl des „Wiesenkletterns". Es gefiel mir ungeheuer gut. Ob ich auf dem richtigen Weg war, daran dachte ich nicht einmal. Oben wunderten mich die beträchtlichen Schrofen und Blöcke, die es knapp vor dem Gipfel zu überwinden gab. Aber die Riesenmenge Schafsmistkügelchen auf dem kleinen Gipfelrasenfleck überzeugte mich, richtig zu sein. Das Gipfelkreuz war zugegeben mickrig, nur so ein schwaches Holz, nicht im Boden befestigt. Aber so etwas kommt manchmal vor. Dann lächelte ich über zwei

Fachleute, die ihren Namensstreit mit Farbe ausgetragen hatten. Zwei rote Großbuchstaben auf dem Gipfelstein behaupteten, hier sei der Zeltinkogel (2595 m), in kleineren schwarzen Großbuchstaben war Leitenkogel aufgemalt. Ich stand der Sache ungerührt gegenüber. Ich genoß den Sonderblick zum Hohen Sonnblick und in das Kollmitzental. Der Rest war Dunst.

Ich hatte mir einen Wunsch erfüllt, der einige Jahre zuvor auf dem „Kärntner Grenzweg", dem Weitwanderweg rund um Kärnten, entstanden war. Ich schaute damals von der Ederplan hinüber zu den ratlosen Mölltaler Bergen auf der Gegenseite, die kaum besucht werden, weil die Konkurrenz einfach höher ist. Ich entdeckte das helle Kirchlein, und ich wußte, ich würde einmal dort sein.

FATA MORGANA-MONTANA

Bergkalauer-wettbewerb 2

Hast du zuviel Durscht, ist dir der Gipfel wurscht.
Auf Hochdeutsch: Wird der Wassermangel dir zur Qual, ist dir jeder Gipfelsieg egal.
(91. Preis)

Die verwirrende Malerei auf dem Gipfelstein.

Beim Versuch, vom Zeltinkopf/Leitenkogel auf das große Kreuz am Vorderkogel zu gehen, geriet ich in wirklich unangenehme Schrofen und mußte vom Grat. Da erst begann ich das Kartenstudium und kam dahinter, daß ich auf dem falschen Gipfel gewesen war. Nach dem ersten Genieren freute ich mich, daß ich einen der vielen Kärntner „Reserveberge" für mich erobert hatte. Berge, die noch nicht erschlossen sind und es auch so bald nicht werden.

Wie gesagt: Es geht einfach vom Parkplatz dem Wegweiser nach über Almboden auf das Ebeneck und von dort weiter zum Leitenkopf mit großem, prächtigem Kreuz. Und zurück zum höchstgelegenen Wallfahrtskirchlein mit gedruckter Kirchengeschichte. Und dann fahren Sie wieder friedlich ins tiefe Tal. Meiden Sie die Lackneralm! Oder lassen Sie sich einmal von einem „Reserveberg" verlocken! Freiwillig! Nicht im Irrtum wie ich.

DATEN

ANFAHRT:
Von Witschdorf zwischen Rangersdorf und Lainach auf öffentlicher Straße durch gepflegte bäuerliche Landschaft zur Wallfahrtskirche Marterle (1849 m). Letztes Teilstück war 1993 nicht asphaltiert. Parkplatz und zwei Gasthöfe

DER WEG:
Marterle (1849 m) – Ebeneck (2283 m) – Zeltinkogel (2449 m) – Ebeneck – Marterle

GEHZEIT:
4 Stunden hin und zurück

HÖHENMETER:
600 plus und 600 minus

KARTE:
Freytag & Berndt, WK 181

KURZ & BÜNDIG:
Angenehme Almwanderung mit anschließendem Grat zum Zeltinkogel im Mölltal. Wegen der Anfahrt nur geringe Höhenmeter. Für die Aussicht reicht auch das Ebeneck

49 Pörtschacher Waldweg

Der Specht flog auch mir zuliebe nicht ins Loch.

Ein Buntspecht schloß keinen Kompromiß mit mir

Für Pörtschacher Waldwege gibt es nur eine Lösung: Man muß sich hinten herumschummeln. Am Vorderhang ruiniert der Autobahnlärm auch den besten Waldweg. Den gibt es nämlich. Vielleicht sollte man die berühmten Lärmschutzwände auch für Wanderwege errichten. In Tourismusorten wie Pörtschach zumindest. Dabei begann meine Wanderung mit einem Höhepunkt, der mir in nun rund fünfzehn Jahren absichtlicher Wanderei nur auf dem Sallacher Höhenweg geschenkt worden ist. Ich war gerade zehn Meter im Wald, als eine Fichte neben mir piepste. Das war selbst mir altem Waldwundergläubigen etwas zuviel des Guten. Fichten piepsen nicht. Aber diese Fichte piepste. Sie hatte, wie ich bald entdeckte, in etwa 1,5 Meter Höhe über dem Waldboden ein rundes Loch von fünf Zentimeter Durchmesser. Aus der Dunkelheit piepste es heftig.

Ich blieb stehen und durchforschte die Bäume. Lange sah ich nichts. Es gibt dort eine Menge Bäume mit noch mehr Ästen. Und ein Vogel ist ein kleines Ding da drinnen. Dann konnte der Vogel sich nicht beherrschen. Er klopfte mit dem Schnabel kräftig auf den Stamm. Ich sah den Buntspecht, dessen Brutpflege ich durch mein Herumstehen störte. Ich schlug dem Vogel einen Kompromiß vor. Ich zog mich so weit zurück, daß mein 200er Tele immer noch das Loch gut im Ausschnitt hatte und wartete friedlich an diesem Ort. Der Specht

Fast wie Palmen biegen sich die hohen Föhren.

wartete ganz aufgeregt, daß ich mich entferne, und seine Aufregung drückte sich aus, daß er von einem Baum zum nächsten flog und wieder zum nächsten und ohne viel Sinn auf unschuldige Zweige hämmerte. Ich legte auf mein Angebot zu. Ich versteckte mich hinter einem Baum und ließ nur die Kamera vorschauen. Der Specht war unbeeindruckt und hämmerte weiter. Er flog nicht zum Loch. Er wollte es mir nicht verraten. Ich konnte ihm nicht erklären, daß ich ohnedies alles wußte. Ich gab nach einer Viertelstunde auf.

Dann konnte ich mich nicht der Qualität des Waldweges widmen. Ich suchte nach Tricks, dem Autobahnlärm zu entkommen. Es war so, als ob dort oben im Wald Lautsprecher aufgestellt wären, um dieses Dauerhäßlich-Konzert zu übertragen. Es gibt nur eine Chance: Man muß einen Hang zwischen sich und die Autos bringen. In Pörtschach heißt dies, die Nordhänge des Sallacher Berges zu wählen, und im Bannwald ebenso. Dort kann man selbst in Pörtschach wandern.

Was nun wiederum erstaunlich ist. Des Wanderns wegen dürften nur wenige Gäste dorthin kommen. Und wenn, so nutzen sie die zahlreichen Möglichkeiten, die außerhalb der Gemeinde liegen und doch so nah sind. Die Wege im Ort sind leiser als die Waldwege auf der Autobahnschallseite.

Blumen wachsen unheimlich hartnäckig auch an „unmöglichen" Stellen.

DATEN

ANFAHRT:
Nach Pörtschach am Wörther See. Vom Bahnhof aus lassen sich die meisten Wege erreichen

DER WEG:
Nach meinen Erfahrungen würde ich, wo es möglich ist, den **12**er wählen

GEHZEIT:
bis zu 2 Stunden

HÖHENMETER:
ca. 150 hinauf und hinunter

KARTE:
Freytag & Berndt, WK 233

KURZ & BÜNDIG:
Angenehmes Waldweggehen, meist Spaziergangcharakter. Wegen des Autobahnlärms möglichst die Hänge direkt ober der Autobahn meiden

FATA MORGANA-MONTANA

Blattschuhe

Auch überzeugte Vegetarier können damit ideologisch unbeschwert wandern. Sie müssen keine Tierhaut am Fuß tragen. Die neuesten Blattschuhmodelle sind vom Konsumentenschutz getestet worden. Die Spitzenmodelle halten bis zu vierzehn Wanderminuten.

50 Gartltal

Die Haflinger auf der verwaldeten Almwiese gehören zu meinen großen Wandererinnerungen.

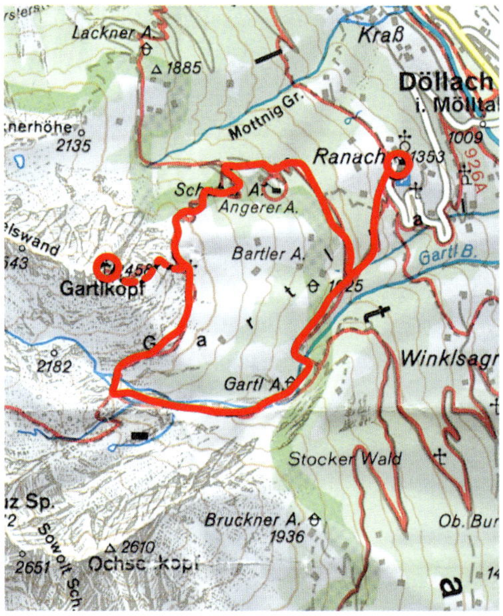

Ein Güterweg fürs Leichtgehen und ein wilder Steig für andere

Das is klassisch", sagt der Hausknecht Melchior im Nestroy-Stück „Einen Jux will er sich machen" öfter als einmal. Ich suchte im Wald des Gartltales auch nach klassischen Sagern für den Umstand, daß da keine Spur von Gartl, von Gärtlein, zu finden war, sondern nur ein extrem steiler Steig im Wald. Ich kam mit Mühe auf die Hängenden Gärten der biblisch-babylonischen Königin Semiramis, die da irgendwelche Ziegelstufenpyramiden hat ausschmücken lassen. Inzwischen hat sie es zur ständigen Nennung als Weltwunder gebracht. Wer kann das schon von sich sagen. Kein Gartltalwanderer, da bin ich sicher, hat eine Chance auf einen Listenplatz.

Dabei erhebt das Gartl einen doppelten Anspruch – nämlich für die Augen.
Der eine ist jene wunderschöne grün-felsige Pyramide des Gartlkopfes, der andere die kleine, zauberhafte Rodung von Ranach. Beides ist am besten von der gegenüberliegenden Talseite von Döllach aus zu bewundern.

Wenn nicht das Wasser ständig vom Berg entgegengeflossen wäre, wäre ich niemals so hoch gekommen. Dann kam auch im Gartltal jener Geländepunkt, auf den man sich in Kärnten verlassen darf. Auch der steilste Aufstieg kippt irgendwann etwas ermüdet flacher um. Dort schlug ich zu. Ich erleichterte die Heidelbeerstauden beträchtlich und kämpfte mich am Rande eines Weidezaunes nach rechts durch. Ich fand den bestens markierten Normalaufstieg bei einer großen Lärche, und ich gebe zu, ich fühlte mich erleichtert.

Ich knipste ungeniert beim Rasthaus Schoberalm, und meistens fließen dann nicht nur Bier oder Milch, sondern auch die Geschichten. Die Genoveva Bernsteiner aus Stronach 12, 9991 Dölsach, ich ha-

Die Schoberalm (Jausenstation) läßt sich als eigenes Ziel von Ranach aus leicht erwandern.

FATA MORGANA-MONTANA

Die andere Meinung 3

Die Alpen sind eine große, von der Natur aus den schönen Tälern der Lombardei verbannte Schutthalde. John Evelyn, Tagebuch 1646

be das so genau, weil ich ihr versprochen habe, ein Bild zu schicken, betreute meine Trinkwünsche. Erst heute sei sie heraufgekommen, um die Schwägerin abzulösen. Vor 33 Jahren sei sie schon als Sennerin auf der Alm gewesen und drei Sommer lang geblieben. Viele Leute seien heute dagewesen: „Unsere viere haben gearbeitet."

Die vielen Leute wanderten auf dem bequemen Güterweg aufwärts, der vom Parkplatz vor Ranach wegführt. Den empfehle ich auch allen Leuten. Einige Freunde des wilden Wanderns sollten sich hingegen spätestens bei der großen Kehre nach rechts auf den gut ausgebildeten Steinsteig wagen und aufwärts gehen und aufwärts gehen und aufwärts gehen, und dann erst einmal einen Weg nach rechts suchen. So wie ich. Und ein klein wenig Mitteleuropa entdeckte ich erschöpft im Gasthof „Schoberhof" in Ranach: Pensionsgäste aus Italien und eine Kellnerin aus Brünn.

DATEN

ANFAHRT:
Von Döllach im Mölltal zum Parkplatz nach Ranach

DER WEG:
Parkplatz Ranach (1353 m) – Schoberalm (Jausenstation) (1740 m) – Parkplatz Ranach

GEHZEIT:
2½ Stunden Gesamtgehzeit. Für Zusatzaufstieg zum Wetterkreuz (2120 m) und zurück zwei Stunden mehr.

HÖHENMETER:
ca. 400 hinauf und 400 hinunter

KARTE:
Freytag & Berndt, WK 181

KURZ & BÜNDIG:
Ein echtes Doppelangebot: auf dem Güterweg ein Almspaziergang für jedermann und auf wilden, unmarkierten Steigen ein erlaubtes Wanderabenteuer für erfahrene Bergwanderer

51 Samalm

Der Blick in die steilen Berghänge der Lienzer Dolomiten von der sanften Almkuppe der Samalm aus.

Wie ein riesiges Gewölbe, mit Rasen und Bäumen bepflanzt

Als ich die schönen Bauernhöfe des Weilers Xaveriberg oberhalb von Wiesen im Lesachtal schon von oben anschauen konnte, kam eine Bäuerin mit einem Kind von der Samalm herunter. Die großen Gefäße voll mit duftenden Preiselbeeren. „Gibt es viele da oben?" fragte ich. „Man muß sie halt zusammenklauben", antwortete die Beerensammlerin vorsichtig bis mißtrauisch. Die wirklich guten Platzerln verrät man niemandem. Zum Essen fand ich unterwegs genügend Preiselbeeren.

Der Weg zur Samalm war im ersten Teil ein alter Holzbringungsweg. Nun hat diese Aufgabe die moderne Forststraße übernommen, die öfters gequert wird. Die Markierung fiel einigemale aus. Aber es geht einfach aufwärts, und notfalls kann man auf die Straße ausweichen, bis man sich wieder sicher fühlt.

Für die Samalm braucht man zwei Dinge: Zeit und Gelassenheit. Nach dem Waldstück beginnt der Almteil, durchsetzt mit vielen Lärchen und Fichten. Das Schild Samalm täuscht ein bißchen. Man erwartet den Gipfel auf der nächsten Kuppe. Dort wartet nur das nächste Schild. Ungeduldige Wandersleute könnten in der Situation anfangen schneller zu gehen und beim nächsten Schild noch schneller, und beim dritten wäre die Hetzjagd eröffnet. Wer konditionell durchhält, könnte auf der Samalm den fünften Grad erreichen. Das wäre die schlimmstmögliche Art des Auf-

Ein schöner Waldweg mit vielen Preiselbeeren führt zur Samalm hinauf.

stieges. Gemächlich wurde die breite Kuppe der Alm geformt. Das Kreuz ganz oben steht auf einer fast ebenen Wiese. Die Alm wirkt wie ein riesiges Gewölbe, das außen mit Rasen und Bäumen bepflanzt worden ist. Die großartigste Alm im almreichen Lesachtal sei diese Samalm, hatte die Jubiläumswanderkarte der „Kleinen Zeitung" diese Landschaft vorgestellt und hochgepriesen. Fast zwanzig Jahre hatte ich diesen Tip im Bewußtsein gehabt, bevor ich ihn erwanderte. Er stimmte immer noch.

Die Aussicht bringt Lienzer Dolomitenzacken hinter den letzten Almriesen wie dem Riebenkofel, eine weite Sicht zu den Karnischen Alpen und hinab ins Gailtal. Nicht nur der Weg ist hier das berechtigte Ziel, die Aussicht bietet das zweite Ziel. Als drittes käme ein Nachfühlen über die von dort sichtbaren Grün in Frage.

Das blumengesprenkelte, tiefe Grün der Talwiesen, das starre Grün mit Grautönung, wenn diese Wiese eine Zeitlang abgemäht ist, das helle, fast weißgelbe Grün, wenn sie frisch gemäht ist und die Grasstoppeln plötzlich an die Sonne gezerrt sind. Das junge, wilde Grün des Frühlings, das feste Junggrün der zweiten Ernte und jedes dieser Grün noch einmal im Wechsel der Beleuchtung. Und dieses bäuerliche Grün verglichen mit den Riesenflächen des Almgrüns, das wie ein gleichmäßiger, duftender Lack auf das Gelände gesprüht wirkt. Gelb bis braun verbrannt wird diese Rasenfläche, mit rotverbrannten Blättern des Heidelbeerstrauches eingefärbt, bevor der frühe Schnee alles weiß bedeckt.

FATA MORGANA-MONTANA

Wanderwegedach

Das Wanderwegedach „Walm" im Lärchenschindelstil aus witterungssicherem Kunststoff ist nun auch in Baumärkten erhältlich. Denn Gemeinden, die ihre Gäste im Regen gehen lassen, werden sicher bald selber in die Traufe kommen.

DATEN

ANFAHRT:
Nach Wiesen im Lesachtal und hinauf auf den Weiler Xaveriberg

DER WEG:
Xaveriberg (1257 m) – Samalm (1981 m) – Xaveriberg (markierte Wege auch von Maria Luggau und Tuffbad)

GEHZEIT:
3 1/2 bis 4 Stunden Gesamtgehzeit

HÖHENMETER:
ca. 720 hinauf und 720 hinunter

KARTE:
Freytag & Berndt, WK 182

KURZ & BÜNDIG:
Einfache Wanderung auf die größte Alm des Lesachtales mit guter Aussicht

52 Turracher Weg – Hochsinner

Der Hochsinner, Kärntens höchstgelegener Bauernhof.

Spazierweg zum höchsten Bauernhof in Kärnten

Von der Hohen Turrach wandern die meisten Leute noch höher hinauf. Man muß aber nicht. Es gibt einen wunderschönen Spaziergang über den Grünsee nach Saureggen und zurück. Eine Verlängerung bis St. Lorenzen ist möglich.

Eine gute Lösung ist der finstere, sehr frühe Morgen. Dann schaut der Grünsee garantiert schwarz aus. Die Kammlinie des Rinsennock wird vielleicht schon angeleuchtet sein, der Gipfel und der Falkertgipfel heben sich als Frühaufsteher angenehm hell von den schlafdunklen Wäldern und Almen ab. Der Triglav glänzte ganz selbstverständlich ganz im Süden. Ich bin bereit zu schwören, daß dieses ferne Felszacklein der Triglav gewesen ist. Was sonst sollte an dieser Stelle des Horizonts wohl sein?

Dann wartete ich geduldig, bis die Sonne den Hang des Schoberriegels abwärts geklettert war. Ich wollte die Saureggen bei Sonnenschein besuchen. Diese Bergbauernsiedlung beherbergt den höchstgelegenen Bauernhof in Kärnten, den Hochsinner, von dem ich schon oft gehört hatte.

Als ich dann ungebeten, aber wie sonst hätte ich dort hinkommen sollen, einen kurzen Blick in die Küche warf, hin zu den blauen und roten Töpfen und anderen Geräten, da erklärte mir die Bäuerin, daß die Ehre „höchstgelegen“ für die Leute dort eher ungelegen kommt: „So viele kommen fotografieren, aber Bild schicken s' kans.“

So ist zu verstehen, daß die Tür des Hauses Saureggen 1 gegen bäuerliche Bräuche in der Regel geschlossen ist.

Erwarten Sie sich nicht zu viel Uriges vom Hochsinnerhof. Der Asphalt auf dem Zufahrtsweg hat ihn erreicht, die Stromleitung ebenso, das Dach ist Schiefer, aber das Holz ist gut und alt. Das ganze Ensemble von Saureggen hat aber trotz der Modernisierung seinen Reiz nicht verloren. Das liegt am ganz besonderen Grün, das von bäuerlichen Wiesen ausgeht, von einigen Steinmäuerchen, die aus den Steinen errichtet werden, die alljährlich der Frost aus dem Boden treibt. Unerschöpflich sind die Steinvorräte unter dem Wiesengrün.

Zur Entlastung des Hochsinner schlage ich vor, ein Stück zu den nächsten Bauern weiterzugehen. Der erste ist höchstens 20 bis 30 Höhenmeter tiefer und völlig unbekannt außerhalb der Gemeinde. Dafür hatte der Bauer mit seiner kleinen Tochter oder Enkelin Monika Zeit für einen Schnappschuß vor den herrlichen Blumen.

Wer dann sagt, genug spaziert, nun wird gewandert, der eile hinauf auf die Gruft und über den Schoberriegel zurück zur Hohen Turrach. Wer spazieren möchte, spaziere gleich gemächlich retour. Schwitzen wird man weder auf dem Hin- noch auf dem Rückweg.

Der Blick zu einer Gehöftgruppe in der Saureggen.

FATA MORGANA-MONTANA

Bärentatzenschlaf

Sie können nicht schlafen? Nehmen Sie keine Pillen. Rufen Sie den Bärentatzenschlafdienst. Der Bär kommt auch ins Haus, schlägt mit der Tatze zu, und Sie schlafen unter Garantie. Vollbiologische Methode, Tausende Dankschreiben.

DATEN

ANFAHRT:
Auf die Turracher Höhe

DER WEG:
Turracher Höhe/Hotel Hochschober (1783 m) – Grünsee – Hochsinner (1616 m) – Turracher Höhe

GEHZEIT:
3 1/2 Stunden Gesamtgehzeit

HÖHENMETER:
ca. 200 hinauf und 200 hinunter

KARTE:
Freytag & Berndt, WK 221

KURZ & BÜNDIG:
Ein angenehmer, leichter Waldspaziergang, der zum höchstgelegenen Kärntner Bauernhof führt

53 Laka

Am frühen Morgen schlafen auch der Weißensee und seine Berge noch.

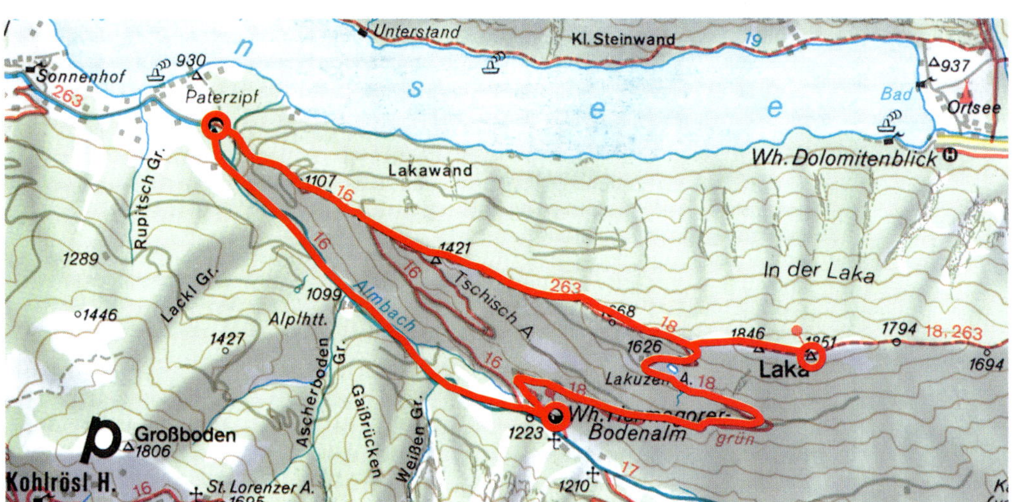

Wo ein Bär sich wohl fühlt, fühle ich mich auch wohl

An schlafenden Ameisen vorbei ging ich an einem kühlen Morgen vom Paterzipf am Weißensee auf die Laka. Der Steig bleibt für einen Bergsteig, der 900 Höhenmeter zu überwinden hat, ziemlich gemächlich. Er quert mehrfach Forststraßen. Auf sie könnte mit Ausnahme des letzten Teilstückes ausgewichen werden.

Technische Probleme, wie rutschige Steinabschnitte, weist der Steig nicht auf. Der Abstieg vom Gipfel auf der Ostseite ist deutlich steiler, ebenso das Steigstück zur Bodenalm. Hier muß man die unteren zwei Drittel dann auf der Forststraße gehen. Die Laka wird als Rundweg über Ortsee und Bodenalm angeboten. Auf der Bodenalm sammeln sich die Flachlandwanderer. Einige beklagten sich über den Steilanstieg vom Weißensee her. Ich hatte die Steigung gar nicht bemerkt. Manchmal ist man als sogenannter Fachmann ganz schön überheblich. Daher tut es gut, von Zeit zu Zeit mit ganz anderen „Bewußtseins-Wanderern" zusammenzutreffen.

Der Gipfel der Laka wird in älteren Beschreibungen noch als freier Aussichtsplatz gepriesen. In naher Zukunft könnten die älteren Texte wieder stimmen. Derzeit wächst die Gipfelwiese mit jungen Lärchen zu. Sie sind schon so hoch, daß man nur mehr Durchblicke hat. Der Tourismus wird vermutlich für Sichtluken sorgen. Es erscheint sinnvoll, die ganze, etwa zehn Minuten lange Gipfelwiese auszugehen und sich Detailblicke auf die Rückseite von Golz, Spitzegel, Vellacher Egel und zu den Latschurbergen zu sichern. Den Seeblick mit dem Reißkofel bietet derzeit nicht der Gipfel, sondern ein Holzschlag vor dem Gipfel. Die Hohen Tauern und die Lienzer Dolomiten blieben mir versagt.

Ich habe diesen Tip absichtlich wanderführermäßig begonnen, wie ich es sonst vermeide. Das hängt damit zusammen, daß ich eine recht sentimentale Beziehung zur Laka habe. Ich meinte, diese Sentimentalität sei nur erträglich zu lesen, wenn die Sachlichkeit vorausgegangen ist.

Mein erster und tiefster Eindruck war die geschlossene Front der Laka-Nordseite, die extrem steil in den Weißensee abfällt. Ich wünsche mir sehr, daß es das Gefühl von Respekt, vielleicht Ehrfurcht gegenüber dieser Wucht des Berges ist, daß die Weißenseer bisher keinen Steig und keinen Güterweg in den Hang gesprengt haben. Geldmangel kann es in jüngster Zeit nicht gewesen sein. Die Laka ist ein Sonderberg. Sie ist der erste und in ihrer langgezogenen Berggestalt der faszinierendste jener Waldberge, die den großen Raum zwischen Drautal und Gailtal und Villach und Kreuzberg füllen. Hier könnte der einzige ständige Lebensraum für die wieder eingewanderten Braunbären werden. So fühlte ich mich stets ein wenig „urzeitlich" berührt, wenn ich die Laka anschaue.

Wo ein Bär sich wohl fühlen kann, fühlt sich Lehofer auf jeden Fall wohl.

Die Sonne kämpft sich durch den Hochwald auf dem Weg zum einsamen Laka-Gipfelkamm.

FATA MORGANA-MONTANA

Bärensympathiecreme

Entwickelt wurde die Creme vom World Wildlife Fond, Unterabteilung „Wiederansiedelung der Braunbären". Der Bär wird zutraulich an Ihrer Haut schlecken. Die Creme garantiert ein konfliktfreies Nahverhältnis mit dem wieder eingebürgerten Tier.

DATEN

ANFAHRT:
An den Weißensee (Südufer) bis zum Schranken bei Naggl

DER WEG:
Naggl (940 m) – Paterzipf – Laka (1852 m) – Bodenalm (1231 m) – Paterzipf – Naggl

GEHZEIT:
Naggl–Laka 3 Stunden, Laka–Bodenalm–Naggl 3 Stunden. Gesamtgehzeit 6 Stunden

HÖHENMETER:
910 hinauf und 910 hinunter

KARTE:
Freytag & Berndt, WK 223

KURZ & BÜNDIG:
Technisch einfache, aber zeitlich anspruchsvolle Bergwanderung

54 Wolschartwald

Der Wolschartwald bietet schöne Wanderwege und diese Kirche.

In den Wald spaziert, hin zur jüngsten Sage Kärntens

Geh nie hin zu einem Mythos! Die Enttarnung desselben frißt schwer ins Gemüt. So hatte ich mir den Wolschartwald aufbewahrt als Räuberort, schaurig und urig und gewaltig. Das mag einmal so gewesen sein. Jetzt rast der Verkehr mitten durch den Wald, und die Bäume haben zuzuschauen, wie sie mit den Abgasen zurechtkommen. Das Wirtshaus neben der Kapelle Maria Wolschart rettet einen Rest alter Stimmung. Laut ist es dort des öfteren, und das paßte zu Räubergeschichten. Laut sollen die alten Räuber gewesen sein, wenn sie die Polizei weit weg vermuteten und genug Wein sowie Schnaps auf dem Tisch stand. Sie kennen doch die Bremer Stadtmusikanten?

Aber es ist alles ganz anders. Der Räuber vom Wolschartwald hatte schon einen Namen. Krapfenbäck Simale. Heißt so ein Räuber? Er lebte und wirkte, um es schön zu sagen, zu einer Zeit, wo in Kärnten geschriebene Überlieferung und Sagenbildung noch miteinander existierten. Auf der behördlichen Ebene wurde geschrieben, aber die vielen Leute ohne Schulbildung bildeten noch Sagen. Das war zu der Zeit, als ein gewisser Napoleon seine Revolutionsarmee durch Kärnten schickte, im Jahr 1809.

Der Krapfenbäck Simale stahl als größtes Heldenstück dem französischen Steuereintreiber in Friesach die Kasse. Er verkleidete sich als altes Weiblein und bot den

Franzosen Schnaps an, vermischt mit Abführmitteln. So geht die Sage. Damals konnte der Simale in den Wolschartwald flüchten, nach der Tat. Die Wölfe, die dort noch heulten, haben ihm nichts getan. Das überrascht nicht. Wölfe haben andere Sorgen im Wald. Im Gasthof Wegscheide, auf dem Weg von seinem Geburtsort Weitensfeld in sein Arbeitsgebiet um St. Veit, hat er seine Erfolge gefeiert. Und mit ihm seine Räubersbraut, die schwarzhaarige Juliane Regensfelder.

Hinterm Baum steht jetzt im Wolschartwald kein Räuber mehr. Der Simale dürfte aber nicht nur Franzosen überfallen haben. Hinterm Baum steht jetzt noch ein Baum und noch viele. Es sind ganz bequeme Waldspaziergänge, die vom Wolschartwald zwanglos auf den Stammerberg führen und hinunter zum Längsee und wieder zurück.

Das große Kreuz verdient auch Aufmerksamkeit und Ehrfurcht.

Im letzten Abendlicht oder im ersten Morgenlicht, wenn die Sonne gerade noch einige Wipfel erhellt, dann können auch der Wandersmann und die Wandersfrau den Simale erkennen, wie er freundlich winkt und die Börse einfordert. Zu diesen Tageszeiten ist auch der heutige Wolschartwald fähig, die Sage in der Fantasie wiederherzustellen. Und der Name ist auch geklärt: Der Simale war der Sohn eines Bäckermeisters. Daher Krapfenbäck, logo?

FATA MORGANA-MONTANA

Gen-Wanderlunge

In Österreich nicht zugelassen, weltweit stark im Kommen ist die Gen-Wanderlunge. Bei gleicher Größe und gleichem Gewicht verarbeitet sie die doppelte Luftmenge. Das ist für die Wanderer, aber auch für die Bergsteiger in großen Höhen von entscheidender Wichtigkeit.

DATEN

ANFAHRT:
Bis zu einer Wegstelle in den Wolschartwald nördlich von St. Veit/Glan

DER WEG:
Spaziergänge nach Belieben. Einmal sollte man die Kapelle und das Gasthaus einplanen

GEHZEIT:
Von einer Stunde aufwärts

HÖHENMETER:
Wenn man den Strammerberg mitnimmt, 100 hinauf und 100 hinunter

KARTE:
Freytag & Berndt, WK 231

KURZ & BÜNDIG:
Ein Waldspaziergang für jede Jahreszeit, in einem Wald mit der jüngsten und wohl letzten Sagengestalt Kärntens, dem Räuber vom Wolschartwald, dem Krapfenbäck Simale

55 Prijakte (3000er)

Der Steig zum Großen Prijakt ist so wild, wie der Hang hier ausschaut.

Der Hohe und der Niedere Prijakt sind wanderbare Dreitausender und müßten daher gestürmt werden. Sie stehen sehr einsam in der Schobergruppe in Osttirol. Ich weiß nach meinem Besuch beides: warum sie gestürmt werden sollten, und warum es doch nicht dazu kommt.

Wer nach dem Aufstieg über eine Art Felswand die runde Gerölleinöde betritt, an deren Grund der Barrenlesee ruht, wird überwältigt sein. Mehr Bergeinsamkeit und Menschenferne habe ich in Kärnten und Osttirol an einem Ort noch nie konzentriert gefunden. Der Hochschober dahinter ist ein Berg ohne Grün, nur einige Moose und Flechten vertreten das Leben. Kleine Schneeflecken Ende August sind üblich. Vorher sind sie noch größer. In der Einsamkeit zeigte sich auch eine Gruppe von Gemsen mit Jungtieren. Sie lagen auf einem Schneefeld vor dem Barrenlesee und benahmen sich in der Hitze wie Strandurlauber, stiegen von Zeit zu Zeit ein bißchen herum, um sich die Beine zu vertreten, die Jungtiere übten ein bißchen, wer der Stärkere sei. Aber nur kurz und andeutungsweise. Sie lagen auf Schnee wie wir auf dem Sand.

Der Gipfel des Hohen Prijakt liegt auf einem längeren Grat, und seine Aussicht ist jede Mühe wert. Am frechsten ist seine Darbietung des Großglockners. Dieser ist optisch sehr um seine Würde aus jeder Himmelsrichtung bemüht. Der Blick vom Prijakt läßt die Felsgipfel von Klein- und Großglockner so erscheinen, als ob ein frecher Mensch beide abgeschnitten und schlampig wieder aufgesetzt hätte. Sie schauen verschoben aus und neigen sich zur

Wo der Großglockner durch den Kakao gezogen wird

Seite. Das „Bergmodel" Österreichs wird da durch den Kakao gezogen.

Vom Hochgall über die Röthspitze, die Simonyspitzen und den Großvenediger ist alles vertreten, was man sehen möchte. Die Dolomiten wären auch in voller Ausdehnung zu haben. Am besten vermutlich in der Früh. Die Hochalmspitze ist zu sehen, und durch eine Scharte im nahen Schoberkamm muß ein Gletscher der Muntanitzgruppe herausleuchten. Die nahe Schlainitz und die etwas fernere Glödis, das Keesegg und das Petzeck arbeiten zur Komplettierung der Bergwelt mit. Man muß wirklich auf dem Prijakt gewesen sein.

Warum es bedeutend weniger Leute gewesen sind: Schon der Weg bis zur Hochschoberhütte zieht sich. Autofahrer lassen sich vom Güterweg abschrecken. Und die eigentliche Härte ist, daß von der Hütte bis zum Gipfel der Wanderer vom Geröll geplagt wird. Ohne Erholung. Stein um Stein um Stein, unterbrochen von rutschigem Schutt. Nur wer das aushält und bewältigt, kann den Reiz genießen.

Auch ich gebe einen Verzicht bekannt: Ich wollte die einzige Dreitausenderüberschreitung für Wanderer vom Hohen zum Niederen Prijakt hier anbieten. Als ich auf dem Hohen war, war ich so geschlaucht, daß mir der Weg zum Niederen viel zu weit war. Und unheimlich kam mir die Strecke auch vor. Was sie vermutlich gar nicht ist. Aber ich suchte nach einer guten Ausrede. Gebe ich gerne zu.

Der Barrenlesee fasziniert als einsame Lacke in zerrissener Berglandschaft.

DATEN

ANFAHRT:
Von Lienz in Osttirol Richtung Matrei. Die Abzweigung nach Ainet nehmen, von dort nach Oberleibnig und auf dem Hüttenweg weiter bis zum Parkplatz unterhalb der Hochschoberhütte. Fußweg ist auch möglich

DER WEG:
Hochschoberhütte (2322 m) – Barrenlesee (2727 m) – Hoher Prijakt (3064 m) (Niederer Prijakt 3056 m) – Barrenlesee – Hochschoberhütte

GEHZEIT:
3 Stunden bis zum Hohen Prijakt, ca. 2 zurück. Gesamtgehzeit 5 Stunden. Vom Parkplatz aus ca. 6 Stunden

HÖHENMETER:
ca. 740 hinauf und 740 hinunter

KARTE:
Freytag & Berndt, WK 181

KURZ & BÜNDIG:
Besonders anstrengende Bergwanderung durch eine der urtümlichsten Gebirgslandschaften Osttirols auf einen Dreitausender. Ein ganz spezieller Hit für ausdauernde und erfahrene Bergwanderer

FATA MORGANA-MONTANA

Wanderschlußverkauf

Sonnenuntergangserlebnisse, Stürze aufs Hinterteil, Verirrungen am späten Nachmittag, Magenverstimmungen nach Hüttenmahlzeiten, Quellwasserphobien, regennasser Kaltrücken, Fersen mit Blase. Bis zu 70 Prozent Ermäßigung, solange der Vorrat reicht.

56 Pyramidenkogel

Vom Pyramidenkogel aus zeigt sich der Mittagskogel in seiner ganzen Pracht.

Die Welt schaut schöner aus vom Pyramidenkogel

Keine Frage. Schon der Titel der Geschichte beweist, daß ich mich weder mit dem Pyramidenkogel anlegen möchte noch mit seinen touristischen Verwertern. Den Pyramidenkogel zu loben, dafür gibt es gute Gründe. Er liegt dem Wörtherseegebiet inmitten und ist jenes höhere Gebilde, das wie ein Thron die Umgebung überragt. Die touristischen Verwerter können hier nicht angegangen werden, weil erst sie mit ihrem Aussichtsturm die Thronlage um jene entscheidenden Meter erhöht haben, die zwischen bescheidenen Sichtluken im Wald und einem freien Panoramablick liegen. Die Gebühr für den Aufzug ist der Preis dafür. Die Treppe, die ich gerne benutzt hätte, dürfte aus guten Gründen weiter gesperrt bleiben.

Weil alle Wege zum Aufzug führen, sind die Parkplätze um den Pyramidenkogel meist voller als die Wandersteige. Einheimische sind deutlich seltener als Urlauber. Auch das ist statistisch kein Wunder: Wenn es nicht einmal dort mehr Urlauber gäbe, wäre es um Kärntens Geldbringer schlecht bestellt.

So kann man die Klangfärbungen fast aller deutschen Sprachlandschaften nachhören auf den stillen Wegen von Maria Wörth oder Reifnitz oder Keutschach oder gar auf den Landzugängen von Velden aus. Und eine Anzahl anderer Sprachen. Neben einigen Leuten, die da aus Irrtum unterwegs sind, sind fast nur Kenner und Genießer zu Fuß zum Pyramidenkogelgipfel unterwegs.

Der bezaubernde Tiefblick nach Maria Wörth findet sich in fast jedem Kärntner Besuchsprogramm.

Manche haben sich sogar Schwierigkeiten aufgehalst. Ich sah einmal ein junges Ehepaar den Kinderwagen mehr tragen als schieben, bis sie oben ankamen.

Ein Bildbandblick auf Kärnten fällt vom Pyramidenkogel auf Maria Wörth und den See. Einen bessern findst du nicht. Auch der Schaublick zum Mittagskogel gehört auch zu den prachtvollen seiner Art. Der Keutschacher See, um nun in kleine Kostbarkeiten einzuführen, liegt wie ein stiller Waldsee vor dem dichten Wald. Daß ein paar tausend Leute an seinem Ufer liegen, ist vom Kogel aus kein seelisches Erlebnisproblem.

FATA MORGANA-MONTANA

Bergfachgeschäft

Bestellen Sie noch heute: Gipfelblick (dunstfrei), Kniegelenke (schmerzfrei), Hüttenzimmer (schnarchfrei), Rucksack (gewichtslos), Fersen (blasenfrei), Wandergemüt (frustfrei). Der Vorrat ist begrenzt.

Die Waldstücke sind gleich gut wie überall in der Umgebung. Von Maria Wörth hinauf wird der einfache Spaziergänger vermutlich ins Keuchen kommen, unterschätzt er die 400 Höhenmeter. So wie der Pyramidenkogel von Pörtschach aus ausschaut, ein bewaldeter, kleiner Steilmugel, so ist er auch. Für Fans bleibt er ein Ganzjahresvergnügen. Nur bei Glatteis würde ich nicht gern unterwegs sein.

Die Wanderwelt ist auch schön im Inneren des Pyramidenkogelwaldes. Diese Erfahrung sollten sich gerade die Kärntner dazugeben. Damit sie mit den Urlaubern mithalten können.

DATEN

ANFAHRT:
Nach Maria Wörth am Wörther See

WEG:
Maria Wörth (458 m) – Pyramidenkogel (850 m) – Maria Wörth. Keutschach oder Hafnersee – Pyramidenkogel

GEHZEIT:
$1\frac{1}{2}$ Stunden aufwärts, 1 Stunde abwärts. Gesamtgehzeit $2\frac{1}{2}$ Stunden

HÖHENMETER:
400 aufwärts, 400 abwärts

KARTE:
Freytag & Berndt, WK 235

KURZ & BÜNDIG:
Eine angenehme Waldwanderung für jede Jahreszeit zu einem wirklich prominenten Aussichtspunkt. Vorher erfragen, ob der Aussichtsturm offen ist

57 Roßkofel

Der Trogkofel vom Aufstieg auf den Roßkofel aus gesehen: Bei diesem Schnee im November schon eine Wanderung mit Risiko.

Aus dem Roßkofel einen Drehkofel machen

Welche Berge ich vom Roßkofel aus gesehen habe? Alle. Alle, die in den Führern vorkommen. Ich nahm einen Tag mit bester Fernsicht. Solche sind selten und haben andere Schwächen. An meinem gab es Schnee auf dem Naßfeld. Genug Schnee, um im Geröll bis übers Knie einzusinken, so ganz langsam mit jenem Gefühl, das das Messer geben soll, wenn es durch die Butter schneidet. Nach einer Stunde steckten meine Füße dem Gefühl nach nicht mehr in Schuhen mit Wollsocken, sondern in einem feuchten Kühlschrank. Es dauerte noch vier Stunden, bis ich wieder aus dem Schnee heraußen war.

Auf der Madritschen gab es eine Schispur und eine Schuhspur. Auf der Hinterseite war ich mit dem Schnee allein. Eine Wildspur mit kleinen Pfoten und eine mit großen Pfoten legte große Bögen und elegante Quergänge ins Gelände, und ich folgte ihnen, wenn es sich ausging. Ich war der erste Mensch, der nach diesem Oktoberschneefall auf den Roßkofel wollte.

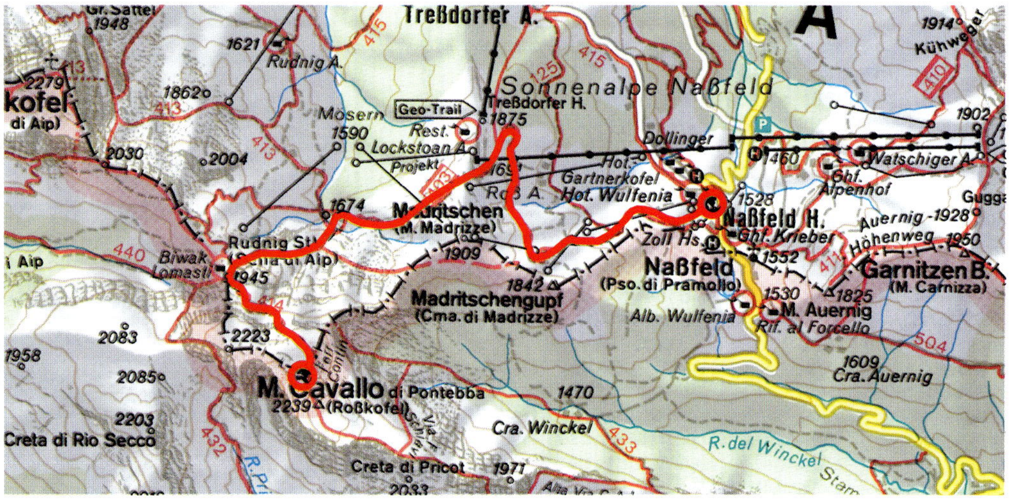

Der Roßkofel hat wie auch andere Kalkberge in den Karnischen steile Wände an mehreren Seiten, oben eine verkarstete Hochfläche und ein bißchen Gipfel dazu. Die Schipisten, die dort geplant sind, haben technisch eine heikle Stelle: den Übergang von der Hochfläche zum Rudnigsattel hinunter. Hier führt derzeit gesichert nur ein Wandersteig durch. Viel mehr hat auch nicht Platz. Da muß der Roßkofel mit Sprengung verbessert werden. Warum hat er sich auch nicht pistenfreundlicher entwickelt? Hätte seit mehreren hundert Millionen Jahren Zeit dafür gehabt. Der Roßkofel hat keine Entschuldigung, wenn er verbessert werden muß.

Ich hoffe, nun hat es jeder Bergfreund mitbekommen, daß ich mir einen Jux mit den Ruinierer-Erschließern mache. Ich setze fort. Man könnte auf dem Gipfel ein Drehrestaurant errichten. Wie auf dem Schilthorn im berühmten Lauterbrunnental in der Schweiz. Tut man dies auf dem Roßkofel nicht, kommt James Bond nie aufs Naßfeld. Auf dem Schilthorn war er. Außerdem: der Roßkofel ist ein Juwel von einem Berg. Ihn darf man auf keinen Fall billig erschließen, im Slumstil. Da gehört Qualität hin, und die kostet. Das wäre ein ernster Ansatz gerade für das Naßfeld.

Für die nächste Bergumwandlungsgeneration schlage ich vor, den Roßkofel von seiner biederen Pferdevergangenheit zu erlösen und ihn zum ersten Drehkofel der Welt zu machen. Nicht bloß ein Restaurant, der ganze Berg soll sich drehen. Die Fa. VOEST-Anlagenbau wird bis dann technisch wohl soweit sein.

Aber das Ende der Geschichte hat wieder der Berg. Er schaffte mich an diesem Tag mit seinem Schnee. Ich war nach drei Stunden Aufstieg bergerschöpft. Ich wollte einfach zurück in meine Spur und jene Erleichterung genießen, die davon ausgeht, wieder sicher retour unterwegs zu sein.

Der Blick nach Süden zeigt am Horizont die westlichen Julischen Alpen.

FATA MORGANA-MONTANA

Heli-Gipfelservice

Sie wollen kurzentschlossen Ihren Gipfelabend verlängern? Oder Sie planten Ihre Party auf dem Großglockner? Das Helikopter-Cateringservice fliegt alles zu Ihnen, was Sie sich leisten können. Mitglieder alpiner Vereine bekommen zehn Prozent Ermäßigung.

DATEN

ANFAHRT:
Auf das Naßfeld bei Hermagor

DER WEG:
Naßfeld (1530 m) – Madritschen (1687 m) – Rudnigsattel (1945 m) (bis hierher zugleich Karnischer Höhenweg) – Roßkofel (2240 m) – Rudnigsattel – Madritschen – Naßfeld. Es gibt zwei italienische Varianten, die sehr reizvoll sein sollen. Ich bin sie nicht gegangen

GEHZEIT:
3 Stunden Aufstieg, 2 Stunden Abstieg. Gesamtgehzeit 5 Stunden

HÖHENMETER:
ca. 900 hinauf und 900 hinunter

KARTE:
Freytag & Berndt, WK 223

KURZ & BÜNDIG:
Mittlere Bergwanderung auf einen ganz großen Aussichtsriesen. Das sollte man bei der Terminplanung berücksichtigen: nur an Sichttagen hingehen

58 Lobnikgraben

Die Koschuta vom Lobnikgraben aus.

Was so bleibt aus vielen Wanderungen im Graben

Der Lobnikgraben von Bad Eisenkappel bis zum Alpengasthof Riepl hat sich mit vielen Geschichten bei mir eingetragen. So oft bin ich schon durchgewandert. Im Mittelalter, als das Pergament als Schreibunterlage sehr teuer war, gab es den Brauch, einen alten Text abzuschaben und einen neuen drüberzuschreiben. Palimpsest nennt man den Trick. Mit modernen Methoden lassen sich

heute die Textgeschichten wieder sichtbar und lesbar machen. So eine Palimpsestgeschichte aus meiner Erinnerung steht hier.

Böse Stiere laut Schild schnaubten mich durch den Zaun freundlich an, als ich an ihnen vorbeiging. Was sie ohne Zaun unternommen hätten, verrieten sie mir nicht. Inzwischen sind sie sicher schon zu „beef“ geworden.

Früher Nebel rastete auf den Höhen, und ein zerrissenes Unterende gab dem milden Lobnikgraben einen Anblick wie Dschungelbilder aus Vietnam, die damals täglich im Fernsehen zu sehen waren. Seither ist die Welt nicht friedlicher geworden, aber die Zahl der Jausenstationen hat deutlich zugenommen.

Der Lobnikgraben hat seine Blutgeschichte mit dem Ende des Zweiten Weltkrieges hoffentlich für lange Zeit beendet. Die Tragödie um die Bewohner des Persmanhofes ist aktenkundig.

FATA MORGANA-MONTANA

Radbrettwandern

Die Inlineskater wurden jetzt als Sektion in den Alpenverein aufgenommen. Sie dürfen alle Steige befahren. Die durchgehende Asphaltierung aller Steige wurde aber mit knapper Mehrheit abgelehnt. Die Radbrettwanderer, wie sie im AV heißen, wollen nun einen eigenen Bergverein gründen.

Vom Kärntner Storschitz aus läßt sich der lange Lobnikgraben gut einsehen.

Harmlos waldgrün mit helleren bäuerlichen Lichtungen und kleinen Höfen dazwischen, ein breitschenkeliges V wie viele Gräben, so schaut der Lobnikgraben von der Petzen aus. Das Bild gehört zur Grundlage und hat alle Besuche überdauert.

Auf den Spuren des ersten Kärntner Weitwanderers, auf den Spuren von Friedrich Zopp, dem Erfinder und Gestalter des Karawankenwanderweges von Feistritz im Rosental nach Bleiburg, war ich das erste Mal zum Alpengasthof Riepl hinaufgestiegen, hatte die Uschowa bewundert. Und mit dem alten Sadounik über seine Religion geredet. Nächtlich hatte ich mich später einmal bis zum Wögl hineinfahren lassen und war mit der Taschenlampe bis zum Tschemer gekommen. Auch die kleine politische Unruhe um die Schafzüchter linker Prägung, „longo mai“ für die Menschen mit langem Gedächtnis, bekam ich direkt mit. Als ich durch ihren Hof ging und fotografierte, war das Mißtrauen der Schafleute groß, und sie jagten mich davon.

Vermutlich ist es einer jener Anflüge von Melancholie, die mitten in der Freude auftauchen können, daß ich meinen Weg in den Lobnikgraben meist mit einem kurzen Besuch des Friedhofes rund um die wunderschöne Kirche Maria Dorn in Eisenkappel beginne. Ich gehe dann immer behutsamer im Gemüt.

DATEN

ANFAHRT:
Nach Eisenkappel im Vellachtal

DER WEG:
Eisenkappel (555 m) – Wögl (1000 m) – Riepl (1222 m) – Eisenkappel

GEHZEIT:
3 bis 4 Stunden aufwärts, 3 Stunden abwärts. Gesamtgehzeit 6 bis 7 Stunden

HÖHENMETER:
ca. 700 hinauf und 700 hinunter

KARTE:
Freytag & Berndt, WK 232

KURZ & BÜNDIG:
Sehr angenehme Tal-Hang-Wanderung durch einen noch immer einsamen Karawankengraben. Als Gipfelziele kann man die Oistra oder die Topitza mit anpeilen

59 Hochwarter Höhe

Das bäuerliche Grün, das glänzende Weiß der Wolken und die drüben liegenden Karnischen Alpen: ein vertrautes Motiv auf dem Weg zur Hochwarter Höhe.

Die „hochwartische Sonne“ und die wirkliche Sonne

Mein Vorbild war die „amerikanische Nacht“. Das ist jener Filmaufnahmetrick, bei dem am Tag gefilmt wird und der Zuschauer meint, es sei Nacht. Ich nannte es im tropfnassen Wald oberhalb von Stöfflerberg die „hochwartische Sonne“. Ich ging bei Regen und stellte mir vor, es scheine die Sonne. Beim Wandern klappt der Trick deutlich schlechter als beim Filmen. Der Mensch besteht zwar zu neunzig Prozent oder mehr aus Wasser, aber die Gefühle dieses Wasserkörpers kaprizieren sich auf die wenigen Prozent Trockensubstanz. Sie beurteilen Wasser auf der Haut als lästig. Der Hinweis, daß das Moos nun Vorräte für Wochen sammeln könne und die Salamander auf dem Höhepunkt ihres Lebensgefühls seien, der Regen also nur Gutes bringe, der Hinweis dringt nicht durch. Die Haut verwehrt ihm störrisch den Weg ins Bewußtsein.

So war ich sehr zufrieden, als auf der Stöffler Alm anstelle der „hochwartischen Sonne“ die wirkliche kam. Und wie sie kam. Mit zauberhaften Wolkenfetzen, die sie ausleuchtete und den Hochwipfel gegenüber jede Minute mit einem neuen Muster überzog. Vergessen war das unheimliche Keuchen, mit dem eine Handsäge durch das Holz gezogen wurde. Beim letzten Bauern hatte dieses Geräusch mit dem Donner des leichten Gewitters kooperiert. Die Pferde hatten auf der kleinen, holzeingezäunten Wiese ihre nassen Nackenhaare hängenlassen. Ich war als oranger, unförmiger Kobold im Regenponcho an ihnen vorbeigeeilt.

Nun genoß ich den Blick hinüber zu den Latschurbergen, und der Reihe nach warteten auch Großmugel, Golz, Mittewipfel und Spitzegel auf die Bewunderung. Vor ihnen breitete sich schon eine herbstlich gelbe Alm aus. Die Lärchen wedelten mit ihren grünen Fächerästen ganz exklusiv für mich. Ich nickte würdevoll zurück wie ein Staatsbesucher, der allein die Front der Ehrengarde abschreitet. Gerade auf der Alm gilt es, die protokollarische Form zu wahren.

Die Hochwarter Höhe reicht als Wandergebiet weit über ihren geographischen Namen hinaus vom Kirchbachgraben bis nach Hermagor und ins Gitschtal. Sie bietet zahlreiche Rundwege an, Güterwege und elegante, angenehme Bergsteige. Wer immer mit den Großen der Gegend wie dem Reißkofel oder dem Spitzegel oder dem Roßkofel seine Probleme hat, der sollte die Hochwarter Höhe wählen. Von dort aus kann er alles in Ruhe begutachten. Ohne Probleme. Und noch ganz spät im Herbst. Erkundigen sollte sich der Gehwillige nur über den aktuellen Stand von Schranken und den Öffnungszeiten einzelner einfacher Jausenstationen. Sonst ist die Gegend der reine, einfache Gehgenuß auch für jene Wanderfreunde, die Bergsteige der schwierigeren Art mit Sorge betrachten müssen.

Ein Pferd beäugt den Nebelwanderer: Die Sonne begann erst viele Höhenmeter weiter oben.

FATA MORGANA-MONTANA

Dosenverdampfer

Der Dosenverdampfer ist etwa so groß und schwer wie ein Taschenmesser. Der Laser verdampft mit Hilfe seines Akkus bis zu zwanzig handelsübliche Getränkedosen. Für die Sauberkeit am Berg die Mitnahme dringend empfohlen. Akku-Ladegeräte auf vielen Hütten.

DATEN

ANFAHRT:
Nach Kirchberg bei Hermagor im Gailtal

DER WEG:
Kirchbach (628 m) – Stöfflerberg (1131 m, auch Drachenstartplatz) – Hochwarter Höhe (1688 m) – Bauer Hochwart – Stöfflerberg – Kirchbach

GEHZEIT:
5 Stunden für die Runde über Bauer Hochwart

HÖHENMETER:
1060 hinauf und 1060 hinunter

KARTE:
Freytag & Berndt, WK 223

KURZ & BÜNDIG:
Sehr angenehmes Waldwandergebiet mit bester Aussicht von der Höhe

60 Hochstein

Wegen Schlechtwetters lernte ich Jonathan kennen

Die Hochsteinhütte muß mit Massenandrang rechnen. Ein Doppelsessellift führt von Lienz zur Sternalm. Ein vielgerühmter Märchensteig verbindet sie in einer guten Stunde mit der Hochsteinhütte. Von Leisach über Bannwald führt eine Mautstraße bis fünf Minuten unterhalb der Hütte. Die Hütte selbst liegt auf einem prächtigen Aussichtspunkt über Lienz und bietet bei gutem Wetter gefahrloses Weiterwandern bis zum Bösen Weibele an. Dennoch saß ich als einziger Gast in der guten Stube und schlief als einziger Gast im Matratzenlager. Ein bißchen Regen hatte das Wunder zustande gebracht. So grüßte ich das miese Wetter freundlichst durch die Scheiben. Beim Aufstieg war der Märchensteig über Tausende rutschige Wurzeln gegangen. Aber die dichten Wolken hatten gnädig den Ausblick zur nahen Schipiste versteckt. Es gibt kein trostloseres Grün auf der Welt als eine Schipiste über 1500 Meter Seehöhe zur Sommerszeit. Die fehlende Aussicht störte mich nicht. Ich hatte schon früher von der Schleinitz her über die sanfte Hochsteinalm drübergeschaut zu den fernen Dolomiten und den handnahen Lienzer Dolomiten. Ich hatte nachgedacht, wie schwer es ein Berg wie der Almkamm des

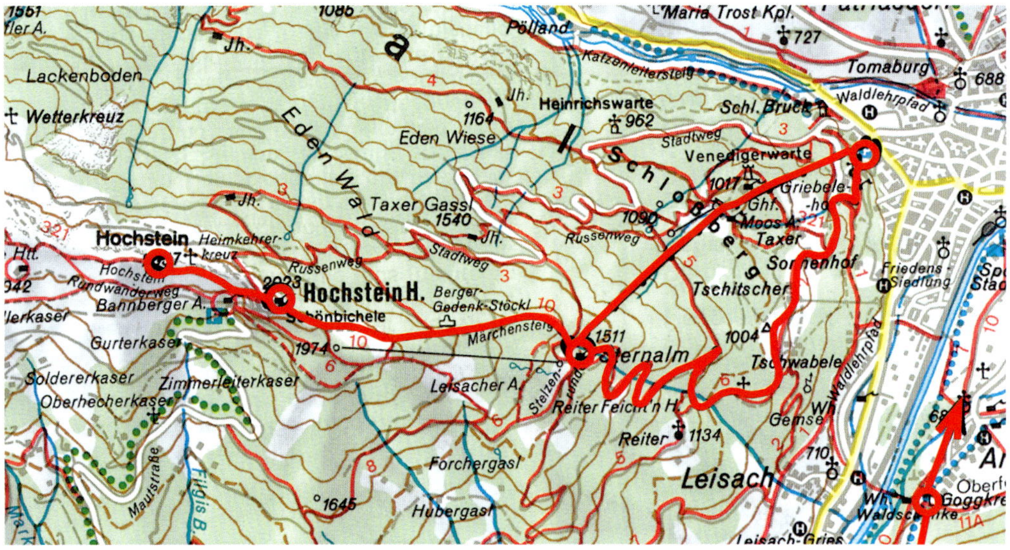

Der Kamm des Hochsteins und seine Fortsetzungen vom Sonnensteig auf der anderen Talseite aus gesehen.

Hochsteins haben müßte in einer so konkurrenzfähigen Umgebung wie der Schleinitz und den Lienzer Dolomiten.

Am Morgen stieg ich friedlich abwärts, war zufrieden, den Regenponcho nicht auspacken zu müssen, weil der Anorak das bißchen Regengetröpfel verkraftete. Es störte mich ein bißchen, die Lienzer Bezirkshauptmannschaft nicht zu sehen. Das Gebäude ist für meinen Geschmack das häßlichste von Lienz, errichtet von der Baubehörde zweiter Instanz. Vielleicht hätte ich es aus so großer Höhe für erträglich gehalten. Ich hoffe es nicht. Aber geprüft hätte ich diesen Verdacht gerne. In Leisach lernte ich dann noch Jonathan kennen, den Stolz des Hüttenwirtes der Sternalm. Ich war mit dem Wirt auf der Flucht vor dem Regen zu Tal gefahren. Jonathan war lebenslustig und grunzte häufig. Er hatte jene Hinterbacken, die viele Kilogramm besten Schweinespecks versprechen. Und er hatte kein Fett in der Mitte. Er war ein wohlgebauter Muskelprotz, ein Arnold Schwarzenegger unter den Schweinen. Eineinhalb Jahre darf er so leben, der Jonathan ist gemeint, dann endet auch sein Leben. Auf der Sternalm gibt es dann den besten Schweinespeck. Und Jonathans Nachfolger schlürft eifrig die guten Küchenreste, die ihm vorgesetzt werden. Wie sagen doch die Franzosen: Der König ist tot, es lebe der König. Das gilt auch für das Schwein Jonathan.

Und die Aussicht? Einen Durchluger durch die Wolken habe ich doch erwischt. Es schaute der Tristacher See heraus wie ein keltisches Kultbad. Einen See ein paar hundert Höhenmeter oberhalb des Talgrundes anzufüllen ist ja doch eine fast absurde Idee. Nur den Kelten und der Geologie zuzutrauen.

Disteln im Nebel.

FATA MORGANA-MONTANA

Bergsterben

Diese beunruhigende Tatsache wurde überall dort beobachtet, wo sich eine Kontinentalscholle unter eine andere schiebt. Die Schollen waren bisher für Argumente und Proteste nicht zugänglich. Nach einem Schollenklebstoff wird gesucht.

DATEN

ANFAHRT:
Nach Lienz. Auffahrt mit dem Hochstein-Sessellift zur Sternalm. Oder Autoauffahrt von Leisach bei Lienz über Bannwald (letztes Stück ist Mautstraße) zum Parkplatz in der Nähe der Hochsteinhütte

DER WEG:
Märchensteig (ab Sternalm, 1511 m) – Hochsteinhütte (2033 m) – Böses Weibele (2521 m) – Hochsteinhütte – Sternalm

GEHZEIT:
$1\frac{1}{2}$ Stunden Sternalm–Hochsteinhaus, $2\frac{1}{2}$ Stunden Hochsteinhaus–Böses Weibele. 3 Stunden retour. Gesamtgehzeit 7 Stunden. Bei Ausgangspunkt Parkplatz $4\frac{1}{2}$ bis 5 Stunden Gesamtgehzeit

HÖHENMETER:
1010 hinauf und 1010 hinunter (von Sternalm aus), ca. 500 hinauf und 500 hinunter

KARTE:
Freytag & Berndt, WK 182

KURZ & BÜNDIG:
Wegen Auffahrtsmöglichkeiten leicht zugängliche Almtour auf einen sanften Lienzer Aussichtsberg

61 Lesacher Alm (Osttirol)

Der Schnappschuß mit dem Ganoth ließ die angenehme Almwanderung zur Bachhüpflotterie werden.

Wie eine kleine Blödheit zur großen Blödheit werden kann

Diese herrliche Alm zu Füßen des ‚Matterhorns' der Schobergruppe, die sich bis in die steilen Winkel tief unter Roten Knopf und Glödis hinzieht, ist ein wahrhaft erholsamer Ort. Geborgen bei den sonnengebräunten Hütten schauen wir in den aufgehenden Sommertag. Über uns schimmernde Keespölster und hohe Gipfel."
Das ist nur ein Teil der begeisterten Schilderung, die Walter Mair in seinem Osttiroler Wanderbuch der Lesachtaler Alm in Osttirol widmet. Und Mair ist der große Fachmann für alle Steige in dem schönen Bergland. Wer aus der Fülle von mehr als 400 Tips sich seinen suchen will, ist bei Mair bestens aufgehoben.

Vor der Alm gibt es zwei problemlose Zugänge. Den Almfahrweg hoch über dem Bach und den Bachweg, der später zum Steig wird. Ich war friedlich und noch satt von den Wanderungen im Virgental und der Köstlichkeit einer Konditorei in Virgen aus dem Bundesbus gestiegen und war das kurze Stück nach Oberlesach aufgestiegen.

Fröhlichen, harmlosen Gemütes. Ich wußte, mir steht heute nichts mehr bevor. Das Wegstück zur Lesachalmhütte war ein leichtes entlang des Baches.

Ich habe keine Ahnung, warum im Gelände manchmal aus einem kleinen Wunsch eine kleine Blödheit wird und aus der kleinen eine größere und zuletzt eine größere, als zulässig ist. Der kleine Wunsch war, den steilen Spitz des Ganoth noch ein bißchen besser fotografieren zu können. Dazu wich ich vom Steig ab und ging auf der anderen Bachseite einen frischen Güterweg entlang. Der Güterweg hörte auf, ich hatte mein Foto geschossen. Dann kam der kleine Fehler: ich war zu bequem, die fünfhundert Meter zurückzugehen. So benützte ich den Rand des Baches, um bei der nächsten Stelle drüberzugehen zum Steig, der gut sichtbar am anderen Ufer lief. Aber die Stelle kam nicht. Der Bach war kräftig. Es folgte die größere Blödheit, als ich die erste Engstelle am Ufer überwand, indem ich mich den starken Stauden anvertraute und über nasse Steine balancierte. Es folgten noch viele Stellen dieser Art. Nach zwanzig Minuten war ich bereit, jede Staude zu küssen, die mich vor dem Sturz bewahrt hatte. Der Rucksack fühlte sich immer hinderlicher an, und ich war nicht nur körperlich erschöpft, sondern vor allem geistig. Inzwischen wußte ich, daß die kleine Bequemlichkeit zum Risiko geworden war. Und dieses versuche ich zu vermeiden. Das ist mein oberster Grundsatz, wenn ich unterwegs bin. Nach einer halben Stunde und einem halben Dutzend wieder abgebrochener Überspringversuche und Durchwatversuche war der Lesachbach gnädig genug, flacher zu fließen und mich drüberzulassen.

Ohne diese Blödheit ist die Wanderung jene Traumwanderung, die mit dem Rückweg über den Hangweg eine Rundwanderung nach Oberlesach ergibt. Es ist möglich, an einer Abzweigung auf die Lesachriegelhütte zu gehen und von dort auf die nahe Schönleitenspitze. Diese ist ein glänzender Aussichtsberg und leicht erreichbar. Die Glocknersüdseite und die Schobernordseite lassen sich bis ins letzte Detail begutachten. Mit Lesachriegelhütte und Schönleitenspitze sprengt man den Rahmen einer üblichen Tagestour bereits. Und denken Sie daran: ohne Ganoth-Foto geht es auch!

Diese Familie hat ihren Spaß auf der Lesachalmhütte.

FATA MORGANA-MONTANA

Bergkalauerwettbewerb 3

Der Weg ins irdische Paradies führt langsam und mühsam bergauf, der Weg ins himmlische Paradies mühelos und rasend schnell abwärts. Dennoch bevorzugen die Bergfreunde das irdische Paradies bei weitem (17. Preis).

DATEN

ANFAHRT:
Vom Iseltal knapp vor Huben nach Peischlach/Kals abzweigen. Vor Kals nach Unterlesach (rechts) abbiegen

DER WEG:
Unterlesach (1309 m) – Lesachalmhütte (1828 m) – Unterlesach

GEHZEIT:
Unterlesach–Lesachalmhütte (Talweg) 2 Stunden. Lesachalmhütte (Hangweg)–Unterlesach 2 Stunden. Gesamtgehzeit 4 Stunden

HÖHENMETER:
ca. 520 hinauf und 520 hinunter

KARTE:
Freytag & Berndt, WK 123

KURZ & BÜNDIG:
Der einfachste Zugang zur sehr einsamen Rückseite der Schobergruppe

62 Hüttenberg – Zosen

Die Kirche in Zosen: Wuchtig und weiß lebt sie in der grünen Landschaft.

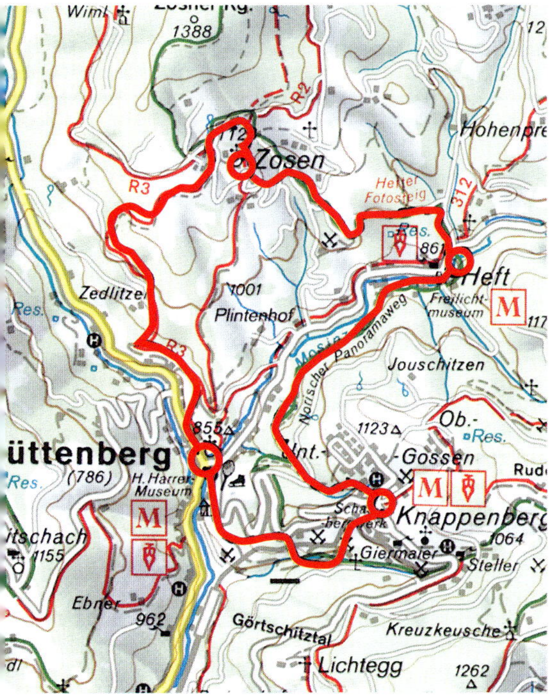

Ein Wanderweg als Ausrede für einen Museumsbesuch

In Bergbüchern muß man Wanderwege anbieten. Was kann man tun, wenn man ein Museum darin unterbringen will? Man sucht den nötigen Wanderweg, in diesem Fall einen schönen Wald-Wiesen-Weg von Hüttenberg nach Zosen. Man meint die industrielle Freiluftruine der Hochöfen von Heft, das Schaubergwerk in Knappenberg und vor allem das Heinrich-Harrer-Museum in Hüttenberg. Hier habe ich noch zwei Ausreden: Mit dem Harrer-Museum verbunden ist ein kleiner buddhistischer Gemütsweg, der Lingkor, auf der Felswand gegenüber nicht zu verfehlen. Die noch bessere Ausrede ist, daß der Hüttenberger Heinrich Harrer sicher der größte Kärntner Wanderer des 20. Jahrhunderts im Weltmaßstab war. Um ihn kurz empfehlen zu können, wähle ich gerne den Umweg über das wiesenschöne Zosen mit der wuchtigen Kirche und die großartige Industrieanlage in Heft.

Heinrich Harrer, geboren am 9. Juli 1912 in Obergossen, Gemeinde Hüttenberg, war einer der beiden Eigernordwand-Erstbesteiger, dann war er jene weltberühmten „Sieben Jahre in Tibet“, wo er zum Freund des Dalai Lama wurde. Forschungsreisen nach Afrika, Asien und Südamerika folgten. Stets suchte Harrer Grenzen, aber nie aus der Sucht nach Grenzerfahrungen an sich. Er hat stets konkrete Ziele der Erkenntnis, wenn er unterwegs war. Das zeigen auch seine Sammelstücke, die er vor Ort erwarb und mühsam heimtransportierte. In Hüttenberg ist diese Harrer-Welt nun gut aufbereitet zu besichtigen.

Der Lingkor gegenüber dem Museum ist eine kleine Felswand, die mit einer Metallstiege begehbar gemacht wurde. Der Weg des tibetischen Buddhismus ist dort nachzuvollziehen. Sein Geist wird ausführlich im ausgezeichneten Führer beschrieben.

Heinrich Harrer, einer der letzten großen Wanderer in der Welt, wie es in der Einleitung dort heißt, hat im Museum auch ein Paar seiner vielen Wanderschuhe ausgestellt. Und er verrät ein kleines Detail aus der Vielfalt seiner Tricks als Forschungsreisender auf eigene Faust: Er sammelte Kaurischnecken am Strand von Tahiti und bezahlte damit die Träger im Dschungel von Neuguinea.

Der Lingkor neben dem Heinrich-Harrer-Museum in Hüttenberg

DATEN

ANFAHRT:
Nach Hüttenberg

DER WEG:
Marktplatz in Hüttenberg (855 m) auf R 3 nach Zosen (1128 m) – Heft (861 m) – Hüttenberg.
Variante: von Heft über Knappenweg nach Knappenberg (Museum, Schaubergwerk) und zurück nach Hüttenberg. Mehraufwand: 1 Stunde Gehzeit

GEHZEIT:
Bis zu 3 Stunden hin und zurück

HÖHENMETER:
273 m hinauf und hinunter

KARTE:
Freytag & Berndt, WK 236

KURZ & BÜNDIG:
Schöne Wald-Wiesen-Wanderungen, spazierwegähnlich. Hauptattraktion sind die Museen.

FATA MORGANA-MONTANA

Hüttenschuhputzer

Alt, aber bestens. Die neue Dienstleistungsgesellschaft hat den guten, alten Schuhputzer wieder aufleben lassen. Auch auf Hütten kann man sich die Schuhe putzen lassen. Der Schuhputzgutschein des Alpenvereins ist daher ein würdiges Weihnachtsgeschenk für alle Wanderer.

63 Stüdlhütte

Die neue Stüdlhütte wirkt elegant in ihrer wilden Umgebung.

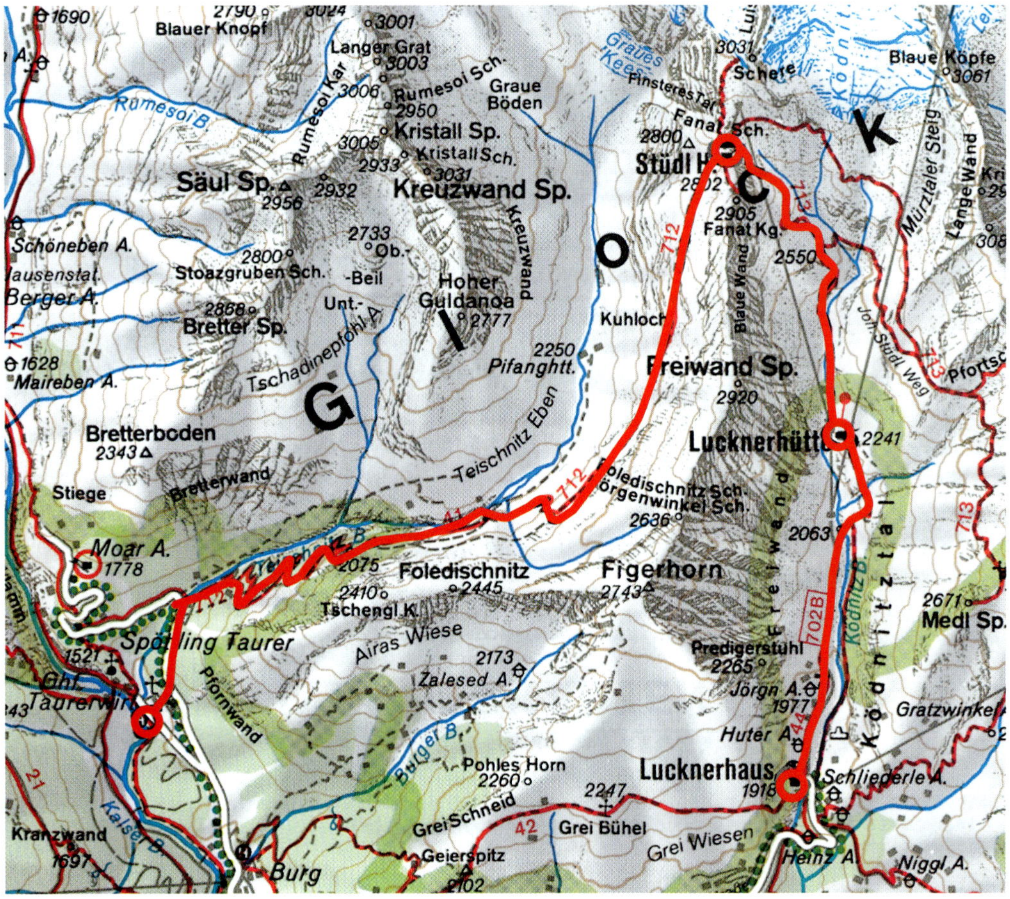

Von der Stüdlhütte kann der Wanderer nur abwärts

Alles, was der Bergwanderer auf der Stüdlhütte unter dem Großglockner tun kann, ist wieder abwärts gehen. Aufwärts gehen die Bergsteiger. Sie beherrschen Hüttengastraum, Schlafraum und sogar die Frühstückszeit. Auf der Stüdlhütte gibt es wirklich ab fünf Uhr Frühstück. Der Stüdlgrat und andere Aufstiegswege verlangen danach. Der Glocknergipfel ist noch fast tausend Höhenmeter weg, wenn er auch den Augen zum Greifen nah erscheint.

Der Bergwanderer durch das Ködnitztal darf die Augen zumachen. Dieser Bestblick zur Südseite des Glockners wird in jedem Buch abgedruckt, kein Prospekt ohne besten Sonnenschein auf den Felsen und Firnen. Die Tageszeit ist für die Schattenwirkung optimal ausgesucht. Man kann die gute Vorbereitung aus der Literatur durch die eigene Anschauung fast nur verschlechtern. So geht es oft mit den ganz besonderen Prachtstücken der Bergwelt. Die Vermarktung erreicht den Liebhaber, lange, bevor er die Wirklichkeit erreicht hat.

Besser hat man es beim Abstieg oder Aufstieg durch das Teischnitztal, das ich hier mit dem Ködnitztal nicht ohne Absicht zu einer Runde verbunden habe. Wer nicht alles gehen will, kann vom Taurergasthof zum Lucknerhaus den Bundesbus benutzen. Das Teischnitztal hält noch den Standard, den das Ködnitztal auch hatte, bevor es der Bergliebhaber überrannt hat. Grüner Grassamt auf allen Hängen, glatte Schrofen, wo Fels herauskommt, ein im Talboden der Schlucht zuschlängelnder Gletscherbach. Eine kleine Alm, leider schon ein Güterweg, aber er wurde mit dem Bachschotter befestigt und schaut so aus, als ob er zum Bach gehören würde. Am Ende schaut das Teischnitzkees tief zerspalten herab, schickt wilde Schwitzbäche über die Felsen. Es mußte beim großen Gletscherrückgang seit der zweiten Hälfte des 19. Jahrhunderts Talboden und Felswände freigeben, aber beim nächsten Vorstoß weiß man schon, was wieder ausgefüllt werden wird.

Bei der Brücke vor der Schlucht geht der Bergfreund auf die andere Bachseite und benutzt den Steig. Der müdere Mensch wandert auf dem Güterweg ins Tal. Ich warne nur: Der Güterweg ist sehr lang, und nur einmal hat man die Wahl. Der Tip gilt auch mehr jenen Wanderern, die Bergsteige nicht mehr gut gehen können. Sie haben den Zugang ins Teischnitztal nun leichter. Die Stüdlhütte freilich bleibt ein Steigziel. Sie hat sich alt erhalten mit dem Zimmer der Prager Ärzte und der Ingenieure. Auch das Holz der Betten könnte dem Knarren nach sehr alt sein.

Wenn Ida Lingg, porträtiert im Stil der großen Dame vor dem Ersten Weltkrieg, so hübsch war wie ihr Bild im Ida-Lingg-Zimmer, dann war sie für den Großglockner mehr als eine Konkurrenz. Die neue Stüdlhütte hat den Glockner siegen lassen.

Der Großglockner versteckt sich oft hinter einer Wolkengipfeldecke.

FATA MORGANA-MONTANA

Vorrangregeln

Jeder Stein hat Vorrang, wenn er von oben kommt. Das Wasser hat zusätzlich Vorrang, auch wenn es stillsteht, aber kalt und tief ist. Das Feuer hat immer Vorrang, wenn es nahe genug ist. (Aus dem Ratgeber „Wie wandere ich erfolgreich?")

DATEN

ANFAHRT:
Von Lienz nach Kals am Großglockner. Weiter am besten mit dem Bundesbus zum Lucknerhaus oder zum Taurer, je nach gewählter Gehrichtung

DER WEG:
Lucknerhaus (1984 m) – Stüdlhütte (2802 m) – Teischnitztal – Taurer (1521 m)

GEHZEIT:
Lucknerhaus–Stüdlhütte 3½ Stunden. Stüdlhütte–Taurer 3 Stunden. Gesamtgehzeit 6½ Stunden

HÖHENMETER:
920 hinauf und 1380 hinunter. Bei Gegenrichtung umgekehrt

KARTE:
Freytag & Berndt, WK 181

KURZ & BÜNDIG:
Anspruchsvolle Bergwanderung im Süden des Großglockners. Nur bei gesichertem Schönwetter anzuraten. Stüdlhütte ist wegen der Glocknerbesteiger meist stark besucht. Bergwanderer sollten die Übernachtung eher meiden

64 Sandkopf (3000er)

Der Zirmsee und die Südseite der Hohen Tauern: einer der vielen tollen Gipfelblicke vom Sandkopf.

Im Mölltal wie auf dem Schlußhang zum Kilimandscharo

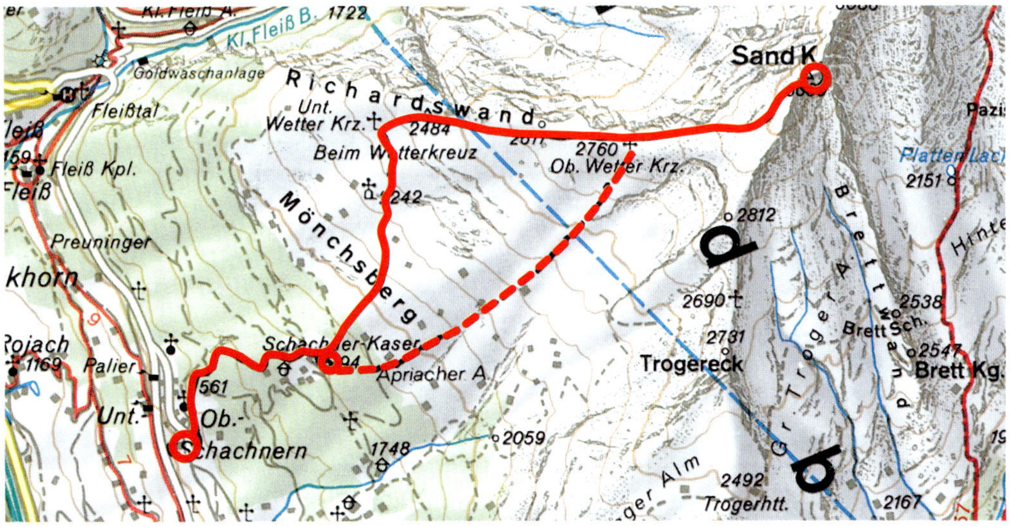

Ohne den Ehrgeiz und die „Pflicht", einen Kärntner Wanderdreitausender hier anzubieten, wäre ich vermutlich im lichten Lärchenwald oberhalb von Oberschachnern hängengeblieben, hätte Wasser getrunken, die Fußsohlen mit dem weichen Graswaldboden verwöhnt und die kleinen Walderdbeerflecken noch ausgiebiger abgepflückt. Für den Bergspaziergänger ist dieser Lärchenwald ein Traumort. Aber nun wollen wir höher hinaus.

„Nun ist der runde Grasrücken vegetationslos geworden und zieht sich als schottriger Grus aus zerfallendem Gestein und mit Platten gespickt hinauf zum Gipfel. Unser Kommentar: wie der Schlußhang am Kilimandscharo hinauf zum Kraterrand." So beschreibt Dkfm. Wilfried Gallin das letzte Stück zum Sandkopf. Liselotte Buchenauer vermittelte diesen Text in ihrem Band 1 „Hohe Tauern", einem schönen Beispiel ausführlicher, auf gemütvolle Leser setzende Wanderliteratur. Der Sandkopf darf nicht mit dem nahen Sandfeldkopf (2919 m, liegt auf dem nächsten Grat nach Osten gegenüber) verwechselt werden. Der mit dem Feld ist nur ein Fastdreitausender. Der Sandkopf geht 90 Meter über den Dreitausender hinaus. Und diese 171 Höhenmeter, sonst ohne Belang, sind bei der Dreitausendergrenze eine „Welt".

„Keine Aussicht. Saukalt war's", vermerkte Gallin. Ich hatte mehr Glück. Mich warf der Sonnenblick zum nahen Hohen Sonnblick mit dem Zittelhaus nicht aus den Socken oder den Schuhen. Die Schuhe hatte ich schon längst ausgezogen. Die dampften in der Gipfelsonne. Die Socken riskierte ich nicht auszuziehen. Der Vater und sein Sohn, die auf der Route über die Stanziwurten und das Trögereck auf dem anderen Wanderzugang heraufgekommen waren, mußten ja nicht meine gesamten Leukoplastkolonien an den Zehen sehen. Wanderer sind oft sehr verschämt. Aber die zerschrundene Gesteinsgipfelwelt hinüber zum Hohen Sonnblick überzeugte mich wieder einmal, daß auch die meisten der als hart verschrieenen Steine das Leben auf 3000 Meter nicht gut vertragen.

Ich könnte noch beschreiben, wie ich mich mühsam die ewig langen Almhänge des Mönchsberges hochgearbeitet hatte, wie ich Wasser und Blumen dankbar genoß. Ich empfehle für den Aufstieg den Hangteil weit rechts vom Oberschachner Kaser, weil er wasserreich ist. Ein echter Brunnen direkt unter dem oberen Wetterkreuz auf dem Grat vor dem Gipfelanstieg war für mich eine rettende Wohltat. Beim Abstieg überraschte mich, wie zerrissen der Hang unter dem unteren Wetterkreuz war, mit wilden Gesteinsblöcken, Riesenfurchen und Gruben. Auch ein Edelweißfeld fand ich zufällig.

Ich wünschte dem Bergsteiger aus Starnberg im hinterdrein noch einmal, daß er seinen Gratweg vom Sandkopf zum Hohen Sonnblick gefunden hat. Ich hatte ihm keine Auskunft geben können. Für Wanderer ist der Sandkopf die Endstation. Daß es keine Markierung gibt und keinen geordneten Steig, versteht sich fast von selbst. Das Gelände und die Landkarte erklären dem erfahrenen Wanderer alles. Und andere Wanderer sollten vor dem Sandkopf den Kopf in den Sand stecken und herunten bleiben.

FATA MORGANA-MONTANA

Die andere Meinung 4

Ständig nur ein Rauschen am Weg und Felsen über dem Kopf. Der Mensch hat Lust, sich entweder zu ertränken oder in eine Schlucht zu stürzen.
Le president Henault 1750

Das Obere Wetterkreuz ist wirklich hoch oben.

DATEN

ANFAHRT:
Von Heiligenblut oder Döllach nach Oberschachnern bei Apriach

DER WEG:
Oberschachnern (1561 m) – Oberschachner Kaser (1794 m) – Oberes Wetterkreuz (2760 m) – Sandkopf (3090 m) – Oberschachnern

GEHZEIT:
4 Stunden hinauf und 3 Stunden herunter, Gesamtgehzeit 7 Stunden

HÖHENMETER:
1530 hinauf und 1530 hinunter

KARTE:
Freytag & Berndt, WK 181

KURZ & BÜNDIG:
Eine sehr anstrengende Bergwanderung auf einen selten erstiegenen Dreitausender. Gehtechnisch unschwierig. Aber kein ausgeprägter Steig und keine Markierung. Nur bei gesichertem Schönwetter angehen

65 Anderleseen

Mit einem See kann jede Alm leicht lieblich aussehen. Die Anderleseen wissen um ihre Schmuckwirkung.

Ein paar hundert Kilo Stier gefährden den Seelenfrieden

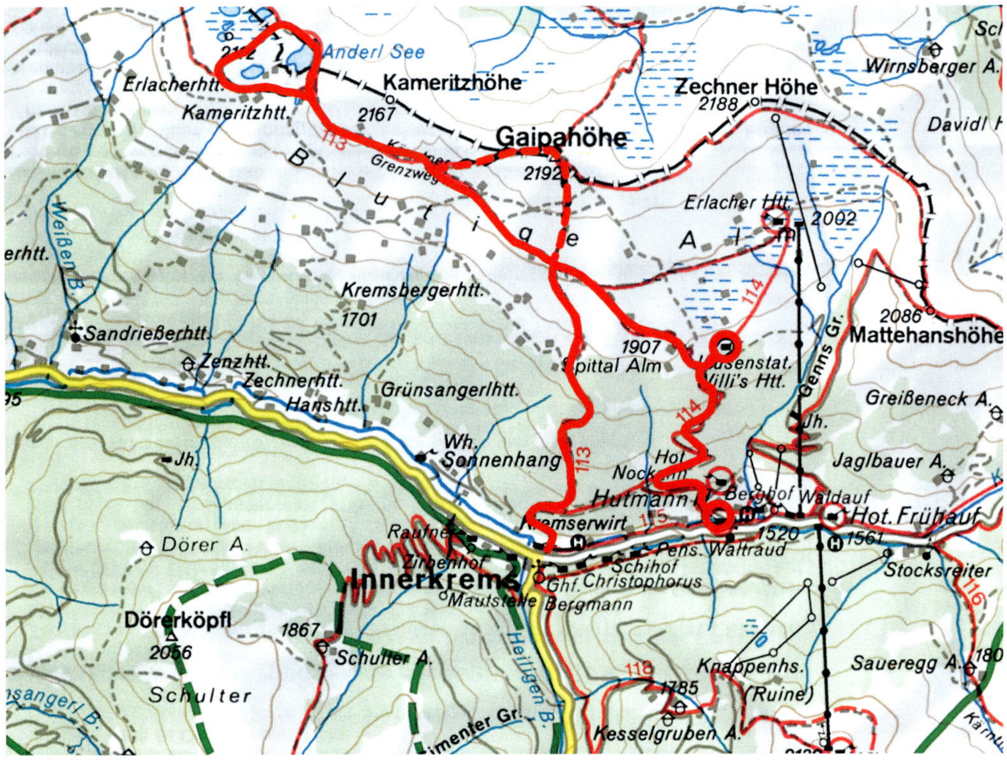

Die Anderleseen haben es ziemlich gut. Sie werden häufig als Geheimtip empfohlen. Trotzdem geht nur selten einer hin. Dabei sind sie der letzte Glanzpunkt, wenn man von der Bonner Hütte ostwärts wandert. Sie sind der Höhepunkt, wenn man von der Innerkrems in die einsamen Nocken der Gaipahöhe und über die Kameritzhöhe bis zur Schwarzwand umhergeht.

Hinter mir erhob sich ein halbes Dutzend Kühe wie auf Kommando und glöckelte mich dem Kamm entlang. Ein wenig Herz für das Weidevieh und wenig Furcht vor dem Weidevieh sind angebracht. Es war nicht der tiefe, beruhigende Muh-Ton, sondern ein heiserer, höherer, asthmatisch bedrohlicher Kehllanglaut, der hinter mir hertönte. Die Begeisterung, mit der ein paar Jungstiere hinter mir hergingen, sollte nicht beunruhigen. Könnte aber beunruhigen. Wenn ein paar hundert Kilogramm auf vier sehr muskulösen Beinen mit sehr muskulösem Nacken und den großen, spitzen Hörnern auf dem Kopf hinter einem hereilen, dann gibt es Momente, wo man den Seelenfrieden gefährdet fühlt. Aber die Tiere sind Haustiere und wollen endlich einmal einen Menschen treffen. Das muß man verstehen, und dafür muß man Zeit haben. Dann wird jede Zudringlichkeit als Zuneigung aufgeklärt.

Auch die Menschen sind manchmal besondere Menschen. Auf dem Schereck, der letzten Kammlinie, bevor dieser Tip umkehrt in die Innerkrems, tauchte in der Morgensonne ein Scherenschnitt mit Bergstock auf der Höhe auf und ab. Bei Annäherung wird der lebendige Scherenschnitt zum lebenden Menschen, heißt Klesl und stellt sich aus Hof in Nordbayern vor. 28 Jahre war er damals schon in Rennweg im „Dienst“, wie er seinen Urlaub schalkhaft nannte. Er erzählte mir Geschichten über die Gegend für ein Buch.

Auch auf einer weiträumigen Alm kommt das Weidevieh oft ganz nah heran.

Die Stacheldrahtzäune sind garantiert echt. Da es noch kein überlaufenes Wandergebiet ist, muß meist durchgekrochen werden. An vielen Stacheldrähten haben die Tiere ihre Wolle hinterlassen. Seien Sie vorsichtig, kriechen Sie flach durch oder steigen Sie hoch drüber!

Die Anderleseen sind die schönen Augenspiegel des Himmels und der Hügel und der Almtiere und der Wanderer. Wenn es Ihnen gelingt, die zuckergierigen Pferde zu verscheuchen, können Sie dort besonders friedlich Ihre Jause essen und am Rand des Bergkamms nach Salzburg und nach Kärnten schauen. In Kärnten natürlich auch zur Hochalmspitze, die ihren Gletscher, das Hochalmkees auf der Maltatalseite genau genommen, schneeweiß im Westen leuchten läßt.

FATA MORGANA-MONTANA

Grabenquerseil

**Man braucht nicht mehr auf und ab zu steigen.
Das Grabenquerseil wird über den Graben geworfen, und der Wanderer rutscht auf ihm hinüber.
Erspart z. B. in den Karawanken viele Stunden Gehzeit.
Wurfweite mit Hilfsrakete derzeit bis zu zwei Kilometer.**

DATEN

ANFAHRT:
In die Innerkrems vom Liesertal (Kremsbrücke) aus oder von der Nockalmstraße her

DER WEG:
Innerkrems (1480 m) – Anderleseen (2075 m) – Innerkrems

GEHZEIT:
4 Stunden Gesamtgehzeit

HÖHENMETER:
ca. 600 hinauf und 600 hinunter

KARTE:
Freytag & Berndt, WK 222

KURZ & BÜNDIG:
Leichte Nockbergewanderung in ein wenig überlaufenes Gebiet. Man sollte einige Berge „mitnehmen“ (Gaipahöhe z. B.). Nur eine gute halbe Stunde mehr Zeitaufwand.

66 Zaubernock

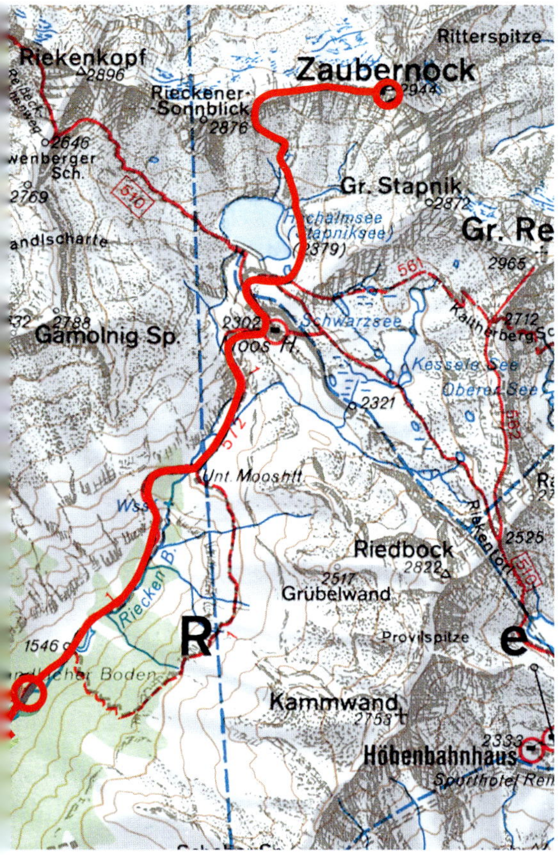

Vier Stufen zum Zaubernock: vom Spazierweg zur Grattour

Ich war etwa fünfzig Meter vor den Steinzacken, die den Gipfel des Zaubernocks gegenüber dem Reißeck auszeichnen. Ich stand auf dem Grat und hörte lautes Krachen. Dann prallten große Steine auf den schneeweißen Schnee und ließen eine braune Schmutzspur hinter sich, bevor sie zum Stillstand kamen. Dieser kleine Ausbruch aus einem Felsstummel links vom Gipfel hatte nichts mit meiner Route zu tun. Aber irgendwie war ich gehemmt. Ich war für einen Wandertip auch weit genug marschiert. Zuerst der gemütliche Güterweg im Almrund der Zandlacher Alm, dann der gesicherte Aufstieg neben dem Wasserfall, dann die wirkliche Einsamkeit der zweiten Almstufe, dann die industriell zerstörte Höhe mit dem Stausee (Hochalmsee oder Stapniksee) und dann die mühsame weg- und markierungslose Suche nach einem guten Weg zum Zaubernock. Ich ging zurück.

Ich hatte gut begonnen, ganz früh um 4.15 mit einer großen Thermosflasche heißen Kaffee in der Zandlacher Hütte. Ich hatte die gute Mitgift bewundert, die hundert Meter nach der Hütte beginnt: ein Almrund mit einem Waldkranz und den steilen Fastdreitausendern der Reißeckgruppe als zackige Krone darüber. Kuhglocken und Bachrauschen erfüllen diesen Grund, der bis zur Hütte anfahrbar ist. Auch Biker waren schon oben.

Wo der Wasserfall herunterstürzt, der Steig mit Seilen geschützt werden muß und Eisen-

So schaut die Tauernkönigin, die Hochalmspitze, an guten Tagen mit Teleobjektiv vom Zaubernock aus.

leitern den Aufstieg erst erlauben, werden andere Wanderer die Umgehung auf der anderen Almseite benützen. Der Senner sei früher am Tag mehrfach auf die obere Almstufe gestiegen, hatte mir Kurt Santner am Abend zuvor erzählt. Der Senner sei dann auch ins Tal zum Lechner-Bauern marschiert und wieder zurück. Die neuzeitlichen Wanderer haben es da einfacher. Ich merkte auch als neuzeitlichen Unterschied zu den alten Zeiten, daß das Almrund etwas leiser war, als es sein sollte. Nicht mehr alles Wasser floß über die Felsen. Es fließt nun als Strom aus den Steckdosen. Auch ganz leise. Aber den Stapnik und Zaubernock vor Augen und den Salzkofel im Genick ist die Landschaft schön genug.

FATA MORGANA-MONTANA

Raketenwanderstöcke

Schaffen bis zu tausend Höhenmeter in der Minute bei einem Wandergewicht bis 125 Kilogramm. Bei guter Sicht technisch kein Problem. Zur wandermoralischen Problematik siehe AV-Jahrbuch Seite 51.

Zielblick von der Zandlacher Alm aus.

Wer auf der Almebene nach dem Wasserfall aufhört, hat eine gute Wahl getroffen. Dort rinnt ein Bach herunter, und die düstere Reißeckgesteinswelt preßt sich aufs Gemüt. Die Felszacken rechts und links und hinten sind noch bedrohlich hoch. Eine Bergjause paßt bestens hin. Daß die Gegend bei Schlechtwetter nicht ohne ist, berichtete ein anderer Bergwanderer, der mit Frau und Kindern trotz guter Ausrüstung nicht ohne Angst einen kurzen Hagel aushalten mußte.

Ich umging den Hochalmstausee nach rechts, vor der Mauer kreuzt man den berühmten Reißeckhöhenweg, und fand eine gehbare Route zum Fuß der senkrechten Wände links vom Zaubernock. Von dort suchte ich mich durch Blöcke und über kleine Schneefelder zum Grat durch, und der Drüberblick zur Hochalmspitze und in das volle Rund des Gößkars ist seinen Schweiß wert. An guten Wettertagen wird der erfahrene Bergwanderer mit Ausdauer auch auf der vierten Stufe vor dem Gipfel gut zurechtkommen.

DATEN

ANFAHRT:
Von Kolbnitz im Mölltal über Zandlach auf einer Bergstraße, die bald zum festen Güterweg wird, zur Zandlacher Alm im Riekengraben

DER WEG:
Zandlacher Alm (1527 m) – Hochalmsee (2379 m) – Zaubernock (2944 m) – Zandlacher Alm

GEHZEIT:
5 Stunden aufwärts, 4 Stunden abwärts, Gesamtgehzeit 9 Stunden

HÖHENMETER:
ca. 1400 hinauf und 1400 hinunter

KARTE:
Freytag & Berndt, WK 221

KURZ & BÜNDIG:
Sehr anstrengende Wanderung, ab Hochalmsee nicht markiert und nur Steigreste zeitweise erkennbar. Erfordert den erfahrenen Bergwanderer. Aber die erste Almstufe auf der Zandlacher Alm ist ein wundervoller Spaziergang für alle

67 Weiße Wand

Ein Designerwald: So gepflegt sind Steig und Baum.

Der Wald könnte auch von einem Designer sein

Die Schrofen der Weißen Wand überraschen durch ihre Wildheit.

Der Wald ist trotz seiner Steilheit gut durchforstet. Es wächst reichlich grünes Gras zwischen den Bäumen. Die Sonne scheint durch. Sie malt die beliebten hellen Flecken auf den Boden und läßt die Farben der Baumstämme im Licht wechseln. Einige Äste liegen braun verdorrt im Grün. Ein paar Steine wurden aus dem Weg entfernt und bieten dem Moos nun Heimat an. Der Wald könnte ein Designerwald sein, fällt mir ein. So präzis ist er darauf ausgerichtet, zu gefallen. Es könnte ja sein, daß die Gemeinde Weißensee heimlich Objektart-Künstler beschäftigt, die Steine und Äste und Zapfen mit künstlerischer Absicht ausgelegt haben. Wie in einem modernen Museum eben. Dann

Der Blick zum Weißensee wird gewährt.

erscheint mir die Idee einerseits zu hochgestochen. Andererseits hätte die Welt längst davon erfahren, wäre der Wald auf diese Weise gestaltet worden. Noch dürfte es sich um die naive Volkskunst der Holzarbeiter handeln.

Aber der Rollsplitt auf dem flachen Steig ist sicher Kunstarbeit. Er verhindert, daß sich bei Regen Lachen bilden und der gewöhnliche Spaziergänger dann inkommodiert sein könnte, unangenehm berührt von so viel Natur. Eine Region wie der Weißensee, die den Wandertourismus ernsthaft und mit professionellem Können anbietet, muß auch solche Steige haben. Was sagte mir eine Wandersfrau auf dem breiten Straßenstück zur Bodenalm: „Auf dem steilen Stück hier, könnten da Ihre Wanderstöcke helfen?“ Ich hatte die Straße für sanft ansteigend gehalten.

Die Natur mag gleich sein. Das Bewußtsein der Menschen interpretiert sie ganz verschieden.

Wurzeln quer über den nördlichen Waldweg von Techendorf nach Oberdorf sind als Einzelfälle erlaubt. Der Spaziergänger darf sie behutsam betrachten und über sie steigen. Es wäre möglich, sie noch mit Namen zu benennen: z. B. „Knorri 2 oberhalb des Gasthofes Weißensee“. Aber auch hier dürfte ich der Entwicklung voraus sein.

Der Designersteig für Spaziergänger endet auf Schrittlänge, wenn man in die Abzweigung zur Weißen Wand einbiegt. Zeitweise wirkt das Wurzelgeflecht wie eine chaotische Kreuzrippengotik. Die lockeren Steine darin sind Reste der Wascharbeit des Wassers. Das Stück Straße dazwischen wirkt deplaziert, aber angenehm. Die Weiße Wand entpuppt sich als überraschend alpine Szenerie. Wer den Steiglein in das Detail der Felsen folgt, erfährt bald, daß hier die Natur ungesichert angeboten wird. Sehr tief geht der Blick, bevor er wieder Wald sieht. Hier ist Vorsicht am Platz. Vor allem, weil der Gegensatz so plötzlich kommt. Aber der Blick zum See und zu den Bergen war so großartig, wie die junge Frau in der Informationsstelle versprochen hatte. Der Weißensee ist eben eine Gegend, wo der Urlauber den Fachleuten trauen darf.

FATA MORGANA-MONTANA

Bergsponsoren

Bisher sponserten Jugendgruppen und Bergvereine die Gipfelkreuze. Diese wenig professionelle Art wird nun ihrem Ende zugehen. Große Firmen und Marken kaufen immer häufiger prominente Gipfel. Der Gösser-Venediger ist nur die Spitze des Eisberges.

DATEN

ANFAHRT:
Nach Techendorf am Weißensee

DER WEG:
Nördlicher Waldweg ab Techendorf (945 m) – Weiße Wand (1412 m) – Techendorf

GEHZEIT:
3 Stunden Gesamtgehzeit

HÖHENMETER:
465 hinauf und 465 hinunter

KARTE:
Freytag & Berndt, WK 223

KURZ & BÜNDIG:
Erster Teil (nördliche Waldwege) fußbequemer Spazierweg, Aufstieg zur Weißen Wand anspruchsvoller Wald-/Bergsteig

68 Rosentalmarathon

Der Rosentalmarathon hat auch von den Impressionisten gelernt: Die Sattnitz spiegelt sich im Stausee.

A bissale Hinsetzen gehört zu diesem Marathon

Wann schmeckt das Bier beim Kroschlhof wirklich gut? Wenn man nach mehr als der Hälfte des Rosentalmarathons dort eingetroffen ist. Wann zittern auch die Hände sonst ruhiger Schützen in Ferlach? Wenn sie vom Rosentalmarathon zurückgekehrt sind und nun die Scheibe treffen sollen.

Als ich das erste Mal mitmarschierte, war es der offizielle Marathontag. Veranstaltet von Bundesheer und Marktgemeinde Ferlach. Nur an diesem einen Tag im Jahr, meist Ende Juni, strömen einige hundert Menschen zugleich ins Gelände. Es wäre weitläufig genug, um einige tausend zu Einzelwanderern zu machen. Nur an dem Tag hören die Rehe und Hasen und die selteneren Sattnitzgemsen lauten Gesang. „Wenn wir erklimmen sonnige Höhen“, ließ eine Marschgruppe Soldaten erklingen. Sie stapften friedlich den Steilhang von Göltschach nach Unterguntschach abwärts. Das entsprach auch meiner zivilen Singerfahrung: Lieder werden ganz selten bei Steilaufstiegen gesungen. Auch die vom Aufstieg singt man lieber auf dem Gipfel oder beim Abstieg. Dürfte etwas mit der begrenzten Atemtechnik der Menschen zu tun haben.

Man kann den Marathon im Rosental als Leistung verdoppeln bis verdreifachen. Die Geländestrecke verändert sich dabei nicht. Es geht um die Nutzung der Gasthöfe unterwegs. Acht davon sind offizielle Stempelstellen. Wer brächte es übers Herz, nur den Stempel zu erbitten und dann „davonzuhirschen“. A bissale Hinsetzen gehört schon dazu. Das verlängert den Marathon enorm. Daher planen viele Leute auch ein, ihn nicht an einem Tag ganz zu begehen. Auch ich entging dem Ende vor dem Ende nur durch eine wilde Flucht aus feuchtfröhlicher Runde. Ich gebe zu, ich wäre lieber nicht geflüchtet.

Vielleicht hätte ich eine Stunde später ein neues Verständnis der melancholischen Sattnitzlandschaft bekommen, hätte eine geistige Verbindung zwischen dem Steinkonglomerat des Bodens und dem Hauskonglomerat der Stadtfluchthäusler und der echten Sattnitzbewohner gefunden.

Vielleicht hätte ich am langen Tisch im Freien auf dem Karawankenhang nach dem Kroschlhof entdeckt, wie der Zwiespalt zu lösen wäre, der zwischen dem Eingriff eines Stausees und einer häßlichen Brücke bei Rottenstein darüber und dem zauberhaften Spiegelungsblick besteht.

Aber sicher hätte ich keine Erklärung für die Tragik des Todes jener jungen Soldaten gefunden, deren Flugzeug gegen die Sattnitzfelsen vor Rottenstein prallte. Ich empfehle einen nachdenklichen Aufstieg zu den Gedenkstätten.

FATA MORGANA-MONTANA

Duftfensteröffner

In manchen Hütten herrscht am Abend und auch in der Nacht ein schwerer Duft. Die neuesten AV-Hütten sind daher mit Duftfensteröffner ausgestattet. Werden gewisse Gestanktoleranzen überschritten, öffnen sich die Fenster. Eine wirklich praktische Erfindung.

DATEN

ANFAHRT:
Nach Ferlach im Rosental. Da es ein Rundweg ist, kann überall eingestiegen werden

DER WEG:
Ferlach (Gasthof Prasch) – Maria Rain – Göltschach – Unterguntschach – Rottenstein – Kroschlhof – Ferlach. Ein Prospekt für den Weg ist in Ferlach und den anderen Gemeinden zu bekommen, wurde versprochen

GEHZEIT:
8 bis 10 Stunden

HÖHENMETER:
ca. 1000 hinauf und 1000 hinunter

KARTE:
Freytag & Berndt, WK 234

KURZ & BÜNDIG:
Vor allem im Herbst prachtvoller Weg entlang der Sattnitz und der Karawanken. Einzelheiten für Abzeichen und Stempel usw. bei der Marktgemeinde Ferlach

69 Dorfertal

Jeder Politiker sollte sich so ein Denkmal setzen

Politiker bekommen selten Dank. Marga Hubinek, Marilies Flemming, Dipl.-Ing. Josef Riegler sind in gutes Holz auf der Eingangstafel zum Dorfertal eingeschnitten. Diese Eintragung als Retter des Tales wird ihre Karriere überleben. Das Tal selbst dankt es mit Natur. Ich würde sagen, jeder Politiker sollte sich ein solches Denkmal setzen. Es würde der Natur und von mir aus der Eitelkeit gut tun. Das Dorfertal war die fast unendliche Geschichte des Kampfes zwischen der E-Wirtschaft und den Umweltschützern. Im März 1989 siegte hier der Umweltschutz.

Das Dorfertal beginnt gleich nach der Endhaltestelle des Bundesbusses standesgemäß mit der Dabaschlucht. Das ist eine klassische Alpenlösung. Hinter der Schlucht, breiter Steig, gut gesichert, öffnet sich das Tal zu einer Almweide. Rechts und links schneiden 2800er bis 3000er Berge die Sicht radikal zusammen, zwingen zum Beachten der Steilhänge und Gipfelspitze, der ewig langen, weißen Adern, der fast die ganze Höhe wie ein Wasserfall herunterstürzenden Bäche, genährt aus verborgenen Schneefeldern. Da der Weg einfach und das Tal prominent ist und die Kalser tüchtig sind, sind Scharen von Wandersleuten unterwegs, und mehr als eine Alm lädt ein. Das Kalser Tauernhaus beendet mit der letzten Wiese und einem Lärchenwald die Flachstrecke. Es geht über Steine aufwärts, die Steine werden immer gewaltiger, die Bäume immer kleiner. Eine Natursteinmauer trickst: Untere See-Ebene sagt die Landkarte zur Geröllversammlung, es folgt die gleichartige Obere See-Ebene. Dann muß der Dorfer See zugeben, daß er doch da ist, wo er hingehört. Hinter sich hat er noch ein Hochtal mit Zufluß und ganz dahinter den Tau-

Die Eiszeit schaut auf das Grün herab, das sie durch ihren Rückzug ermöglicht hat.

ernhauptkamm mit „Loch“; der Kalser Tauern, das bekannte Sportzentrum der Rudolfshütte, wartet auf den ausdauernden Geher auf der anderen Bergseite.

Wie an mehreren Orten im Nationalpark Hohe Tauern kämpft auch im Dorfertal ein Jungunternehmer mit Pferd und Kutsche um seine landwirtschaftliche Existenz. Aber bei der Menge der Leute wird er es fast schaffen müssen. Zu mir meinte er, ich sollte wohl etwas Werbung für ihn machen, wo ich doch aus Klagenfurt käme. Tue ich hiermit gerne: Im Dorfertal gab es im Sommer 1993 einen Kutscher. Und der hat die feste Absicht, seine Gäste auch 1994 und 1995 und so weiter zu befördern.

Am Dorfersee gibt man sich idyllisch. Jeder hat seinen eigenen Felsen als Rastplatz. Obwohl der See klein wirkt, kann er es nicht sein. Die Leute am anderen Ende sind nur zu erkennen, wenn sie sehr bunt sind und sich bewegen. Ich gebe zu, ich war zu faul, auf einen Hang hinaufzuklettern und so die beste Übersicht zu bekommen. Ich rastete bequemst auf „meinem“ Felsen.

Gut versteckt hinter vielen großen Steinblöcken liegt der Dorfer See.

FATA MORGANA-MONTANA

Poblatt

**Homöopathische Wandersleute empfehlen es. Sie haben gute Gründe anzubieten.
Mein maßgeblicher Körperteil bevorzugt dennoch das künstliche Papierprodukt. Probleme gibt es auch in Fichtenwäldern und generell oberhalb der Laubwaldgrenze.**

DATEN

ANFAHRT:
Zum Parkplatz beim Taurer hinter Kals am Großglockner. Bundesbus fährt auch

DER WEG:
Taurer (1521m) – Kalser Tauernhaus (1755 m) – Tauernhaus (1755 m) – Dorfersee (1935 m) – Taurer

GEHZEIT:
Taurer–Kalser Tauernhaus $2\frac{1}{2}$ Stunden, Tauernhaus–Dorfersee 1 Stunde. Gesamtgehzeit 6 bis $6\frac{1}{2}$ Stunden

HÖHENMETER:
415 hinauf und 415 hinunter

KARTE:
Freytag & Berndt, WK 123

KURZ & BÜNDIG:
Einfache Almwanderung bis zum Kalser Tauernhaus auf breitem Weg. Dann unschwieriger, aber deutlich anstrengenderer Steig bis zum Dorfersee.

70 Zauberkogel

Der Zauberkogel bietet als Sonnenterrasse stets zauberhafte Blicke über Kärnten.

Der Zauberkogel ist ein Berg, der keine Probleme bietet

Der Zauberkogel ist ein Berg, der keine Probleme bietet. Es ist also höchste Zeit, welche zu erfinden.

Es begann damit, daß ich mir die Zufahrt nach Diex viel weniger schluchtartig vorgestellt hatte. Dann hatte ich den Berg in meinem Vorausbewußtsein viel weiter östlich angesiedelt gehabt. So ein Bewußtsein ist, wie wohl viele Wanderer schon erfahren haben, ein teuflisch hartnäckiger Eigenbrötler. Lieber verirrt es sich, als nachzugeben.

Leider war das beim Weg zum Zauberkogel nicht möglich. Die Markierung war so frisch und so häufig, daß ich drauf bleiben mußte. Aber es mäkelte herum, ob ich wohl sicher sei und warum ich den Buben beim letzten Bauernhof nicht gefragt hätte. Ganz klar: ich hatte mich geniert. Das Bewußtsein mußte das wohl auch wissen, wenn ich es wußte. Dann kam bei einer Riesenfichte, sie steht ganz allein auf einer riesigen grünen Wiese, ein Mann aus dem Wald und mir entgegen. Ich fragte ihn gierig, „Zauberkogel". Er schüttelte freundlich den Kopf. Er habe keine Ahnung, wie das heiße, wo er gewesen sei, er habe nur so gehen wollen. Auch solche Menschen gibt es, und der Weg zum Zauberkogel ist ideal für sie. Denn er ist von der Kapelle in Wandelitzen aus ein breiter, meist flacher Spazierwaldweg. Biken müßte dort auch schön sein. Er bietet von Zeit zu Zeit, dazwischen darf sich das Auge erholen, den Drüberblick über Unterkärnten bis zu den Karawanken, den Steiner Alpen sowie den Aufwärtsblick zum Doppelturm der Kirche in Diex und zu den Bauernhöfen rundherum. Ein Bestplatz für den Doppelblick ist eben diese Fichte, die das Auge direkt bis Völkermarkt und den Stausee schickt.

Man kann den Weg nach Diex weitergehen und von dort mit dem Bus nach Völkermarkt oder umgekehrt. Zugleich ist der Weg ein Teilstück des 08-Weitwanderweges durch ganz Österreich vom Norden nach Süden. Wegeprobleme gibt es also wirklich nicht.

Der Zauberkogel, ich suchte ihn des Namens wegen aus, ehrlich, gehört zu jenen Waldrücken, an denen die Saualpe so reich ist. Einen wollte ich hier im Buch haben. Es gibt Dutzende. Der Zauberkogel tat etwas für die Ehre seines Namens. Erstens ging mir gleich am Anfang der Kugelschreiber aus. Es war mein letzter, den ich in Hongkong aus dem Hotel hatte mitgehen lassen. New Harbour View Hotel stand oben, und vorne kam nichts mehr heraus. Dann kamen in Minuten Schleierwolken, und aus dem leuchtenden Sonnenherbst wurde ein fader Herbst. Im Wald wurde es dunkel, und weiße und rote Schwämme, alle ungenießbar für mein Urteilsvermögen, wuchsen zu Hunderten neben dem Weg. Zauberkogel halt.

Von Bösenort ist in Wirklichkeit nichts zu merken: Viel eher gilt das Gegenteil.

FATA MORGANA-MONTANA

Saurer-Regen-Poncho

Für ganz empfindliche Wanderer filtert der Saure-Regen-Poncho den Säureanteil aus dem Regen. Die Giftstoffe werden in einem Behälter im Rucksack gesammelt. Viele Wanderer leeren die Behälter dann in den nächsten Bach.

DATEN

ANFAHRT:
Von Völkermarkt über Haimberg nach Wandelitzen

DER WEG:
Wandelitzen (918 m) – Zauberkogel (1213 m) – Wandelitzen

GEHZEIT:
4 bis 5 Stunden hin und retour. Man kann stets umkehren.

HÖHENMETER:
ca. 300 hinauf und 300 hinunter

KARTE:
Freytag & Berndt, WK 237

KURZ & BÜNDIG:
Einer der angenehmsten Waldspaziergänge, die zu haben sind. Im Herbst und Winter meist oberhalb der Nebelgrenze.

71 Innergschlösser Gletscherweg

Wandern Sie mit dem Schlatenkees

Alle bejubeln diesen Talschluß im Tauerntal. Ich juble mit. Noch eindrucksvoller ist der Anblick, wenn man zu Fuß oder mit der Kutsche ins Innergschlöß unterwegs ist und das erste Mal das Schlatenkees mit den Bergen der Großvenedigergruppe strahlend weiß über dem plüschgrünen Tal als Kontrast zum tiefblauen Himmel sieht. Freie Wasserfälle stürzen als weiße Perlströme herab, und unterwegs faulenzen satte Almkühe. Mehr an Bergschau gibt es kaum.

Dazu kommen Hunderte Wandersleute, die sich auf mehr als tausend gepflegten Steinstufen und Holztreppenstufen den Steilhang emporkämpfen und auf dieser Seite oder nach dem ganzen Gletscherweg auf der anderen Bachseite wieder abwärts stolpern. Das Schlatenkees, das anscheinend ewig ruhende, kennt den Weg bestens. In den letzten 9000 Jahren seit der Eiszeit wanderte es einige Male auf und ab. Der Alpenvereinsführer „Gletscherweg Innergschlöß" läßt Sie mitwandern.

Am tiefsten im Tal war es um

So wandererfrei ist das Auge Gottes nur selten zu erleben.

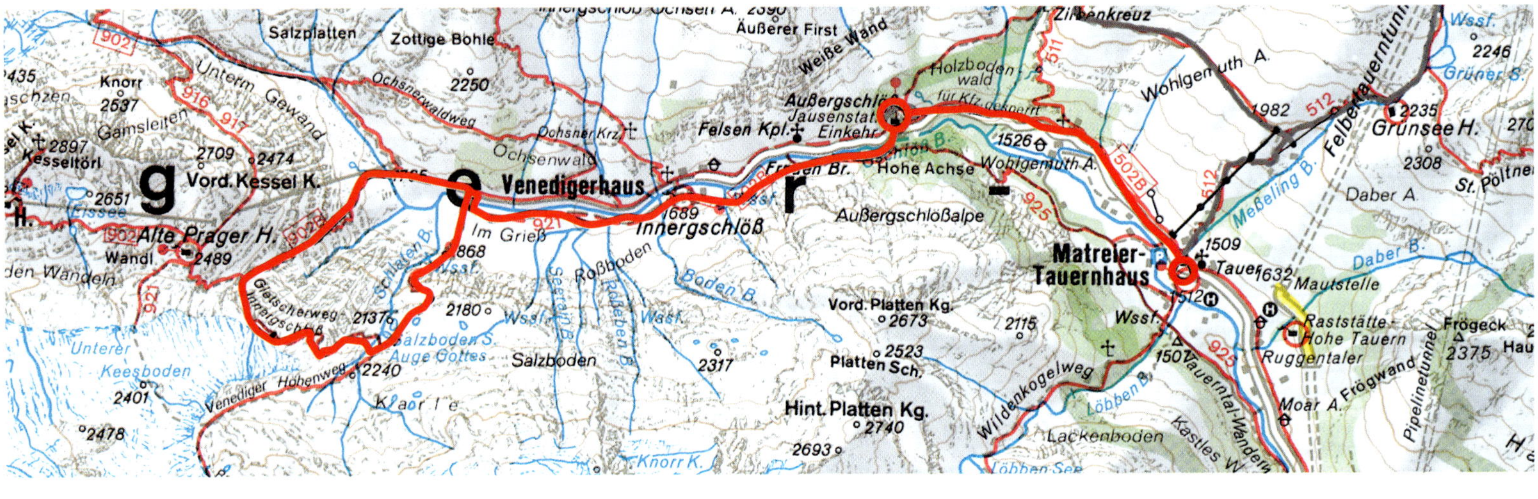

1850. Da sperrte es den Bach und ging noch ein Stück auf den Gegenhang hinauf. Der berühmte Alpenerschließer Friedrich Simony zeichnete diesen Vorstoß (die beiden Spitzen im nahen Virgental sind nach ihm benannt). Dann ging es mit dem Gletscher bergab und damit bergauf. Er zog sich zurück, stieß in den zwanziger Jahren noch einmal vor und erreichte seinen historisch bekannten Minimumstand Mitte der 70er. Soviel einmal dazu, daß die nächste Eiszeit kommt, wenn der Gletscher vorstößt. Er folgt geringen Schwankungen der Sommertemperatur. Die überdurchschnittlich warmen Sommer der Jahrzehnte seit 1940 haben das Schlatenkees wie in einer Sauna abschwitzen lassen. Es kann rasch wieder zunehmen.

Wenn Sie alle Endmoränen laut Führer erkannt haben, dann lagern Sie sicher schon vor dem Auge Gottes, dem letzten Tümpel mit einer Wollgrasinsel und der Spiegelung der Schwarzen Wand. Die Endmoräne von 1850 zieht rechts von Ihnen mit erstem Blumenschmuck kilometerlang aufwärts Richtung Löbbentörl. Es ist der Rastplatz der Rastplätze. Deshalb habe ich dort auch mal einen belichteten Diafilm liegengelassen. Er wurde vermutlich gefunden, leider nicht von mir. Obwohl mir selbst eine Wiener Stadträtin nachforschen half. Ich fasse das als Hinweis auf, wieder hinkommen zu „müssen". Berge und Gletscher sind an schönen Tagen nachfotografierbar. Die drei oder fünf Meter, die das Schlatenkees zustande bringt, wenn es einen Jahressprint einlegen sollte, die bringen optisch den großen Unterschied noch nicht.

Für Venedigermandl und andere Sagengestalten gibt der Name Schlatenkees eine gute Erklärung. Es kommt vom Slawischen „zlato", also Gold, und solches war gesucht. Jetzt sucht man das Gold mit Bergfreunden zu verdienen. Das Schlatenkees ist auch für diesen Zweck eine Goldader.

Der Gletscherbach zeigt auch als kleines Wasser seine Kraft.

Ausrasten ist nach den Mühen des Wanderns immer erlaubt.

FATA MORGANA-MONTANA

Ehrgeizbegrenzer

Im Riesenangebot der rein seelischen Wandergeräte ist der Ehrgeizbegrenzer immer noch der Praxishit. Er belohnt die richtige Entscheidung mit einem mehrfachen Bravoruf. Wie beim Autogurt läßt die Anlegepflicht zu wünschen übrig.

DATEN

ANFAHRT:
Über die Felbertauernstraße zum Matreier Tauernhaus

DER WEG:
Matreier Tauernhaus (1511 m, Kutschendienst zum Venedigerhaus) – Venedigerhaus (Innergschlöß) (1689 m) – Gletscherweg (bis 2200 m) – Matreier Tauernhaus

GEHZEIT:
1 Stunde zum Venedigerhaus, Innergschlösser Gletscherweg (Runde) 4 Stunden. 1 Stunde zum Matreier Tauernhaus. Gesamtgehzeit 6 Stunden

HÖHENMETER:
ca. 700 hinauf und 700 hinunter

KARTE:
Freytag & Berndt, WK 123

KURZ & BÜNDIG:
Doch zünftige Bergwanderung über einen gut ausgebauten Steig. Zur seelischen Beruhigung: Es rasten dort viele Leute, die sich anfangs übernommen haben. Tun Sie's auch, wenn es nötig ist

72 Retschitsch (Heiligenblut)

Almmäßiger kann eine Alm kaum noch sein: Die Retschitschalm ist gut genug versteckt, um einsam zu bleiben.

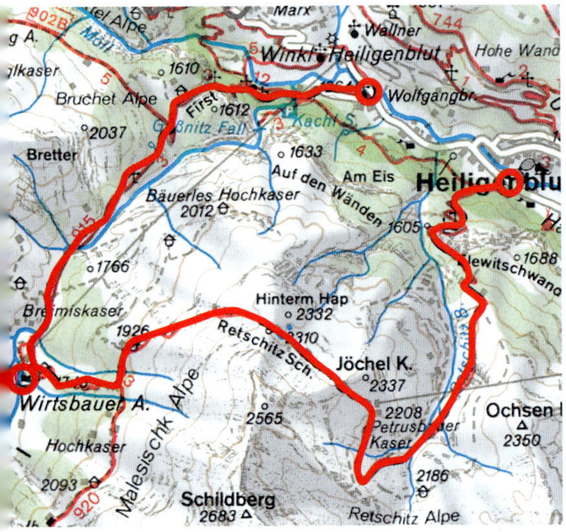

Der kleine Wilde und die große Sanfte auf einmal

Den Großglockner ganz in Weiß zwischen grünen Lärchenzweigen anschauen. Ein 1000-Höhenmeter-Tiefblick nach Heiligenblut von einem Bankerl auf luftigem Randplatz, ohne Sicherung derzeit, aber auch nicht ausgesetzt. Das bietet der Anfangsteil des Nationalparkwanderweges durch die Elewitschwände. Sie ragen von Heiligenblut aus auf, nur für die Gemsen geschaffen. Aber jeder Berg hat Schwachstellen. Diese Wände auch, aber sehr schwach ist die Schwachstelle nicht. Schwitzen garantiere ich bei jeder Außentemperatur. Weil man auf so felsigem Gelände aufwärts geht, gibt es hier auch kein Wasser wie sonst üblich.

Dann kommt die große Show des Weges. Der kleine Wilde öffnet sich beim flachen Einstieg in das Retschitschkar zur großen Sanften.

Der Bach rauscht und schimmert weiß durch das plüschgrüne Kar, gesprenkelt mit den ersten Verbrennungen nach Rot bei den Blättern der Heidelbeersträucher. Die Beeren sind blau und süß und biologisch einwandfrei. Kühe liegen faul auf einer kleinen Anhöhe im weiten Almgelände. Im friedlichen Bogen geht der Steig das Kar aus und führt dann fast eben zur Retschitschscharte, die in das Gößnitztal leitet. Der Großglockner zeigt sich nadelscharf mit seinem Kometenschweif aus Eis hinüber zum Johannisberg, und die Vorberge im Gößnitztal und die zweiten berühmten Vorberge der Leiterköpfe führen als protokollarische Trennstufen in die Hierarchie der Bergwelt ein.

Das Bad in der Gößnitz ist eine Sache für Kaltwasserspezialisten, sage ich vorsichtig.

Abwärts geht es gemütlich mit Heidelbeer- und Himbeerhilfe und genug Wasser. Zu viel sollte man nicht trinken. Es wartet die Wirtsbaueralm. Diese hat die große Seltenheit auf den Almen: eine Eigenproduktion von saurer Milch. Ich trank problemlos für meine Verdauung einen Liter davon. Diese Milch muß gelobt und gepriesen werden, weil man sonst fast nur Bier und Cola und Co auf den Almen bekommt. Die saure Milch bedeutet für die Wirtsleute eine mühsame Herstellung, und sie läßt sich schwer auf Vorrat halten, haben mir Almleute erklärt. Darum gibt es gerade auf der Alm diese Milch viel zu selten.

DATEN

ANFAHRT:
Nach Heiligenblut im Mölltal, von dort zum Nationalpark-Parkplatz beim Gößnitzfall

DER WEG:
Nationalpark-Parkplatz (1264 m) – Reschitzscharte (2310 m) – Wirtsbaueralm (1745 m) – Nationalpark-Parkplatz

GEHZEIT:
6 Stunden für den ganzen Rundweg

HÖHENMETER:
ca. 1050 hinauf und 1050 hinunter

KARTE:
Freytag & Berndt, WK 181

KURZ & BÜNDIG:
Wegen des extrem steilen Anstieges durch die Elewitschwand eine sehr anstrengende Wanderung durch ein besonders schönes, sanftes Almgebiet des Nationalparks Hohe Tauern

Dann führt dieser kleine Rundweg auf breitem Steig durch die Gößnitzschlucht abwärts. Die Kreuzotter, die mich etwas erschreckte, als sie vor mir sich ringelte, ist inzwischen sicher schon weg. Ich erfuhr nur wieder jene kleine Erfahrung, daß der Wandermensch eine gute Viertelstunde lang viel genauer auf seinen Weg schaut, wenn er dort eine Kreuzotter getroffen hat.

Ganz zum Schluß kommt mit dem geretteten Gößnitzfall ein Höhepunkt, der ohne Worte, aber mit viel Gischt und viel Rauschen das Wort Wasserkraft erläutert. Mit dem Eintreffen auf dem Nationalpark-Parkplatz ist der Rundweg endgültig zu Ende. Leider, sagten die Augen. Gott sei Dank, sagten die Beine.

FATA MORGANA-MONTANA

Die andere Meinung und der Widerspruch

Am Beispiel des Berges Ida auf Kreta. Nichts als ein dicker, häßlicher, glatzköpfiger Eselsrücken (Pitton de Tournefort, 1717). Eine Landschaft, die alle Reize besitzt, die eine Natur nur haben kann. (Henry Peacham, 1612).

73 Jagdhausalm

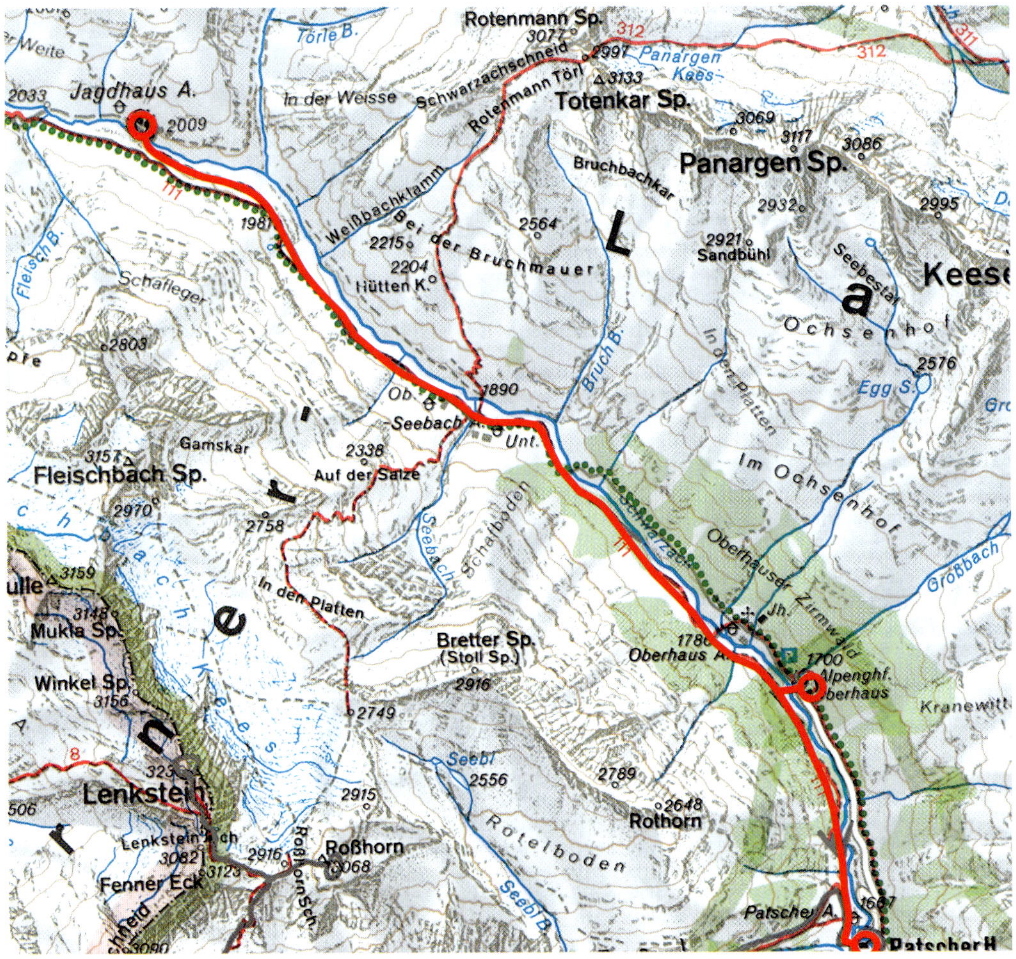

Es ist schade um jeden zu schnellen Schritt

Nur wie zum Spiel spritzen und klatschen und tasten die weißen Bäche auf den dunklen Fels, erhellen ihn mit ihrem feuchten Glanz. Das hohe Grün ist satt und läßt sich von der Bergsonne noch satter strahlen. Die Blätter von Heidelbeere und anderen Sträuchern haben schon etwas vom Herbstbrand mitbekommen und leuchten rot in das Licht. Die Sturzbäche sausen etwa 800 bis 1000 Höhenmeter von den Bretterspitzen und aus den nicht sichtbaren Gletscherkammern zur Schwarzach und füllen diesen Gletscherbach mit neuer Kraft. Vom Panargenkamm stürzen sich seltenere, aber dafür noch kräftigere Was-

Die Jagdhausalm zwischen Bergschatten und Bergsonne vom Klammljoch aus.

Die Oberhausalm auf dem Weg zur Jagdhausalm: Ein flacher Almweg führt durch eine Hochgebirgslandschaft.

ser durch den größten Zirbenwald der Ostalpen abwärts und machen aus den Almen der Randzone des Nationalparks Hohe Tauern eine Kernzone des Gefühls. Oberhausalm, Untere und Obere Seebachalm sind wie die Stufen zu immer höheren Ansprüchen an die Kombination von Berg und menschlicher Nutzung. Schließlich taucht tief im hohen Tal ein ganz unwahrscheinliches Grün auf. Mein Gott, ich kann nicht beschwören, daß dort nicht mit Stickstoffdünger nachgeholfen worden ist, aber es ist unglaublich grün. Das Grün wird nach einer Kehre des breiten Fahrweges länger und länger. Die Wiese zieht als menschgemachter Kometenschweif von den Steinhütten der Jagdhausalm zum Zusammenfluß des Arventalbaches mit der Schwarzach. Die Almkästen gehören hinüber ins Südtiroler Pustertal und stammen aus dem 12. Jahrhundert. Sie sind die ältesten Österreichs, schreibt Walter Mair in seinem „Osttiroler Wanderbuch“ zu dieser ganz besonderen Spezialität. Zur besten Klimazeit um 1212 waren einige Höfe ganzjährig bewohnt.

Die Jagdhausalm ist noch lange nicht das Ende des prächtigen Defereggentales. Das Arvental schließt sich an. Arve ist der Name der Zirbe in der Schweiz. Am Aletschgletscher gibt es einen berühmten Arvenwald, der winzig klein ist im Vergleich zum Wald bei Oberhaus. Der Name könnte, ich habe das nicht nachgeprüft, einer der seltenen keltischromanischen Sprachreste sein, die in den Alpen vorkommen. Den tüchtigen Wirt der Arvenalmhütte, der sein Werbeschild auf das letzte Gatter vor der Jagdhausalm gehängt hat, schaffte ich nicht mehr. Hinter ihm wären erst die Übergänge über das Klammljoch. Es ist eine fast endlose, faszinierende Talwandergeschichte.

Ein möglicher Anfang ist Erlsbach. Hier stoppt der Bundesbus auf den Staller Sattel, hier beginnt die Mautstraße ins obere Defereggental. Der Waldsteig ist herrlich wurzelig, überquert die Steinwüsten der Sturzbäche. Er ist in einer Richtung dem Güterweg vorzuziehen. Dieser ist nämlich bis zur Patscher Hütte asphaltiert. Für Leute mit weniger Zeit und/oder Kondition gibt es die Zufahrt bis zum Alpengasthof Ladstätter in Oberhaus. Wer mehr Zeit hat, sollte ins Arvental und auf das Klammljoch weitergehen. Weniger als einen Wandertag sollten Sie für diese Pracht auf keinen Fall planen. Es ist schade um jeden zu schnellen Schritt.

FATA MORGANA-MONTANA

Ins und Outs

Ins: Kamelhautfersenpflaster, Lehofers drei Wanderbücher für Kärnten und Osttirol, Gipfelschluckkellner.
Outs: Wanderleber, Hinterteilheizung für Wanderhosen, Steige mit geringen Kurvenradien.

DATEN

ANFAHRT:
Ins Defereggental in Osttirol. Bis nach Erlsbach oder Patscher Hütte oder Alpengasthof Ladstätter in Oberhaus

DER WEG:
Erlsbach (1549 m, Brücke Auffahrt Staller Sattel) – Defereggental bis Jagdhausalm (2009 m) – Erlsbach. Wahlmöglichkeit zwischen Steig (links der Schwarzach, bachaufblickend beschrieben) und Güterweg bis vor die Seebachalm

GEHZEIT:
Je 3 Stunden für hin und zurück

HÖHENMETER:
450 hinauf und 450 hinunter

KARTE:
Freytag & Berndt, WK 123

KURZ & BÜNDIG:
Leichte, herrliche Talwanderung von beachtlicher Länge. Wahlmöglichkeit zwischen Steig und Güterweg auf mehr als der Hälfte der Strecke

74 Zedlacher Paradies

Der Blumengarten gehört in Zedlach noch zum Bauernhof.

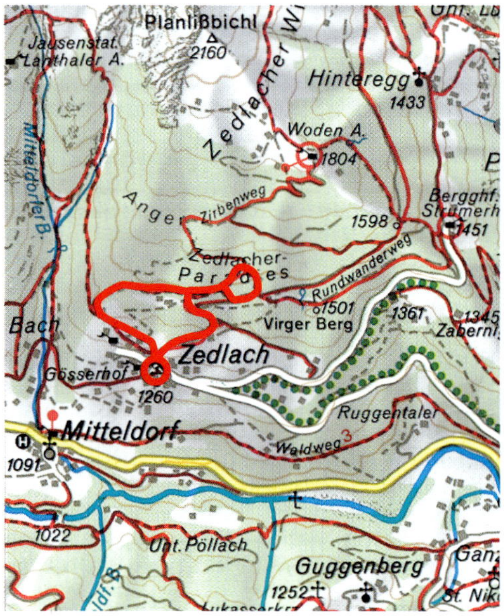

Für ein Paradies sollten die Nutznießer zahlen

Es gibt zwei Arten von Paradiesen. Die einen sind bestens geglückt, aber leider schon vergangen. Die anderen sind bestens geplant, aber sie kommen und kommen nicht. Das Zedlacher Paradies bei Matrei in Osttirol ist ein Kompromiß. Es ist vorhanden, aber es kämpft mit Problemen.

Damit ist nicht gemeint, daß der schönste Zuweg ein steiniger, alter Weg für Ochsengespanne ist, beginnend in Zedlach, dem Ort auf dem Sattel (slawisch), weil hier der Weg vom Tauerntal ins Virgental führte. Unten drohten die Hochwässer bis tief in unser Jahrhundert.

Wer den ausgeschilderten Rundgang durchs Paradies beginnt, es gibt auch ausgedehntere Wanderungen, wird überzeugt sein vom ganz persönlichen Riesenwuchs der alten Lärchen. 400 Jahre, 500 Jahre sind die ältesten alt. Der Baum der Mitte, jener, auf den die Kinder für Prospekte gesetzt werden und wo eine Gruppe die Arme um den Stamm ausspannen darf, besteht besonders eindrucksvoll aus gleich vier Stammtrieben, die aufwärts streben. Riesen mit zwei oder drei Trieben sind häufig.

Neben der kleinen Schutztafel – die Bezirkshauptmannschaft Lienz hat einige Baumgruppen unter Schutz gestellt – ragt ein Dreifachbaum empor, schon ohne Nadeln, nur mehr mit Flechten bewachsen. Zahlreiche Baumstöcke zeigen, daß die Bäume auch umgeschnitten werden.

Der Bartlbauer schildert das Problem. Entstanden ist das Paradies durch wirtschaftlichen Zwang. Die Bauern von Zedlach hatten nicht genügend Almfläche für ihr Vieh. So wichen sie in den nahen Lärchenwald aus. Um hier Weidefläche zu erhalten, mußte der Jungwuchs weggeputzt werden. Das wurde durch Jahrhunderte hindurch getan. Es war das Lebenselixier für die stehenden Lärchen. Sie bekamen deutlich mehr Sonne und Nährstoffe als im Wald üblich. Und wuchsen und entfalteten ihre Pracht.

Nun sind die Waldbesitzer nicht mehr an der Viehweide interessiert, sondern an der Holznutzung. Die Fichten nehmen überhand. Der Raum für die Riesen wird eng. Sie sterben rascher.

Wer das Paradies retten will, muß es wieder als Weide nutzen und pflegen. Da jetzt Tourismus und Naturschutz anstelle der Bauern als wirtschaftliche Nutzer gekommen sind, wird die Finanzierung auf dem öffentlichen Geldweg unumgänglich sein. Wenn das Paradies in zehn oder zwanzig Jahren verschwunden ist, dauert es wieder Jahrhunderte bis zum nächsten.

Das Zedlacher Paradies ist zusätzlich ein Bestbeispiel für unsere Nationalparkidee: daß nicht nur Urlandschaften, sondern auch Kulturlandschaften schützenswert sein können.

Wie faszinierend das Paradies auch jetzt noch ist, dafür ein Beispiel: Ich ließ dort meine Wanderstöcke liegen und bemerkte es erst am nächsten Tag nach dem Frühstück. Die ganze Zeit über hatte ich das Paradies im Kopf gehabt.

Die mehrhundertjährigen Lärchen beherrschen das gefährdete Zedlacher Paradies.

FATA MORGANA-MONTANA

Schluchtfüller

Ein Würfel von einem Kubikdezimeter Trockenstoff bringt in Verbindung mit Luft einen Kubikkilometer Füllstoff. Jede Schlucht läßt sich so füllen und bequem überqueren. Der Stoff zerfällt nach zwei Stunden ohne Rückstände. Gehört in jeden Wanderrucksack.

DATEN

ANFAHRT:
Von Matrei in Osttirol nach Zedlach

DER WEG:
Zedlach (1260 m) – Paradies (ab 1400 m) – Zedlach. (Möglichkeiten vom kurzen Rundweg bis zum Aufstieg auf die Wodenalm (1804 m)

GEHZEIT:
Von 2 Stunden bis 5 Stunden

HÖHENMETER:
Bis 600 hinauf und hinunter

KARTE:
Freytag & Berndt, WK 181

KURZ & BÜNDIG:
Ein Spazierweg durch einen mehrhundertjährigen Lärchenwald, der nun ernsthaft gefährdet ist

75 Alkuser See

Durch steile Schrofen zu einem Tiroler Bergjuwel

Der Alkuser See ist nicht flach wie die meisten Bergseen. 47 Meter ist er an der tiefsten Stelle. Das muß man wohl glauben. Bei acht Grad Wassertemperatur werden die wenigsten die Tiefe überprüfen wollen. Sechs und ein halbes Hektar ist er groß. Und sein größtes Verdienst: noch ist er ziemlich weit weg von den nächsten Parkplätzen. So bleibt der Tiefblick von der Schleinitz bei Lienz die häufigste Ansicht auf dieses Bergjuwel.

Ich startete vom Sporthotel Oberlienz beim Schein des Morgensterns. Der Sonnenweg führt in der Höhe der Bergstation der Zettersfeldbahn bequem die weiten Hänge der Schlei-

Der Alkuser See mit der Schlaining links hinten blieb ein Juwel für Wanderer.

nitz entlang. Im Tal spiegelten die Straßenbeleuchtungen von Lienz ein Nachtleben vor, das es nicht gibt. Der Sonnensteig dürfte zu jeder Zeit eine gemütliche Panoramastrecke für die Lienzer Dolomiten sein. Das Wegegeflecht auf diesem Berg ist reich entwickelt, sodaß die eine oder andere kleine Verirrung bald wiedergutgemacht werden kann. Den Oberwalderweg z. B. habe ich nie ganz mitbekommen. Ich traf ihn so oft.

Ernst wird es mit dem kleinen Aufstieg zum Kleinen Schöberl, und dann beginnt der Fischersteig. Er quert die schrofigen Hänge des Rotgebele. Obwohl er mit Nationalparkmitteln hergerichtet wurde, sind die Warnungen auf den Tafeln korrekt. Wer als friedlicher Spaziergänger den Sonnenweg entlangschlenderte, wird nun auf sehr steilem Hang viele hundert Gehmeter lang bei fast jedem Schritt damit konfrontiert, daß ein ernster Ausrutscher einen Absturz zur Folge haben könnte. Wenn dann noch ein weißes und ein schwarzes Schaf traurig blöken, wird das Gemüt um einiges unruhiger. Nur gefestigte

Farbspiegelungen vieler Stufen von Grün bis Blau bietet der Alkuser See bei Sonnenschein.

Bergsteigbenutzer sollten den Fischersteig wandern. Direkt ausgesetzt ist er nicht, aber alles andere an Herausforderung beinhaltet er.

Es gibt die Alternative tiefer unten. Ein Weg führt abwärts zur Kunigalm. Ein Güterweg führt aufwärts zum Hochmoor des Pitschedbodens. Dann fehlen nur noch 100 Höhenmeter zum Alkuser See. Diesen Weg fürchte ich aus einem anderen Grund. Er könnte zum Einfallstor für die Massen werden, wenn die Schranken einmal aufgemacht werden sollten. Ich hoffe nicht. Denn in diesem Gebiet ist genug erschlossen.

Der Alkusersee mit seinen Spiegelungen, den Schafherden rundherum, dem Bergkranz mit der Schleinitz, den beiden Prijakten und dem neuen Friedenskreuz vom August 1993 auf dem Kögele am See sollte jenen vorbehalten bleiben, die ihn wirklich besuchen wollen.

Die Fische im See gibt es auch wirklich. Ein sehr schlanker, etwa acht Zentimeter langer Fisch schwamm mir zum Beweis ganz langsam im ganz klaren Wasser vom Ufer weg. Daß die Tiroler auf eine Extratafel geschrieben haben, daß dieser See einer der schönsten Bergseen sei, kann auch der einfache Nichttiroler-Besucher unterschreiben.

FATA MORGANA-MONTANA

Tunnelbohrer

Er bohrt in Minutenschnelle die beliebten 1 mal 2 Meter-Standardtunnel durch lästige Berghänge. Kann das Leben retten, wenn der Hang außen von einem Gewitter bedroht wird. Der Sattelschlepper für die Bohrmaschine kann auch gemietet werden.

DATEN

ANFAHRT:
Mit der Zettersfeld-Kabinenbahn in Lienz zur Bergstation

DER WEG:
Bergstation Zettersfeldbahn (1812 m) – Sonnensteig Nr. 10 – Preimberger Alm (2065 m) – Kleinschöberl (2345 m) – Fischersteig – Alkuser See (2432 m) – Pitschedboden – Raggeralm (1900 m) – Ainet (655 m)

GEHZEIT:
4 Stunden Bergstation–Alkusersee. 4 Stunden für Rückweg. Alternative: 3 Stunden Alkusersee–Alkus. 1 Stunde Alkus–Ainet. Gesamtgehzeit: 8 Stunden

HÖHENMETER:
etwa 800 hinauf und 800 hinunter. Bei Alternative etwa 800 hinauf und ca. 1800 hinunter

KARTE:
Freytag & Berndt, WK 181

KURZ & BÜNDIG:
Sehr anstrengende, sehr anspruchsvolle Bergwanderung zum Naturjuwel Alkuser See. Nur für konditionsstarke und trittsichere Wanderer

76 Leitertal

Am Anfang des Leitertales mit dem fast trockenen Flußbett der Leiter

Vierzig Jahre dachte Kärnten nicht an seinen Hymnenfluß

Das Leitertal wurde früh prominent und blieb einsam. Durch das Leitertal wanderten die Erstbesteiger des Großglockners. Beim ersten vergeblichen Ansturm im Juli 1799 im Auftrag für Fürstbischof Salm waren 30 Leute unterwegs. Der Kleinglockner wurde erreicht. Gleich 62 Personen und 16 Pferde bildeten das Team, das am 28. Juli 1800 beim zweiten Angriff von Salm von der später nach ihm benannten Hütte aufbrach und über die Adlersruhe aufstieg. Vier Zimmerleute, wegen des Gipfelkreuzes, und der Pfarrer Horasch von Döllach erreichten den Hauptgipfel.

Es war eine Vorwarnung. Wenn auch heute der Glockner nicht mehr im Expeditionsstil erstiegen wird, die Scharen sind gewachsen und ge-

wachsen. Der Berg blieb oben gleich schmal. Die Diskussion wächst, was man tun soll.

Der Wanderer im Leitertal trifft keine Gruppen mehr. Hier führt ein schmaler Steig, nicht einmal einen Fahrweg gibt es, den rauschenden Bach entlang bis zur Leiter/Ochsnerhütte. Mehr als diesen Viehbetreuer wird man als ständigen Bewohner nicht finden. Weil die Hänge sehr steil sind und anscheinend das Gras kein so rechtes Viehfutter hergibt, läuten auch nur wenige Glocken im Tal.

Die Murmeltiere haben die Hänge in der Hand. So oft wie im Leitertal wird man in Kärnten selten verpfiffen. Auch junge Tiere hüpfen dort herum und sind deutlich weniger vorsichtig. Was den Wanderer freut und auch den Adler.

An einem wolkenbedeckten Tag liegt das Grün wie schwerer, stumpfer Samt über den Hängen. An sonnigen Tagen hellt es sich ein bißchen auf. Aber erst hinten, beim Aufstieg zur Salmhütte oder zur Glorerhütte, kommen zusätzliche Arten von Grün und von Herbstbrandfarben dazu.

Natürlich muß man dieses Tal bis ans Ende ausgehen. Zuerst betreut der Hohe Sonnblick als Talberg die Augen im Rückblick. Dann kommt der Großglockner ziemlich plötzlich und sofort gewaltig mit dem Stüdlgrat, der Langen Wand und den Blauen Köpfen in Sicht, abgerundet durch die geschliffenen Wände von Schwerteck und Schwertkopf. Und dazwischen thront die jetzige Salmhütte, winzig klein anzusehen, aber ein zuversichtlicher Schutzpunkt für die Menschen auf dem Berg.

Der Kampf ums Leitertal beginnt heute bei der Bachableitung für das Kraftwerk Kaprun bei der verlassenen Leiteralm. Erstmals war eine Kraftwerksgesellschaft bereit, dem Kärntner Landeshauptmann freiwillig eine Wasserspende für den Schleierfall der Leiter zu geben. So kommt auch das sonst traurige Schlußrinnsal des Kärntner Landeshymnenflusses zu einer neuen Chance. Natürlich ist es so, daß der Naturfreund die ganze Leiter fließen lassen möchte. Der Weg zurück von einer Erschließung wird nur ein langer Prozeß sein. Jeder Liter bringt als weißes Gold Geld. Aber Kärnten denkt wieder an seinen Landesfluß. Nach vierzig Jahren Vernachlässigung ein guter erster Schritt.

FATA MORGANA-MONTANA

Der Gipfel über den Meinungen

Die Natur ist ein Wörterbuch, in dem jeder seine eigenen Worte sucht. Eugène Delacroix, französischer Maler, 1795–1863

Vom nicht markierten Katzensteig geht der Blick in die grüne Urlandschaft des Leitertales.

DATEN

ANFAHRT:
Nach Heiligenblut und weiter zum Nationalpark-Parkplatz Hinterzelen

DER WEG:
Parkplatz (ca. 1300 m) – Trogalm (2092 m) – Salmhütte (2644 m) – Glorerhütte (2642 m) – Parkplatz

GEHZEIT:
Parkplatz–Salmhütte 5 Stunden, Salmhütte–Glorerhütte 1½ Stunden, Glorerhütte– Parkplatz 5 Stunden. Gesamtgehzeit 11½ Stunden. Diese Monsterrunde ist natürlich für 2 Tage vorgesehen

HÖHENMETER:
ca. 1500 hinauf und 1500 hinunter

KARTE:
Freytag & Berndt, WK 181

KURZ & BÜNDIG:
Eine wunderschöne Zweitagestour in das urtümlichste Nationalparktal auf Kärntner Seite. Keine technischen Probleme, aber sehr lange Wege. Salmhütte und Glorerhütte bieten sich als AV-Hütten für das Übernachten an

77 Seebachtal (Mallnitz)

Den Stappitzer See sollten sie solange streng anschauen, bis er die Bergwelt ordentlich spiegelt.

Wo der Nationalpark einen Spazierweg anbieten kann

Wenn der Nationalpark zuschlägt, dann gehe ich gern k. o. Im Fall des Naturlehrpfades im Seebachtal bei Mallnitz verlangt er nur zwei Stunden des Lebens. Dann darf man wieder aufwachen und weitergehen. In der ersten Holzhütte rechts vom Weg wird der Führer dazu verkauft. An den Alpenplattwurm mit 1,5 cm Länge kommen Sie ohne Führer nicht heran. Die Pochkäfer tief im morschen Holz sind auch schwer zu sehen.

Aber es bleibt genug fürs Auge. Zum Beispiel die Spiegelungen im Stappitzsee. Dabei wäre die einfache Ausgabe der Wasserfälle mit den Bergspitzen dahinter nationalparkwürdig. Mich beeindruckte der Seebach ganz besonders. Ich kannte das Biest von weiter hinten, wo die Wanderer mangels Brücke und Steig nur hinkommen, wenn sie einen leicht verrückten Tag haben. Ich kann mit solchen Tagen aufwarten.
Hinten tobt er gewaltig. Aber im Lehrpfadteil hat er sein Getöse in einen vornehmen britischen Gentlemantonfall verwandelt. Locker fließt er breit und meist seicht in sanften Kurven durch das Tal, läßt die Fische wohlleben und kühlt unter Garantie die nackten Füße, die man hineinhält.

Die Rindviecher, die dort zur Weide geschickt worden sind, haben die Dutzenden Wanderer zu erdulden, die mal ein Rind streicheln wollen. Das eine oder andere Pferd hingegen will für die Begegnung auch einen kleinen Gegenwert. Bekommt es kein Stück Zucker oder Semmel,

DATEN

ANFAHRT:
Von Mallnitz mit öffentlichem Bus oder Auto bis zum Schranken bei der Talstation der Ankogelbahn

DER WEG:
Naturlehrpfad Seebachtal, Nationalpark Hohe Tauern

GEHZEIT:
2 bis 3 Stunden Gesamtgehzeit

HÖHENMETER:
ca. 50 hinauf und 50 hinunter, praktisch eben

KARTE:
Freytag & Berndt, WK 191

FÜHRER:
sehr zu empfehlen, vor Ort erhältlich

KURZ & BÜNDIG:
Der am leichtesten erreichbare und begehbare Spaziergang im Nationalpark Hohe Tauern. Für alle. Auch Zug mit Rädern steht zur Verfügung (Gebühr)

FATA MORGANA-MONTANA

Achttausender-Park

Der Kärntner Baulöwe Rogner baute in der tourismusarmen Norischen Region die letzten hundert Höhenmeter aller vierzehn Achttausender der Erde in Originalgröße nach. Die Besteigung ist wesentlich sicherer und billiger als bei den Originalen.

Die Schwußner Hütte dient den Freuden des Leibes.

dann schiebt es mit dem Kopf ein bißchen nach. Leute sind dann schon deutlich schneller gewandert.

Aber auf der breiten Güterstraße, befahren nur vom Personenzug mit Gummirädern und einzelnen Taxis, wird man immer wieder weggeführt zu anderen Haltepunkten des Naturlehrpfades und kann so die Schuttfläche des Repeschnigbaches auch als Aussichtswarte nützen. Wer vielleicht hilflos vor der Tafel steht, „verlandeter Altarm“, der wird erfahren, daß Natur nicht nur gigantische Aha-Erlebnisse bietet, sondern erst die kleinen Dinge und Feinheiten eine Ahnung jenes komplizierten Zusammenspiels erleben lassen, daß Natur keine Vorlage für Ansichtskarten ist, sondern ein lebendiges System.
Die Schwußnerhütte führt die Schuh-, Halbschuh- und Küchenpatschenwanderer zum kulinarischen Teil der Wanderung zusammen. Spezialisten gehen dann ein Viertelstündchen weiter, lassen die Kinder an einem kleinen Bach spielen, schauen zum Säuleck hinauf. Spätestens vor einer „Brücke“, die 1993 aus einem schon sehr alten, wenn auch noch rüstigen Baumstamm bestand, kehrt man besser um. Dahinter beginnt jener „Naturlehrpfad“, der ohne Steig und Steg arbeitet.

78 Neue Reichenberger Hütte
(Trojer Almtal)

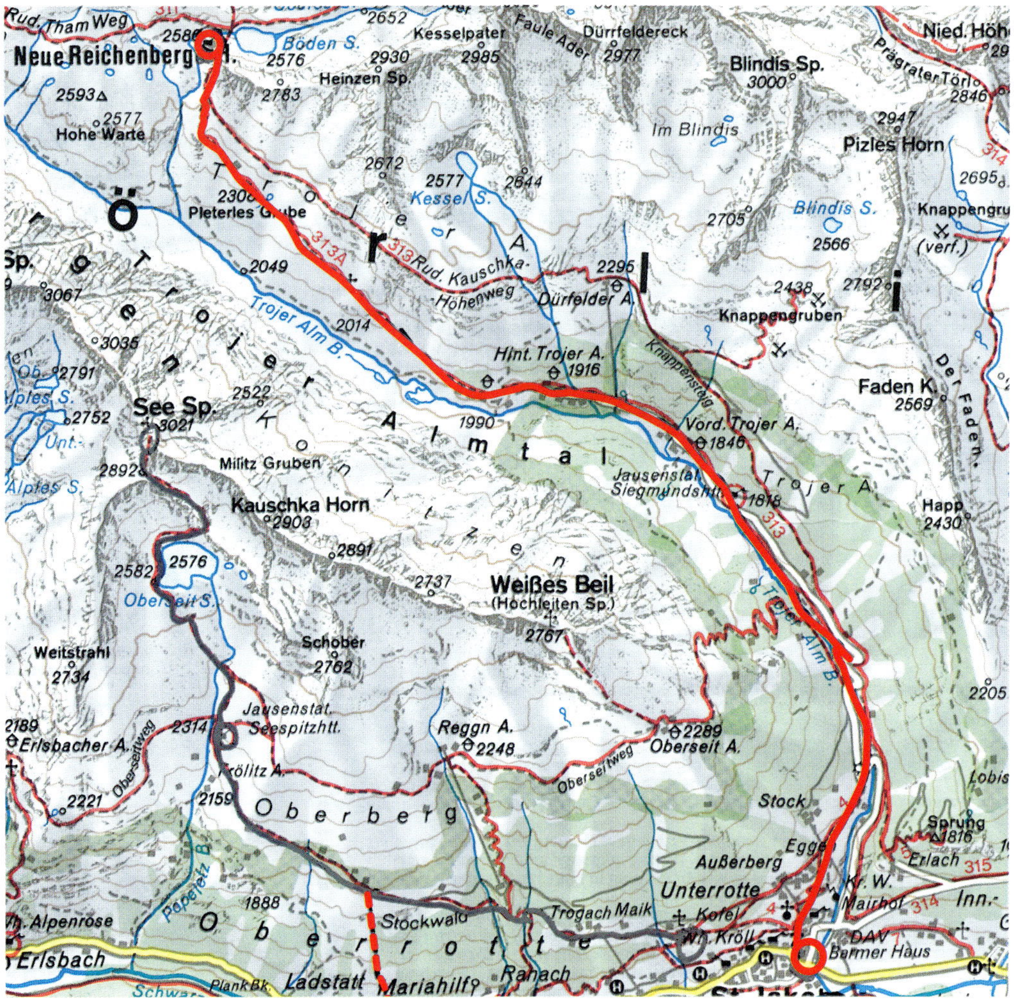

Zwischen Zirbenpracht und Hüttenelend im Trojertal

Das Marterl lehnt an einem großen, einzelnen Stein im Almgras. Ing. Max Steiling aus Berlin starb hier am 20. September 1953. Schlechtwetter kam auf, er verirrte sich und stürzte tödlich ab. Er war auf dem Weg zur Reichenberger Hütte gewesen. Ich war auch dorthin unterwegs, an diesem späten Nachmittag. Die paar Minuten an seinem Marterl verbinden mich mehr mit dem Unbekannten, als ich vorher glaubte. Ich hatte gutes Wetter, und ich war nun doppelt froh darüber. Um 19.30 war es beim letzten Steilstück vor der Neuen Reichenberger Hütte, wie sie jetzt

Der Tiefblick in das hintere Trojer-Alm-Tal: Das Almvieh ist nur beim Wandern auf dem Steig zu sehen.

heißt, so kalt, daß ich die Wanderstutzen hochziehen mußte und den Anorak schloß. Eine Stunde später blies draußen in der klaren Nacht ein kalter Sturm. Ich saß in der warmen Stube der Hütte und dachte noch einmal an Max Steiling.

Begonnen hatte ich den Weg durch das Trojer Almtal vorbildlich. Wegen Steinschlages war das erste Wegstück gesperrt gewesen. Ich schlage Steine nie. Ich ging trotzdem rundherum. Niemand beachtete meinen Gehorsam. Die Belohnung folgte: ein wunderschönes Stück alten Weges mit Steinmauer und Rasenstücken. Das Weiße Beil, das mir im Talgrund beim Essen zugeschaut hatte, fiel auch an diesem Nachmittag nicht ins Trojertal, und ich ging unbehindert aufwärts und bewunderte den Bach, der so kräftig entgegenfloß. Ein Wanderer, der entgegenkam, sah meinen großen Rucksack, hielt mich gleich für einen Profi und sagte „zwei Stunden". An dem Nachmittag war ich zu ausgelaugt für zwei Stunden bis zur Hütte.

Die Vordere Trojeralm mit ihren zerschlissenen Almhütten beweist, daß auch in Osttirol in Spitzenlandschaften Nachlässigkeit und Gleichgültigkeit gegenüber einem wundervollen Almensemble bestehen können. Die Zirbenwälder rundherum haben überlebt. Vielleicht erbarmt sich ein städtischer Hofrat oder sonstwer der mißhandelten Almhütten. Am Geld kann es nicht liegen. Eine Brücke über einen Bach kostet mehr. Es werden viele Brücken gebaut.

Im Abendglanz der Zirben aufwärts zu gehen gehört zu den großen Naturgenüssen des Trojer Almtales. Sie werden gesteigert durch den Zauber des freien Wassers hinter der Oberen Trojeralm. Das Wasser beweist hier mit Schlängelbächen, Moosstücken und kleinen Seen, daß ihm niemand Vorschriften machen muß, wie es zu fließen habe. Es darf dort tun, was es machen will. Und siehe, es macht alles wunderschön. Die ganze Schönheit dieses kurzen Stückes saugt der Wanderer langsam in sich hinein, während er oben am Hang dahingeht und hin und wieder den Blick anhebt zu den Felsen des Panargenkammes oder zurückschaut auf die Berge der Talgegenseite.

Eine Unterhose, männlich, ein Pullover, unisex, schlenkerten auf der Wäscheleine im Abendwind, als ich die Neue Reichenberger Hütte erreicht hatte. Eine Anzahl farbiger Wäscheklammern zackte den beginnenden Nachthimmel fremdartig aus. Es war ein dennoch übliches Bild der üblichen Bedürfnisse von Wanderern in den Bergen. Ich wusch auch fast täglich. Korrekt: ich entstank Socken und Unterwäsche.

Welche Gefühle und Gedanken auch sonst noch aufsteigen mochten: das Tagesgeschäft mußte dennoch erledigt werden.

FATA MORGANA-MONTANA

Alkoholfreier Wodka

Nach dem alkoholfreien Bier ist der alkoholfreie Wodka der nächste Durchbruch zu mehr Gesundheit auf dem Berg. Miesmacher behaupten, er schmecke wie gewöhnliches Wasser. Markenprodukte nicht unter 100 Schilling der Liter.

DATEN

ANFAHRT:
Nach St. Jakob im Defereggental in Osttirol

DER WEG:
St. Jakob im Defereggental (1389 m) – Trojer Almtal – Neue Reichenberger Hütte (2586 m) – St. Jakob. Eine Wegstrecke kann man auf dem R.-Kauschka-Höhenweg zur Reichenberger Hütte zurücklegen

GEHZEIT:
$3\frac{1}{2}$ Stunden hinauf, $2\frac{1}{2}$ Stunden herunter. Gesamtgehzeit 6 Stunden

HÖHENMETER:
ca. 1200 hinauf und 1200 hinunter

KARTE:
Freytag & Berndt, WK 123

KURZ & BÜNDIG:
Eindrucksvolle, mittlere Bergwanderung ohne knifflige Stellen. Der Hang zur Reichenberger Hütte ausnahmsweise für diese Gegend ohne Quelle. Hütte selbst ist häufig gut besucht. Quartier vorbestellen

79 Steinberg

Die Wege auf den Steinberg sind alle einsam. Der Gipfel selbst wird nur selten als Ziel ausgewählt. Seine Blicke in die Julischen Alpen sind aber bestens.

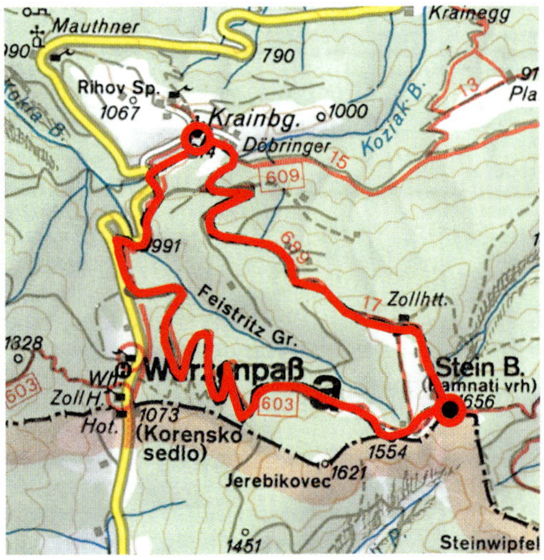

Wo ein Thriller die blutige Endabrechnung vorführt

Dann eröffnete Zander das Feuer. Ich behielt meinen Kopf unten und starrte unverwandt auf den Wanderpfad, denn das Unterholz war sehr licht, und ich fürchtete, der Mann über mir könnte mein Gesicht sehen, wenn ich aufblickte. Und so sah ich Bourger sterben. Ich sah nicht, wie er getroffen wurde. Was passierte, war, daß sein Körper auf dem Pfad landete, als habe ihn irgendein Ungeheuer, das keine Verwendung mehr für ihn hatte, dort hingeworfen. Der Lärm der Gewehre ging etwa fünf Sekunden, glaube ich. Dann war wieder Stille."

Der Hang vom Wurzenpaß zum Steinberg hat es als vermutlich einzige Kärntner Gegend geschafft, der Ort für die Schlußabrechnung in einem internationalen Thriller zu werden. Eric Ambler hat für das blutige Ende seines Buches „Mit der Zeit" den friedlichen Wanderweg zum Steinberg ausgewählt.

Arabische Terroristen und Geheimdienste mehrerer Länder sind sehr aktiv. Als ich dort war, notierte ich mir, daß ich langsam zwischen Lupinen aufwärts wanderte und mich von Hummeln umsummen ließ. Ich notierte weiter, daß ein Pfadstück so zahlreich von Ameisen

Die Markierung ist auch hier ein treuer, zuverlässiger Begleiter.

bevölkert war, daß ich mich scheute, auf den Boden zu steigen.

Der Aufstieg durch den Wald über die Ruine der Riegersdorfer Alm zum Gipfel des Steinberges bietet keine Gehprobleme. Auch sein Zwilling, der Weg vom Gasthof in Krainberg zum Gipfel, läßt den Wanderer ruhig durchatmen, ohne ihn ernsthaft zu prüfen.

Der Gipfel gilt als etwas, das ich besonders schätze. Er verbindet gute Aussicht mit fast garantierter Einsamkeit. Die Julischen zeigen alles, nur der Triglav ist verdeckt. Selbst der Großglockner kommt laut Führer an klaren Tagen vor die Augen des Wandernden.

Während auf dem Gegenstück zum Steinberg, auf der Dreiländerecke, dank des Sessellifts oft viele Leute auf dem Berg sind, gibt es auf dem Steinberg dieses Risiko nicht. In den alten Jugoslawienzeiten war der etwas verzwickte Grenzverlauf ein kleines Problem. Inzwischen haben sich hier mit dem unabhängigen Slowenien die Bräuche stark gebessert. Den Reisepaß sollte man in Grenzgebieten stets mithaben.

Während die Maschinenpistolen von Eric Ambler nur auf Buchseiten schossen, war der Wurzenpaß im kurzen Krieg um die slowenische Unabhängigkeit mit wirklichen Waffen umkämpft gewesen.

Der Wanderer vor dem Gasthof in Krainberg findet wahrscheinlich am Morgen taunasse Schafe vor, die taufrisches Gras fressen und sich von der Sonne in Glitzerwesen verzaubern lassen.

Für Wanderfachleute: In Krainberg beginnt bzw. endet der Weitwanderweg 09 (Salzsteigweg), der bis zum Sternstein an der tschechischen Grenze führt.

FATA MORGANA-MONTANA

Mülltrennung

Vor vier Jahren trennte ich mich beim Einstieg zur Winkelscharte im hinteren Gößgraben von zwei Coladosen (leer). Heuer lagen sie immer noch dort. Entfernt denn niemand den Müll von unseren Bergen?

DATEN

ANFAHRT:
Von Riegersdorf zum Erholungsort Krainberg

DER WEG:
Krainberg (1014 m) – Steinberg (1656 m) – Krainberg (oder Wurzenpaß, 03-Weg)

GEHZEIT:
2 Stunden hinauf, 1½ Stunden retour. 3½ Stunden Gesamtgehzeit. Wurzenpaß unwesentlich weniger

HÖHENMETER:
640 hinauf und 640 hinunter

KARTE:
Freytag & Berndt, WK 224

KURZ & BÜNDIG:
Einfache Bergwanderung auf einen wenig besuchten Aussichtsriesen in den Westkarawanken

80 Hagener Hütte

An schönen Spätherbsttagen ist der Wanderer auf dem Hüttenweg von der Jamniger Alm zur Hagener Hütte (beide sind dann schon geschlossen) ganz allein unterwegs.

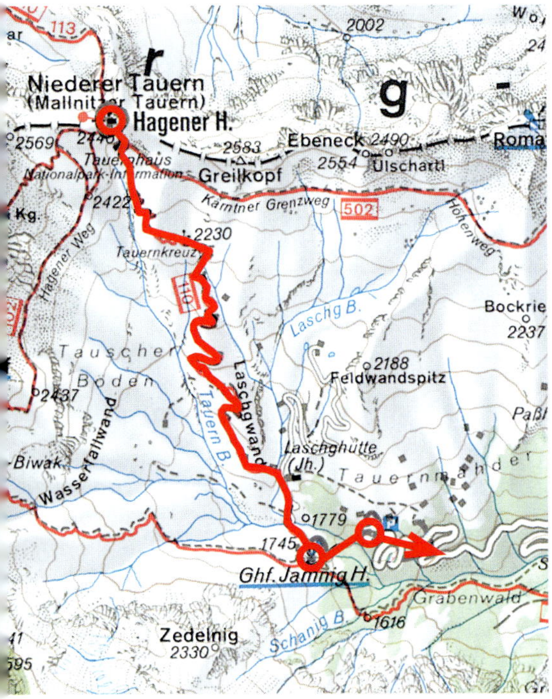

Doppelgeschichte mit einem Wanderer im Jahre 1825

Joseph Kyselak wanderte 1825 durch ganz Österreich und auch von Mallnitz über den Tauern nach Bad Gastein. Günter Lehofer wanderte das letzte Mal 1996 von Bad Gastein über den Tauern nach Mallnitz: „Glück zu übern Tauern!" riefen mir die ehrlichen Wirtsleute nach, als ich das Dörfchen verließ.

Ich sollte mich nach meiner Wanderung rückmelden, meinten besorgte Wanderkollegen, als ich Mitte Oktober an einem schönen Morgen auf dem Naßfeld in Sportgastein losmarschierte.

Kyselak berichtet dann vom hohen steilen Wald hinter Mallnitz, wo als Markierung etwas Pech an die Bäume geklebt war.

Ich ging steil aufwärts zur Hagener Hütte und genoß die Blicke zum Schareck.

Kyselak hatte inzwischen den Wald verlassen und eine „Mahde" erreicht, „so steil und glatt wie ein Eisdach".

Ich empfehle die Jamniger Alm auf dem breiten Hüttenzufahrtsweg als alpinen Spazierweg. An einem schönen Tag kann dort nichts passieren. Den steilen Wald bewältigt man mit dem Auto oder dem Postauto. Wo Kyselak sein steiles glattes Eisdach gesehen hat, kann ich nicht nachempfinden.

Dann geriet Kyselak, vertieft ins Blumenpflücken, in die gefürchteten Wolken. Obwohl ihm sein Hund Duna Spuren suchte, waren beide an einem Schneefeld am Ende ihrer Gehmöglichkeiten, aber nicht am Ende ihrer Weisheit: „Im Nebel auf Alpen, wo man keinen Schritt, oft seinen Fuß nicht sieht, weiterzugehen wäre Unsinn." Kyselak setzte sich, zwischen zwei Felsen und jausnete. Dann erlöste ihn der Wind. Und die Umgebung eine Viertelstunde vor der Paßhöhe beeindruckte ihn tief: „Über 100 Wasserfälle entstürzten aus ewigem Schnee den Gürteln der Riesen, die Flüsse des Landes zu schaffen."

Beim Treff hätten wir einander wohl gesehen. Die gastliche Hagener Hütte war der Vorteil des 20. Jahrhunderts. Als ich hinkam, waren sie und der Gasthof auf der Jamnigalm schon längst geschlossen. Der Blick in die Bergrunde war verschieden. Ich war ganz hingerissen, Kyselak bemängelte: „Auch die Übersicht entsprach nicht den Erwartungen, zu groß waren die angrenzenden Riesen mit ihren vielfärbigen Wänden."

FATA MORGANA-MONTANA

Witzemülltonne

In jeder AV-Hütte muß im Gastraum eine ausreichend große Mülltonne für abgelaufene Hüttenwitze aufgestellt werden. Wer seine Witze nicht rechtzeitig entsorgt, muß eine Runde Vogelbeerschnaps zahlen. Die Hüttenwirte sind angewiesen, darauf zu achten.

Die Hagener Hütte ganz winzig auf dem kleinen Hügel am Horizont.

Die Tauernüberquerung ist eine wunderschöne hochalpine Tagestour. Das 20. Jahrhundert erlaubt dann die Rückfahrt durch den Tauerntunnel. Wer von der Jamnigalm die „Mahd" hinaufsteigt zur Hagener Hütte und zurück, wird viele Wanderer treffen, aber nicht mehr wie Kyselak „muntere Dirnen, Triller wirbelnd", die bei der Heuernte waren. Lehofer traf im Oktober nur noch Landschaft. Ich war eben 171 Jahre und einige Wochen zu spät dran gewesen.

DATEN

ANFAHRT:
Mallnitz (Bahn und Bus). Zur Wandersaison Bus bis vor die Jamnigalm, Autozufahrt auch möglich (Parkplatz)

DER WEG:
Jamnigalm (1745 m) – Hagener Hütte (2446 m), breiter Hüttenzufahrtsweg–Jamnigalm.
Hagener Hütte–Naßfeld (1588 m, Sportgastein).
Von dort Bus oder Fußweg nach Bad Gastein.
Rückfahrt mit Bundesbahn durch Tauerntunnel nach Mallnitz

GEHZEIT:
Gesamtgehzeit 4-5 Stunden

HÖHENMETER:
700 m hinauf und hinunter

KARTE:
Freytag & Berndt, WK 191

KURZ & BÜNDIG:
Angenehmer, leichter Hochalmweg bis zur Hagener Hütte. Abstieg nach Sportgastein Bergsteig

81 Kärntner Kreuzweg

Kärntner Kreuzweg: auch als eine Huldigung für Werner Berg erlebbar

Der Schnee knirscht nicht unter den Füßen. Er ist ganz trocken. Die Schuhe sinken durch bis zum gefrorenen Boden. Ich gehe durch den frühen Winterwald des Steiner Berges im Jauntal. Der Kirchberghügel von Stein verschwand ganz rasch im Nebel. Umso stärker leuchten in der Erinnerung die Bilder des Kärntner Kreuzweges, von der Innenraumrostfarbe an Station 1 bis hinauf zum Blau und Porzellanweiß der Station „Jesus wird ins Grab gelegt".

Dreizehn Künstler und eine Künstlerin (Führer im Gemeindeamt St. Kanzian) gestalteten öffentliche Kunst an einem mit der Tradition am meisten verbundenen Thema, dem Kreuzweg. Es zeigt sich gerade an den moderneren Ausführungen, daß zu jeder Zeit das zeitlose menschliche Leid einen künstlerischen Ausdruck finden kann. Die Künstler können und die Beschauer müssen manchmal etwas üben, um verstehen zu können.

Durch den Wald, den ich schon im Frühling mit frischgrünen Blättern erleben wollte und den ich dann für den Sommer einplante, um zu schreiben, wie herrlich kühl er sich um den Steiner Berg hülle, und der spätestens im Spätherbst seinen Farbenglanz auch hier entfalten sollte, durch diesen Wald gehe ich jetzt im Winter, weil ich vorher

Den Kärntner Kreuzweg von Stein im Jauntal zur Kirche hinauf sollten Wanderer wie Kunstfreunde gleichermaßen gehen.

immer etwas anderes vorgehabt habe. Ich war unterwegs zum Rutarhof, wo der Maler Werner Berg auf einem Bauernhof auf einer Rodung im Wald gelebt hat.

Berg wurde ein Kärntner Maler. Er stammte aus Deutschland. Aber Heimat, daran ist gerade in Kärnten oft zu erinnern, Heimat ist kein Gefühl des Blutes. Blut ist gefühllos. Heimat sind die Formen, denen die Augen vertrauen, weil sie ihnen vertraut sind, und Heimat ist dort, wo die Menschen leben, mit denen man menschlich leben kann. Jeder, der in seinem Leben weggezogen ist, hat erlebt, wie er eine Heimat schmerzlich verliert und dafür eine andere gewinnt.

Der Hund bellte im Hof an der Kette. Das Haus hatte eine stumpfe, rote Farbe. Hühner gehen im Hof herum. Ich klopfe. Ich trete ein, gehe durch eine zweite Tür. Ein junger Mann wäscht sich in der dumpfen Warmluft der Küche den kräftigen Oberkörper. Mit der hohlen Hand schöpft er das warme Wasser aus einer großen Waschschüssel.

Der Rutarhof kam erst nach diesem Hof. Weiß verputzt, mit einem jungen Hund im Hof. Aber wie so oft stellte sich heraus, Werner Berg lebte in meinem Bewußtsein und nicht auf dem Hof, auf dem er einmal gelebt hat. In der Küche des Hofes zuvor bekam ich jenen Löffel Erinnerung geschenkt, den ich gesucht hatte.

Die Kunst Bergs ist vor allem im Museum in Bleiburg zu bewundern. In „seinem" Wald läßt sich wundervoll spazierengehen. Und für die Kunst vor Ort ist der Kärntner Kreuzweg eine würdige Huldigung an den Geist des großen Werner Berg.

FATA MORGANA-MONTANA

Farbglasfarben

Die mühsame Arbeit der Markierer wurde vereinfacht. Anstelle der schweren Farbtöpfe markieren sie jetzt mit Taschenlampen, die entsprechende Farbgläser eingesetzt haben. Klagen von Wanderern, daß Markierungen nun unsichtbar wären, sind zwar richtig, aber dennoch unsachlich.

DATEN

ANFAHRT:
Nach Stein im Jauntal

DER WEG:
Kreuzweg zur Kirche in Stein im Jauntal. Dann Fußweg oder Anfahrt bis Weitendorf (ca. 500 m) – Steiner Berg (630 m) – Rutarhof – Weitendorf

GEHZEIT:
3 bis 4 Stunden für hin und retour

HÖHENMETER:
200 hinauf und 200 hinab

KARTE:
Freytag & Berndt, WK 232

KURZ & BÜNDIG:
Ein anspruchsvoller Kunst- und ein wundervoller Waldspazierweg

82 Gießener Hütte

Die Gießener Hütte ist ein kleiner Punkt in der Bildmitte der großartigen Alpenlandschaft unter der Hochalmspitze.

zur Hochalmspitze, der „Tauernkönigin“, dem Hausberg der Hütte.

Dann erzählte jeder Teilnehmer am Tisch seine eigene Schauergeschichte über das Kreisgehen im Nebel. Anlaß dazu waren die Wolken, die ein paar hundert Höhenmeter oberhalb der Hütte den Blick und den Aufstieg sperrten.

Aber man muß gar nicht höher. Die Gießener Hütte ist hoch genug. Auf 2200 m Seehöhe läßt sich der gewaltige Talschluß des Gößgrabens bestens bewundern. Der Zaubernock und die Tristenspitze und das hohe Reißeck, das Säuleck und der Detmoldergrat sind ausreichende Gustostücke zum Schauen. Dazu kommen viele stürzende Bäche, so steil, daß sie zwischen Wasserfall und Bach ständig schwanken müssen. Da der Stausee erst unten ist, dürfen sie in diesem Tal ihre Kraft und Schönheit den Menschen auch heute noch vorzeigen.

Hinauf in diese wilde Landschaft zur gepflegten Hütte, nach einem Lawinenabgang neu gebaut, darf jeder wandern, dem der Arzt die 2000 Meter Seehöhe genehmigt. Es geht mit dem Auto durch den Gößgraben vom Maltatal zum Parkplatz auf fast 1700 m Seehöhe.

Ein Spazierweg für alle, die über 2000 m hinaus dürfen

Heut blost’s di von di stanernen Mandle obi“, sagte der junge Mann aus Ferndorf, der für die Prüfung zum Bergführer trainierte. Ich saß beim Frühstück in der Gießener Hütte, hoch über dem Stausee im Gößgraben. Die „stanernen Mandle“ sind zwei von der Witterung charakteristisch geformte Felstürmchen auf dem Weg

Von dort schwingt sich der Hüttenzufahrtsweg ohne besondere Steigung in voller Breite und mit fester Gehfläche aufwärts. Eine Stute und ihr Fohlen kommen vermutlich heran, um Zucker oder sonstwas zu bekommen. Ein Sturzbach schießt mit ganzer Wucht vorbei. Kleine Wässerchen glitzern und plätschern mehrfach am Weg vorbei. An

DATEN

ANFAHRT:
Vom Maltatal beim Pflüglhof Einfahrt in den Gößgraben bis zum Parkplatz vor dem Gößkarspeicher

DER WEG:
Parkplatz Gößkarspeicher (1700 m) – Neue Gießener Hütte (2216 m) – Parkplatz

GEHZEIT:
2 Stunden aufwärts, 1½ Stunden abwärts, 3½ Stunden Gesamtgehzeit

HÖHENMETER:
ca. 520 hinauf und 520 hinunter

KARTE:
Freytag & Berndt, WK 191

KURZ & BÜNDIG:
Bei gutem Bergwetter ein spaziermäßiger Zugang auf einem Güterweg in die hochalpine, großartige Landschaft des Gößkars mit einer gut geführten Alpenvereinshütte als Wegziel

So bequem sind Gebirgslandschaften nur selten zu erreichen.

FATA MORGANA-MONTANA

Schleichsack

Im Unterschied zum bekannteren Schlafsack kann man mit dem Schleichsack gehen. Aber langsam, wie die Bezeichnung schleichen sagt. Ausnahmsweise einmal wird in diesem Fall nichts Falsches versprochen.

heißen Tagen eine willkommene Labung. So spaziert man und spaziert man dahin, bis plötzlich ganz am Ende die Hütte zu sehen ist. Kein Bergsteig mit tückischen feuchten Steinen oder holprigen Wurzeln und hohen Einzelstufen hindert das Gehen. Es ist so bequem wie ein Güterweg im Wald, nur eben 1000 Meter höher. Gutes Wetter nimmt man sich für einen solchen Spaziergang mit.

Bei meinem Frühstück auf der Hütte war die Stimmung auf Rückzug. Ein junger Mann, der am Abend vorher seine Vorliebe für Biwaktouren erklärt hatte, war nun dabei zu schildern, wie er in einem Gewitter in der Wand die Felsbröcklein fliegen sah, die der Blitz dort herausschlug. Bei solchen Geschichten schmeckte in der geheizten Hüttenstube das Butterbrot mit der Marmelade zum heißen Kaffee gleich noch besser. So wanderten nach dem Frühstück Bergfachleute und einfache Liebhaber der Berge gemeinsam abwärts, getreu dem Wahlspruch: „Nur wer rechtzeitig umkehrt, kann sicher wieder hingehen." Der Berg bleibt schon dort, wo er ist.

Der Hüttenwanderer darf hoffen, daß ihn Stute und Fohlen auch beim Heimweg begrüßen.

83 Seespitze (3000er)

Von der Seespitze ein wüster Blick nach Norden in die Venedigergruppe.

Mein erster Gipfelsieg mit einer Bergjapanerin

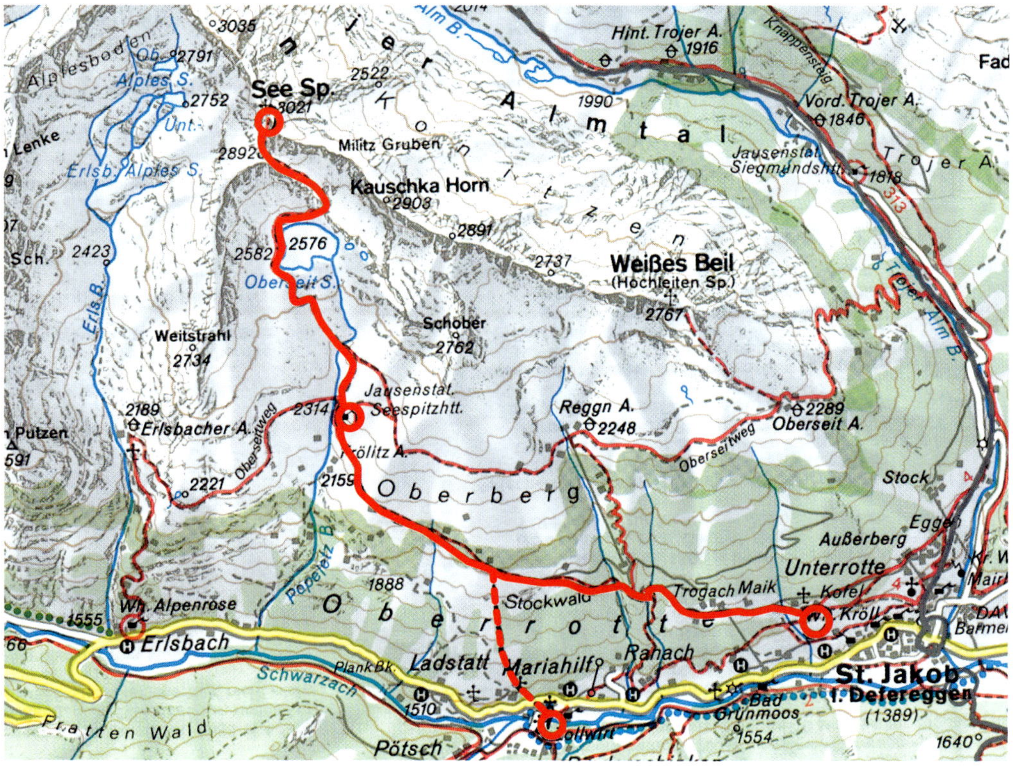

Die Holländer haben zu ihrer Flachlandabteilung schon längst die Bergabteilung entwickelt. Die Bergholländer sind stark vertreten. Man muß nur die Ohren spitzen auf Steig und Alm. Die Bergitaliener sind leichter zu hören. Aber vor der bestens geführten Hütte auf der Frölitzalm überfielen die beiden jungen Hüttenziegen eine Japanerin, die mit Rucksack und großem Strohhut rasten wollte. Die beiden Ziegen hüpften gleich einmal schulterhoch und zeigten sich in dieser Kampfform überlegen. Die Frau flüchtete aufwärts zum großen Oberseitsee.

Bis knapp oberhalb des Sees kann jeder hingehen. Dann wird der Aufstieg zum Dreitausender der Seespitze mühsamer und ist zuletzt mit leichter Kletterei verbunden. Wer die Hohe Warthe in den Karnischen Alpen geschafft hat oder den Großen Hafner, braucht sich vor der Seespitze nicht zu fürchten. Wenn der Fels trocken ist. Bei einer Eisauflage gibt es Stellen, wo ich mich nicht drübertrauen würde.

Wie immer, wenn das letzte Stück eines prachtvollen Dreitausenders so leicht erreichbar ist, wandern Scharen hinauf. Das fünfjährige Kind rutscht im lockeren Schutt genauso leicht verzweifelt zurück wie Erwachsene, die besser nicht hierhergekommen wären. So ängstlich klebten sie am Hang, und riskant sind für sie ihre letzten fünfzehn bis dreißig Minuten bis zum Gipfel. Dieser ist hingegen geräumig. Auch der Steig ist nirgends ausgesetzt, man schaut in keinen Abgrund. Aber technisch ist es für einen Bergwanderer sehr anspruchsvoll.

Noch anspruchsvoller ist die Aussicht von der Seespitze. Als eine Zacke auf dem langen Panargenkamm blickt sie zur Tofana und der Marmolata in den Süden und läßt vom Hochgall über den Großvenediger bis zum Glockner den gesamten Gletscherwesten und -norden und -osten nah glänzen. Der Tiefblick in die abgerundete Steinkuppenlandschaft mit den Alplesseen unter dem nahen Alpleshorn läßt eine Urlandschaft ganz nah erleben. Die Lieblichkeit des Trojertales mit dem schlängelnden Bach und dem großen Zirbenwald läßt sich von hier heroben einordnen in die Übermacht der Bergwelt darüber. Und dazwischen als Stützpunkt die Neue Reichenberger Hütte.

„Monte Cristallo“, „Almerhorn“, „Alplesspitze“, „Röthspitze“. Meine Bergjapanerin, wie ich sie inzwischen nannte, ich kann kein Japanisch und sie einige Worte Deutsch und Englisch, war mir beim Bergerkennen deutlich überlegen. Ich kannte in den Dolomiten viel weniger als sie. Es war eine gute Schule der Bescheidenheit für mich auf der Seespitze.

Wer ganz bequem anreisen will, hat einen Güterweg von St. Jakob im Defereggental bis zu einem Parkplatz mit Hochgallblick. Von dort führt ein Almsteig zur Frölitzhütte, ein Bergsteig zum Oberseitsee und der alpine Gipfelsteig zur Seespitze. Wer ein Feinspitz ist, wandert mit mir vom Talort Maria Hilf den fast senkrechten Verbindungswaldsteig zum Güterweg hoch und ißt dafür Himbeeren oder Preiselbeeren, je nach Jahreszeit. Wer meint, mit der Seespitze ein Wanderstar geworden zu sein: Nobelpreisträger Max Planck wanderte vom Gasthof Kröll-Hafele in St. Jakob zum Gipfel und zurück. Planck war damals älter als 80 Jahre.

FATA MORGANA-MONTANA

Rucksacktrageroboter

Den besten Bergkameraden, den es je gab, gibt es jetzt auch in Lila. Das neue Modell redet auch, aber nur, wenn es gefragt wird. Es widerspricht nie. Unvergleichlich günstige Restexemplare im Schlußverkauf.

Die Japanerin am Oberseitsee mit der Seespitze dahinter

DATEN

ANFAHRT:
Nach St. Jakob im Defereggental oder weiter nach Maria Hilf. Auch von Erlsbach führt ein markierter Steig hinauf. Auch der „Blumenweg“ vom Trojeralmtal führt zur Frölitzalm und so zum Gipfelaufstieg

DER WEG:
Maria Hilf (1422 m) – Frölitzalm (2314 m) – Oberseitsee (2576 m) – Seespitze (3021 m) – Maria Hilf

GEHZEIT:
4 Stunden hinauf, 3 Stunden hinunter. Gesamtgehzeit 7 Stunden

HÖHENMETER:
1600 hinauf, 1600 hinunter

KARTE:
Freytag & Berndt, WK 123

KURZ & BÜNDIG:
Wegen des Höhenunterschiedes sehr anstrengende Bergwanderung. Bis zum Oberseitsee ohne technische Probleme. Letztes Gipfelstück zur Seespitze leichte Kletterei. Aussicht von der Seespitze eine besondere Pracht

84 Ochsnspitzl

„Ansprechen zwecklos, bin auf dem Ochsnspitzl“

Das Stierhorn von seiner harmlosen Seite aus gesehen.

Hier hätte als krönender Schlußpunkt meiner drei Wanderbücher für Kärnten und Osttirol der Großglockner stehen sollen. Nicht als Wanderberg, aber als Zeichen, daß sich der Bergwanderer mit Hilfe eines Bergführers auch auf den höchsten Berg Kärntens und Österreichs wagen darf. Diese Aussage und diese Anregung gelten weiter. Aber den Schlußpunkt setzt das Ochsnspitzl, mein Lieblingsberg. Auf dem Berg hat die Vorliebe den Vorrang vor der Berühmtheit.

Der Steig zweigt in Angermühlbach in einen Buchen-Fichten-Mischwald ab. Anger als das schöne alte Wort für Wiese erinnert mich an meine Kindheit, als ich dort acht Jahre lang zur Schule ging. Der Mühlbach war mir vertraut. Die Dunstmühle (ich kletterte noch ängstlich auf dem Wasserrad herum), die Großroatnhofermühle etwas oberhalb (schon zu meiner Zeit Ruine) und die Kloaroatnhofermühle (Ruine, zu meiner Zeit noch zeitweise in Betrieb) standen am berühmten rauschenden Bach. Da sie aber nicht aus romantischen Gründen dort standen, sondern aus praktischen, war ihre Zeit zu Ende, als sie nicht mehr praktisch waren. Bis sie zum Spielzeug für den Tourismus werden konnten, hielt ihr Holz nicht durch. Ich lernte dort, woran ich mich weiter halte, daß ich aus allen Bächen trinke und aus allen Quellen, wenn oberhalb keine Menschen mehr wohnen.

Nach dem Mühlenbach kommt eine Hochweidezone mit Heidelbeeren und einem kleinen Preiselbeergebiet. Das Ochsnspitzl zeigt sich das erste Mal, wenn man die dritte Kehre auf einem alten Steig etwa 50 Meter nach rechts verläßt. Es verheißt noch nichts Gutes, weil es noch weit weg ist.

Es folgt die Schlüsselstelle, eine steile Rinne, bis Mitte Juli mit Schnee gefüllt. Dort hinauf sollten Sie mit mir die alte Chronik von Angermühlbach mit in den Sinn bekommen. Am 6. Jänner 1544 steht dort, daß ein Bergsturz an diesem

Das Ochsnspitzl mit seiner beschädigten Form.

Tage das große Stierhorn zerrissen habe, den gefürchteten Hausberg von Angermühlbach. Die Landbewohner hatten schon damals einen feinen Humor und biologische Fachkenntnisse, was Stier und Ochs betraf. So tritt in der Ortschronik etwa 50 Jahre später das große Stierhorn, durch den Bergsturz stark verkleinert, als Ochsnspitzl erstmals in die Öffentlichkeit.

In der etwa einstündigen Rinne hat man Zeit für alle Feinheiten der Berggeschichte. Oben folgt ein sanftes Rasenstück, das zum hölzernen Gipfelkreuz leitet. Der Gipfel gewährt mit Rainer Maria Rilke die Aussicht über alle „Berge des Herzens“. Und daß ich an einem solchen Ort ganz besonders gerne bin, muß ich zugeben. Immer wenn ich ungestört sein will, erkläre ich: „Ansprechen zwecklos, bin auf dem Ochsnspitzl.“

Und damit wünsche ich allen meinen Leserinnen und Lesern, daß auch sie ihr „Ochsnspitzl“ finden mögen. So einen ganz persönlichen Berg aus Fantasie braucht man neben den vielen anderen realen Bergen.

FATA MORGANA-MONTANA

Die Berge des Herzens

„Ausgesetzt auf den Bergen des Herzens“ sah Rainer Maria Rilke den Menschen. Ein wenig Trittsicherheit und Schwindelfreiheit wünsche ich meinen Leserinnen und Lesern auch auf diesen oft schwierigen Bergen!

DATEN

ANFAHRT:
Nach Angermühlbach im Angermühlbachtal

DER WEG:
Angermühlbach (479 m) – Ochsnspitzl (2651 m) – Angermühlbach

GEHZEIT:
Ganz nach Bedarf, von zwei Minuten bis zu einem halben Tag

HÖHENMETER:
1072 hinauf und 1072 herunter

KARTE:
Lehofers Fantasie-Wanderkarte

KURZ & BÜNDIG:
Höchst angenehme Wanderung auf einen Berg, den ich frei erfunden habe